Klaus Straub ist nach seiner Tätigkeit bei verschiedenen Krankenkassen derzeit als Führungskraft für den Bereich Leistungen, Kundenservice und Marketing verantwortlich. In täglichen Gesprächen mit Versicherten sowie bei der Leitung von Seminaren hat er Fragen der Versicherten kennengelernt und zur Lösung vieler Probleme beigetragen.

Dirk Döbele kennt aufgrund seiner Führungstätigkeit bei verschiedenen gesetzlichen Krankenkassen die Arbeitsweisen der Krankenkassen sehr genau. Zur Zeit ist er als Verhandler für einen Krankenkassenverband für die Vertragsabschlüsse mit den Krankenhäusern und Kureinrichtungen und damit für die Leistungen der Versicherten zuständig.

Originalausgabe Januar 1998
Copyright © 1998 Droemersche Verlagsanstalt Th. Knaur Nachf., München
Das Werk einschließlich aller seiner Teile ist urheberrechtlich geschützt.
Jede Verwertung außerhalb der engen Grenzen des Urheberrechts-
gesetzes ist ohne Zustimmung des Verlages unzulässig und strafbar.
Das gilt insbesondere für Vervielfältigungen, Übersetzungen,
Mikroverfilmungen und die Einspeicherung und Verarbeitung
in elektronischen Systemen.
Umschlaggestaltung: Agentur ZERO, München
Satz: MPM, Wasserburg
Druck und Bindung: Clausen & Bosse, Leck
Printed in Germany
ISBN 3-426-82138-9

5 4 3 2 1

Klaus Straub/Dirk Döbele

# 400 Tips zur Krankenversicherung

Gesetzliche oder private Versicherung:
Welche Leistungen Ihnen zustehen,
wie Sie Beiträge sparen können

# Inhalt

## Teil I: Einführung ................................. 9

### 1 Einführung ......................................... 11
Abkürzungsverzeichnis ............................... 11
Vorwort ............................................. 11
Wie dieser Ratgeber entstand......................... 12

### 2 Tips & Tricks über die Handhabung dieses Ratgebers ................................. 13
Wie Sie den größten Nutzen aus diesem Ratgeber ziehen .. 13
Was Sie unbedingt lesen sollten ..................... 14
Über die Komplexität von Gesetzen ................... 15
Über den »Spielraum«, den Gesetze bieten ............ 15

### 3 Die häufigsten Fragen an die Krankenkasse ........ 17
Frage 1: Geldleistungen der Krankenkasse im Krankheitsfall ............................ 17
Frage 2: Befreiung von Rezeptgebühren bei Medikamenten............................... 17
Frage 3: Befreiung von Eigenanteilen bei Krankenhausbehandlung ..................... 18
Frage 4: Kostenübernahme von Hilfsmitteln (z. B. Rollstuhl) ............................ 18
Frage 5: Sanfte Medizin (Außenseitermedizin) .......... 19
Frage 6: Versicherungsschutz von Rentnern............. 19
Frage 7: Versicherungsschutz von Kindern.............. 20
Frage 8: Arbeitsplatzwechsel.......................... 20
Frage 9: Ausbildungsbeginn ........................... 21
Frage 10: Vor- und Nachteile der gesetzlichen Krankenversicherung ...................... 21
Frage 11: Wechsel von der privaten zur gesetzlichen Krankenversicherung ...................... 22

## 4 Die gesetzliche Krankenversicherung ... 23
Einführung ... 23
Geschichtliche Entwicklung ... 23
Grundsätze ... 25
Ausblick ... 28

# Teil II: Leistungen ... 29

## 5 Leistungen ... 31
Einführung ... 31
Welchen Einfluß hat Ihre Kasse auf die Leistungen? ... 32
Das Gesetz gibt oftmals nur Rahmenbedingungen vor ... 33
Über das Selbstverständnis, Leistungen zu beanspruchen ... 34
Wie erhalten Sie Leistungen? ... 35
Leistungen, die Sie beanspruchen können! ... 36

# Teil III: Versicherter Personenkreis ... 213

## 6 Pflichtversicherte Personen ... 215
Allgemeines ... 215
Vor- und Nachteile einer Pflichtversicherung ... 215
Arbeitnehmer ... 216
Arbeitslose ... 217
Behinderte ... 218
Rentner ... 221
Studenten ... 225

## 7 Familienversicherung ... 228
Allgemeines ... 228
Wer hat Anspruch auf Familienversicherung? ... 228

## 8 Freiwillig Versicherte ... 234
Allgemeines ... 234
Soll ich mich freiwillig oder privat versichern? ... 238
Wo kann ich mich freiwillig versichern? ... 240
Wie komme ich zurück in die GKV? ... 243
Befreiungsmöglichkeiten von der GKV ... 247

## 9 Wahlrechte ........................................ 250
Allgemeines........................................ 250
Welche Krankenkasse kann ich wählen?............... 251
Zu welchem Zeitpunkt kann ich die Krankenkasse
wählen? ........................................... 255
Sonderkündigungsrecht ............................. 262
Gibt es Unterschiede zwischen den Krankenkassen?... 264
Entstehen mir Nachteile durch die Kündigung?....... 264

## Teil IV: Nicht versicherter Personenkreis ......... 267

## 10 Nicht versicherte Personen ...................... 269
Allgemeines........................................ 269
Student mit Nebenbeschäftigung .................... 269
620-DM-Kräfte ..................................... 274
Aushilfen (z. B. über Weihnachten)................. 275
Arbeitnehmer mit hohem Einkommen .................. 277
Was kann ich tun, wenn ich nicht mehr versichert bin?.... 280

## Teil V: Beiträge .................................. 281

## 11 Beiträge ........................................ 283
Allgemeines........................................ 283
In welcher Höhe muß ich Beiträge zahlen?........... 283
Familienversicherte ............................... 289
Arbeitslose........................................ 289
Behinderte......................................... 290
Freiwillig Versicherte............................. 290
Rentner ........................................... 299
Studenten.......................................... 303
Höchstbeiträge .................................... 304
Wie wirkt sich die Beitragshöhe auf die Leistungen aus? .. 305
Wie können Beträge minimiert werden? – oder wie Sie
durch Umwandlung Ihres Gehaltes Beiträge sparen
können ............................................ 306
Auswahl von Einnahmen, die beitragsfrei sind....... 311
Sachbezüge gelten als Arbeitsentgelt............... 312

## Teil VI: Antragstellung ... 315

### 12 Antragstellung ... 317
Allgemeines ... 317
Wie stelle ich einen Antrag? ... 317
Welche Angaben muß ich bei der Antragstellung machen? ... 319
Was ist, wenn der Antrag abgelehnt wird? ... 321

### 13 Taktisches Verhalten beim Umgang mit der Krankenkasse ... 326
Wie verhalte ich mich bei der Antragstellung? ... 326
Wie verhalte ich mich bei einer Ablehnung? ... 326
Über den Umgang mit dem Krankenkassen-Sachbearbeiter ... 327
Der Vorgesetzte des Krankenkassen-Sachbearbeiters ... 328

### 14 Weitere Möglichkeiten, wie Sie zu Ihrem Recht kommen ... 329
Der Widerspruch ... 329
Die Klage ... 331
Beschwerde beim Vorstand ... 332
Beschwerde bei der Aufsichtsbehörde ... 333

## Teil VII: Kurzübersichten ... 335

### 15 Kurzübersichten ... 337
Beitragssätze (GKV, RV, BA, Pflegeversicherung) ... 337
Welche Beträge sind beitragspflichtig? ... 337
Grenzen ... 339
Beitragssätze einiger Krankenkassen zum Stichtag 1. 7. 1997 ... 340
Datenschutzbeauftragte ... 342
Stichwortverzeichnis

# Teil I:
# Einführung

# I Einführung

## Abkürzungsverzeichnis

Abkürzungen sind zwar nicht sehr schön, aber dennoch hin und wieder notwendig. Nachstehend haben wir die in diesem Buch verwendeten Abkürzungen alphabetisch aufgelistet. Die Abkürzungen der verschiedenen Krankenkassen können Sie Kapitel 15 entnehmen. 1.1

| | | |
|---|---|---|
| ABKÜFI | = | Abkürzfimmel (pardon) |
| AFG | = | Arbeitsförderungsgesetz |
| ALG | = | Arbeitslosengeld |
| ALHI | = | Arbeitslosenhilfe |
| BSG | = | Bundessozialgericht |
| EK | = | Ersatzkrankenkasse |
| GKV | = | Gesetzliche Krankenversicherung |
| KVdR | = | Krankenversicherung der Rentner |
| KVdS | = | Krankenversicherung der Studenten |
| PKV | = | Private Krankenversicherung |
| SGB | = | Sozialgesetzbuch |

## Vorwort

Dieser Ratgeber hilft Ihnen, sich im Dickicht der Vorschriften der Krankenversicherung ein wenig auszukennen und Fragen, die für Sie von Bedeutung sind, zu beantworten. Wir haben daher eine einfache Handhabung dieses Buches als oberstes Ziel betrachtet und diesen Ratgeber auch so gestaltet, daß er sowohl im Ganzen gelesen werden kann, sich aber genausogut als Nachschlagewerk eignet. 1.2

Wir bedanken uns bei allen, die uns beim Schreiben dieses Buches unterstützt haben. Unser Dank gilt insbesondere den ersten Leserinnen und Leser, die keine Ausbildung im Bereich der Sozialversicherung haben und uns immer wieder mitteilten, ob das Geschriebene für jedermann verständlich ist. Wir wollten auf keinen Fall ein weiteres Fachbuch schreiben, sondern die umfangreiche und komplizierte Materie des Krankenversicherungsrechts in ihren Grundzügen ohne Paragraphen verständlich darstellen.

Wir erheben keinen Anspruch auf Vollständigkeit, denn das würde den Rahmen eines solchen Buches bei weitem sprengen.

## Wie dieser Ratgeber entstand

1.3 In unserem Leben begegnen wir Menschen, machen uns miteinander bekannt und interessieren uns auch für die Lebensgestaltung von Freunden und Bekannten. Häufig ist auch das Berufsleben von Interesse. Stellen wir uns als Mitarbeiter oder gar Geschäftsführer einer Krankenkasse vor, so dauert es nicht lange, und es werden allerlei Fragen zum Thema Krankenversicherung gestellt. Dies ist aus zwei Gründen selbstverständlich. Zum einen hat jeder schon Berührung mit der gesetzlichen Krankenversicherung gehabt, zum anderen wird gerade über die Krankenversicherung in allen Medien fast täglich auf irgendeine Art und Weise berichtet. Was hat dies mit diesem Ratgeber zu tun? Ganz einfach, irgendwann waren wir es leid, immer und immer wieder die gleichen Fragen zu beantworten. Deshalb haben wir uns die einmalige Mühe gemacht, nicht nur die elf häufigsten Fragen an die Krankenkasse schriftlich zu beantworten, sondern wir haben ein umfangreiches Nachschlagewerk gestaltet, das einfach zu handhaben ist.

# 2 Tips & Tricks über die Handhabung dieses Ratgebers

## Wie Sie den größten Nutzen aus diesem Ratgeber ziehen

Wir haben ein umfangreiches Inhaltsverzeichnis erstellt, damit Sie in möglichst kurzer Zeit die Antwort auf Ihre Frage finden. Haben Sie also ein bestimmtes Problem, so bieten wir Ihnen folgende Vorgehensweise an:

* Gehört Ihr Anliegen zu einer der elf häufigsten Fragen an die Krankenkasse, so lesen Sie bitte Kapitel 3.
* Wollen Sie eine Leistung bei Ihrer Krankenkasse beantragen und möchten wissen, inwieweit die Krankenkasse die Kosten übernimmt, so können Sie dies im Kapitel 5 nachlesen.
* Wie Sie sich krankenversichern können oder müssen, lesen Sie bitte in den Kapitel 6 bis 9 nach.
* Welche Beiträge Sie zu zahlen haben, erfahren Sie in Kapitel 11.
* Was bei einer Antragstellung alles zu beachten ist, können Sie in den Kapiteln 12 bis 14 nachlesen.
* Und zu guter Letzt haben wir im Kapitel 15 verschiedene Kurzübersichten aufbereitet.

Innerhalb der einzelnen Kapitel finden Sie zunächst verschiedene Informationen zum Thema. Diese Informationen werden durch Tips & Tricks ergänzt, die Sie an folgendem Zeichen erkennen:

Selbstverständlich sind unsere Tips und Tricks auf den basierenden Gesetzen erstellt worden, schließlich wollen wir kein Unrecht begehen, sondern lediglich die bestehenden Vorschriften auslegen bzw. aufzeigen, wie Sie den größten Nutzen aus Ihrer Krankenversicherung ziehen können.

Wir empfehlen Ihnen, *vor* Beantragung einer Leistung diesen Ratgeber zu lesen, denn wenn Sie schon mal vorab informiert sind, kann Ihr Anliegen bei Ihrer Krankenkasse schneller erledigt werden. Gut Informierte haben einen Vorteil den Unwissenden gegenüber. Nur wer weiß, was ihm zusteht, kann dies auch einfordern.

Wichtige Abschnitte haben wir mit einer Randziffer versehen. Diese sind nach Kapiteln unterteilt, so finden Sie z. B. die Randziffer 6.3 im Kapitel 6, laufende Nummer 3. Verweisen wir auf einen anderen Abschnitt, so haben wir dies wie folgt dargestellt: ⇨ 6.3.

## Was Sie unbedingt lesen sollten

2.2 Kapitel 4 gibt Ihnen auf wenigen Seiten einen Überblick über die gesetzliche Krankenversicherung. Es handelt sich dabei um Hintergrundwissen, das durchaus von Bedeutung sein kann.

Teil II (Kapitel 5) ist als Nachschlagewerk gedacht, aber auch so formuliert, daß Sie das gesamte Kapitel lesen können.

Wichtig für die Zukunft ist vor allem die richtige Wahl der Krankenkasse. Wir halten daher Kapitel 9 als Ratgeber für eine von Ihnen rundum durchdachte Entscheidung für sehr beachtenswert.

Ein weiterer wichtiger Teil ist Teil VI (Antragstellung). Wir empfehlen daher auch, die Kapitel 12 bis 14 zu lesen.

Auch wenn die Tips & Tricks sozusagen das »Salz in der Suppe« dieses Buches sind, sollten Sie die Sachinformationen nicht vergessen. Diese sind wichtig, damit Sie die Tips & Tricks gut anwenden können.

## Über die Komplexität von Gesetzen

Haben Sie schon einmal einen Gesetzestext gelesen und dabei nur die Augen verdreht? Nun, dann stehen Sie keineswegs allein da. Gesetzestexte sind meist sehr kompliziert geschrieben. Dies geschieht aber nicht, um den Nutznießer solcher Gesetze von deren Gebrauch abzuhalten, sondern vielmehr, um alle Möglichkeiten durch einzelne Vorschriften abzudecken. Hinzu kommt ein Juristendeutsch, das wohl nur die Verfasser auf Anhieb verstehen. Ziel der Gesetze und Verordnungen ist es, alles so genau wie nur möglich zu regeln. Deshalb werden die Formulierungen oft sehr umfangreich, umständlich oder ausführlich gestaltet. 2.3

In diesem Buch werden Sie keinen einzigen Paragraphen finden. Zur Durchsetzung eines Anspruches gegenüber Ihrer Krankenkasse sind Sie nämlich nicht verpflichtet, die entsprechende Rechtsnorm zu benennen. Auch wenn sich manche Krankenkasse hinter Rechtsvorschriften versteckt, so besteht innerhalb der gesetzten Normen noch genügend Gestaltungsspielraum (⇨ 2.4).

Sollte Ihnen Ihre Krankenkasse etwas abschlagen und auf eine Rechtsnorm (Gesetz, Verordnung, Satzung oder ähnliches) verweisen, so muß die Krankenkasse Ihnen diese Rechtsnorm verständlich erklären. Näheres hierzu erfahren Sie in Kapitel 13 (Taktisches Verhalten beim Umgang mit der Krankenkasse).

## Über den »Spielraum«, den Gesetze bieten

Jede Krankenkasse hat sich an bestehende Gesetze zu halten. Viele Themenbereiche sind jedoch nicht durch Gesetze, sondern durch gemeinsame Absprachen zwischen den einzelnen Krankenkassen geregelt worden. Weitere Sachverhalte wurden von höchsten Gerichten (in der Sozialversicherung ist 2.4

dies das Bundessozialgericht, kurz BSG) entschieden und auf ähnlich gelagerte Sachverhalte angewandt.

Diese Unterscheidung, auf welcher Rechtsgrundlage die Krankenkasse z. B. Leistungen gewährt oder ablehnt, ist für Ihre weitere Vorgehensweise sehr wichtig. Während bei eindeutig formulierten Gesetzen die Krankenkasse nur sehr, sehr wenig Spielraum hat, kann die Krankenkasse bei gemeinsamen Absprachen mehr Freiraum walten lassen. Näheres hierzu haben wir in Kapitel 14 beschrieben.

Nicht immer sind Gesetze eindeutig. Sie sind so formuliert worden, um der einzelnen Krankenkasse Gestaltungsspielraum zu geben. Mehr zu diesem Thema erfahren Sie in Kapitel 12.

# 3 Die häufigsten Fragen an die Krankenkasse

**Frage 1:** Ich bin seit 6 Wochen von meinem Arzt krankgeschrieben. Was zahlt die Krankenkasse nach dem Auslaufen der Entgeltfortzahlung (Lohnfortzahlung)?

Ihre Krankenkasse zahlt nach Wegfall der Entgelt- oder Lohnfortzahlung Krankengeld. Das Krankengeld richtet sich nach Ihrem letzten Verdienst, in Einzelfällen auch nach dem Verdienst der letzten drei Monate. Mit dem letzten Verdienst ist immer jener gemeint, den Sie bereits vor Beginn Ihrer derzeitigen Krankheit erzielt haben. Einzelheiten zur Höhe des Krankengeldes erfahren Sie in Kapitel 5.

**Frage 2:** Ich habe ein sehr geringes Einkommen. Daher kann ich mir die Rezeptgebühren für Medikamente nicht leisten. Was kann ich tun?

Von den Rezeptgebühren für Medikamente können Sie befreit werden, falls Ihr Bruttoeinkommen nicht höher ist als 1736,00 DM (im Osten 1456,00 DM). Sind Sie verheiratet, so darf das gesamte Bruttoeinkommen der Familie nicht höher als 2387,00 DM (im Osten 2002,00 DM) sein. Für jeden weiteren Familienangehörigen erhöht sich dieser Betrag um 434,00 DM (im Osten 364,00 DM).
Was Sie sonst noch berücksichtigen müssen und welche Personengruppen unabhängig von ihrer Einkommenssituation keine Rezeptgebühren für Medikamente aufbringen müssen, erfahren Sie in Kapitel 5. Die notwendigen Antragsformalitäten sind in Kapitel 12 erläutert.

**Frage 3:** Ich war für drei Wochen im Krankenhaus und mußte für die ersten 14 Tage einen Eigenanteil von 238,00 DM bezahlen. Muß ich dies wirklich zahlen? Gibt es eine Befreiungsmöglichkeit?

Wenn Sie älter als 18 Jahre sind, haben Sie bei einer Krankenhausbehandlung (stationär) für 14 Tage pro Kalenderjahr eine Eigenbeteiligung von 17,00 DM (im Osten 14,00 DM) je Tag zu bezahlen. Eine Befreiungsmöglichkeit hiervon ist nicht vorgesehen und kann daher auch von keiner Krankenkasse erteilt werden. Diese Eigenbeteiligung ist eingeführt worden, weil während des Krankenhausaufenthaltes von einer häuslichen Ersparnis (zu Hause haben Sie dadurch weniger Kosten) ausgegangen wird.

**Frage 4:** Ich benötige einen Rollstuhl (oder Krücken, Brille, Kontaktlinsen, Zahnersatz ...). Welchen Betrag zahlt die Krankenkasse?

Rollstühle, Gehstöcke (im Volksmund auch Krücken genannt), Brillen, Kontaktlinsen usw. sind sogenannte Hilfsmittel. Es handelt sich dabei um Gegenstände, die Ihnen helfen sollen, gesundheitliche Einschränkungen wieder auszugleichen. Für einige der genannten Hilfsmittel zahlen die Krankenkassen nur festgesetzte Höchstbeträge (Festbetrag). Wählen Sie ein teureres Hilfsmittel, so haben Sie den Betrag selbst zu tragen, der den Höchstbetrag übersteigt.

Teilweise sind aber die Beträge, die Sie von Ihrer Krankenkasse bezahlt bekommen, bei weitem nicht kostendeckend. Hier haben Sie dann einen Eigenanteil zu zahlen. Im Kapitel 5 haben wir die häufigsten Hilfsmittel und Ihre Eigenleistung beschrieben. Die Kosten für das Brillengestell werden seit dem 1. 1. 1997 nicht mehr bezuschußt.

Wenn Sie Zahnersatz (z. B. Krone oder Brücke) benötigen, so richtet sich Ihre Eigenbeteiligung nach Ihren Einkommensverhältnissen, nach Ihren bisherigen Vorsorgeuntersuchungen und nach dem Grund des Zahnersatzes (z. B. Zahnersatz nach einem Unfall). Näheres können Sie in Kapitel 5 (Zahnersatz) nachlesen.

**Frage 5:** Ich bin seit Jahren an der Krankheit A erkrankt. In dieser Zeit war ich bei 10 Ärzten sowie in 4 Krankenhäusern in Behandlung. Niemand konnte mir helfen. Gestern habe ich in einer Fernsehsendung gesehen, daß ein Arzt aus NRW die Krankheit mit einer neuen Methode behandelt. Zahlen Sie diese Behandlung?

Wenn es sich um eine anerkannte Heilungsmethode handelt und der Arzt, der die Behandlung anbietet, ein Vertragspartner Ihrer Krankenkasse ist, so wird die Behandlung zu 100% von Ihrer Krankenkasse bezahlt. Sie können dann mit Ihrer Versichertenkarte diesen Arzt aufsuchen und eine kostenfreie Behandlung erhalten.
Handelt es sich aber nicht um eine anerkannte Behandlungsmethode oder ist der Arzt kein Vertragsarzt, so kann die Frage nicht mehr so eindeutig beantwortet werden. Lesen Sie dazu bitte Kapitel 5.

**Frage 6:** Ich beziehe seit dem 1. 7. 1997 eine Rente der BfA. Ändert sich dadurch etwas an meiner Krankenversicherung?

Hierzu müssen wir zunächst noch wissen, wie Sie bisher versichert waren. Waren Sie z. B. als Beschäftigter pflichtver-

sichert? Wenn ja, so bleiben Sie weiterhin pflichtversichert. In Kapitel 6 haben wir den Begriff der Pflichtversicherung erklärt.
Ihre Beiträge werden direkt von der Rente einbehalten und an Ihre Krankenkasse weitergeleitet. Sollten Sie neben der Rente noch weitere Einkünfte haben, so haben Sie die Beiträge hierfür direkt an Ihre Krankenkasse zu entrichten. Für Zusatzrenten werden die Beiträge direkt von der Stelle, die Ihnen die Zusatzrente zahlt, an die Krankenkasse überwiesen.
Welche Voraussetzungen Sie erfüllen müssen, damit Sie als Rentner krankenversichert bleiben, erfahren Sie in Kapitel 6.

**Frage 7:** Ich habe im Juni meine Tochter Julia geboren. Wie ist sie versichert?

Sind Sie selbst oder der Vater gesetzlich krankenversichert? Falls ja, kann eine Familienversicherung für Ihre Tochter möglich sein. Die Familienversicherung ist kostenfrei, d. h., Sie haben keinen zusätzlichen Beitrag für Ihre Tochter zu bezahlen. Die Voraussetzungen für die Familienversicherung haben wir ausführlich in Kapitel 7 beschrieben.
Falls die Familienversicherung nicht zustande kommt, so haben Sie auch die Möglichkeit, Ihre Tochter freiwillig zu versichern. Wie das geht, erläutern wir Ihnen in Kapitel 8.

**Frage 8:** Ich habe meinen Arbeitgeber gewechselt. Was muß ich tun, damit ich weiter versichert bin?

Zunächst einmal gilt es festzustellen, ob Sie die Voraussetzungen für eine Pflichtversicherung auch bei Ihrem neuen Arbeitgeber erfüllen. Diese Bedingungen haben wir in Kapi-

tel 6 zusammengestellt. Sind Sie weiterhin versicherungspflichtig, haben Sie bei einem Arbeitgeberwechsel die Möglichkeit, Ihre Krankenkasse neu zu wählen. Was Sie dabei beachten müssen, erfahren Sie in Kapitel 9.
Sollten Sie bei Ihrem neuen Arbeitgeber nicht mehr versicherungspflichtig sein, so haben Sie die Möglichkeit, Ihre bisherige Versicherung freiwillig fortzusetzen. Welche Kriterien Sie dabei beachten müssen, erfahren Sie in Kapitel 8. Auch in diesem Fall können Sie Ihre Krankenkasse neu wählen.

**Frage 9:** Ich war bisher über meinen Vater versichert und habe nun eine Ausbildung begonnen. Was ist mit meinem Krankenversicherungsschutz?

Als Auszubildender sind Sie versicherungspflichtig. Sie haben die Wahlmöglichkeit zwischen verschiedenen Krankenkassen, bei denen Sie sich versichern können. Vielleicht kennen Sie die eine oder andere Krankenkasse ja schon. Informieren Sie sich bitte umfassend über die verschiedenen Krankenkassen Ihrer Region. Näheres hierzu lesen Sie bitte in Kapitel 9 nach.
In Kapitel 9 ist ebenfalls beschrieben, wie Sie Ihre Krankenversicherung wieder kündigen können, wenn Sie mit Ihrer Krankenkasse nicht zufrieden sind. Nachteile entstehen Ihnen durch häufigen Krankenkassenwechsel nicht.

**Frage 10:** Ich werde mich selbständig machen. Kann und soll ich mich weiter bei Ihnen versichern?

Wenn Sie diese Frage an eine Krankenkasse stellen, so wird diese immer versuchen, Sie als Mitglied zu behalten, denn davon leben die Krankenkassen schließlich. Eine einseitige Information ist oftmals zu vermuten. Der Unterschied zwischen der gesetzlichen und der privaten Krankenversicherung ist mit einem Satz nicht zu erläutern. Informieren Sie sich in Ruhe. Kapitel 8 gibt Ihnen hierbei wichtige Entscheidungskriterien.

**Frage 11:** Ich bin derzeit privat krankenversichert. Was muß ich tun, um wieder bei Ihnen Mitglied zu werden?

Der Weg von einer privaten zur gesetzlichen Krankenversicherung ist möglich, wenn Versicherungspflicht eintritt oder eine Familienversicherung in Frage kommt. Die Voraussetzungen für diese Pflicht sind in Kapitel 6 beschrieben. In Kapitel 8 geben wir Ihnen hierzu verschiedene Tips & Tricks. Die Voraussetzungen für die Familienversicherung sind in Kapitel 7 erläutert.

# 4 Die gesetzliche Krankenversicherung

## Einführung

In diesem Kapitel informieren wir Sie kurz allgemein über die gesetzliche Krankenversicherung (GKV). Dieses Hintergrundwissen ist bei der Antragstellung (⇨ 12) durchaus von Bedeutung. Wie der Name schon sagt, ist die GKV eine Krankenversicherung, die ihre Grundlagen ausschließlich durch den Gesetzgeber übertragen bekommen hat. Dies bedeutet, daß durch den Gesetzgeber eine Fülle von Vorschriften seit Bestehen der GKV ins Leben gerufen wurde.

Ist Ihnen eine Entscheidung Ihrer Krankenkasse nicht eindeutig klar, so fragen Sie Ihre Krankenkasse: »Wo steht das?« oder »Wo ist dies so geregelt?« Die Rechtsgrundlage für die Entscheidung der Krankenkasse muß Ihnen genannt werden. Sie ist auch entscheidend für Ihr weiteres Vorgehen. Weitere Tips & Tricks hierzu finden Sie, wie schon erwähnt, in Kapitel 12.

## Geschichtliche Entwicklung

Wir möchten Sie mit einem kurzem Rückblick keineswegs langweilen. Vielmehr soll Ihnen ein kurzer geschichtlicher Überblick helfen, die Denkansätze der Krankenkassenmitarbeiter und der Macher der GKV, also der Politiker, besser zu verstehen.
Vor über hundert Jahren wurde auf Druck verschiedener Arbeitnehmerbewegungen durch die damalige Regierung ein erstes Krankenversicherungsgesetz eingeführt. Die zunehmende Industrialisierung führte dazu, daß ein Schutz innerhalb von Großfamilien nicht mehr gegeben war. Ein

neues Schutzsystem war notwendig. Dieses erste Krankenversicherungsgesetz wurde den jeweiligen gesellschaftlichen Entwicklungen angepaßt und fortlaufend ausgebaut. Mit der Gründung der Bundesrepublik Deutschland wurde das Krankenversicherungsrecht rasch weiterentwickelt. Das Grundgesetz dient seither als Basis für die Sozialgesetzgebung. Gleichzeitig wurde die *Selbstverwaltung* in der gesetzlichen Krankenversicherung eingeführt und bei den Gerichten ein eigener Zweig für die Sozialversicherung (*Sozialgerichtsbarkeit*) geschaffen.

Zu Beginn der Krankenversicherung stand der Schutz des *Arbeitnehmers* so hoch, daß eine *Wahlmöglichkeit* zwischen verschiedenen Krankenkassen, mit ganz wenigen Ausnahmen, nicht vorgesehen war. Doch schon bald hatten die Angestellten die Möglichkeit, zu den Vorläufern der heutigen Ersatzkrankenkassen zu wechseln. In erster Linie handelte es sich dabei um berufsständische Krankenkassen, wie z. B. die Kaufmännische Krankenkasse für Kaufleute. Die Pflicht zur Krankenversicherung blieb von der Wahlfreiheit unberührt. Die Arbeiter waren entweder bei den Vorläufern der AOK oder bei einer Betriebskasse gegen Krankheit versichert. Später kamen noch die Innungskrankenkassen, die Seekasse und die Landwirtschaftliche Krankenkasse hinzu. Auch die Knappschaft, die Versicherung der Bergleute, war eine Krankenkasse der ersten Stunde.

Das Recht, seine Krankenkasse selbst wählen zu können, erhielten alle Arbeitnehmer erst ab 1. 1. 1996, und unter Berücksichtigung der geltenden Kündigungsfristen bei einer Krankenkasse sogar faktisch erst ab dem 1. 1. 1997. Das Thema Wahlrecht haben wir in Kapitel 9 ausführlich beschrieben.

Am Anfang der gesetzlichen Krankenversicherung wurden minimale Versorgungsstrukturen geschaffen. Durch das wirtschaftliche Wachstum bedingt, wurden die Leistungen der GKV bis Anfang der 70er Jahre immer mehr ausgeweitet.

Doch schon Ende der 70er Jahre zeichnete sich ab, daß durch immer neue Leistungen die Beitragseinnahmen nicht mehr ausreichten. Hinzu kam die steigende Zahl der Arbeitslosen; Beitragserhöhungen waren somit unumgänglich, weswegen die damalige Regierung in einem 1. und 2. Kostendämpfungsgesetz versuchte, die Kosten im Gesundheitswesen in den Griff zu bekommen. Seither erfolgten bis heute viele Versuche, durch Reformen die Kosten im Gesundheitswesen stabil zu halten.
Aufgabe dieses Ratgebers ist es nicht, Politik zu betreiben. Eine Wertung der eingeschlagenen Maßnahmen nehmen wir daher auch nicht vor. Festzuhalten bleibt aber, daß bis heute eine gute Leistungsstruktur entstanden ist, und die nachfolgenden Kapitel zeigen Ihnen, wie Sie diese Leistungen nutzen können.


## Grundsätze

Eines gleich vorweg: ca. 85% der Leistungen in der GKV sind gesetzlich eindeutig geregelt und somit bei allen Krankenkassen identisch. Bleibt also nur ein geringer Anteil, bei dem die Krankenkassen einen Gestaltungsspielraum haben? Mitnichten, denn sonst wäre dieser Ratgeber nicht entstanden. Die gleiche gesetzliche Grundlage kann von verschiedenen Krankenkassen völlig unterschiedlich beurteilt bzw. ausgelegt werden. Einzelheiten hierzu erfahren Sie in den jeweiligen Kapiteln.

4.3

 Lehnt Ihre Krankenkasse einen Leistungsantrag von Ihnen ab, so erkundigen Sie sich doch einfach bei einer oder mehreren anderen Krankenkassen, inwieweit diese sich zu dem gestellten Leistungsantrag verhalten würde. Lassen Sie sich diese Auskunft immer schriftlich bestätigen. Jede Krankenkasse ist übrigens

verpflichtet, Ihnen Auskunft über die gesetzlichen Leistungen zu geben, egal, ob Sie Mitglied dieser Krankenkasse sind oder nicht.

## Gliederung der Krankenversicherung

**4.4** In einer Übersicht machen wir Sie mit der Gliederung der gesetzlichen Krankenkasse vertraut:

| | |
|---|---|
| AOK | Allgemeine Ortskrankenkasse |
| BKK | Betriebskrankenkasse |
| IKK | Innungskrankenkasse |
| EK | Ersatzkrankenkasse |
| | Knappschaft |
| | Seekasse |

 Eine Übersicht der Krankenkassen entnehmen Sie bitte Kapitel 15. Dort sind auch die unterschiedlichen Ersatzkassen dargestellt. Eines haben alle genannten Krankenkassen gemeinsam: Für sie gilt das 5. Sozialgesetzbuch. In diesem Gesetzeswerk sind die Vorschriften der gesetzlichen Krankenkasse enthalten.

## Selbstverwaltung

**4.5** Jede Krankenkasse hat eine sogenannte Selbstverwaltung, d. h., sie entscheidet vollkommen autonom über ihre Satzung, ihren Beitragssatz und die Leistungen innerhalb des vorgegebenen Gesetzesrahmens. Verantwortlich für diese Entscheidungen ist der Vorstand, der bis zu drei Personen umfassen kann. Die Arbeit des Vorstandes wird durch den Verwaltungsrat kontrolliert, der den Vorstand auf eine Dauer von sechs Jahren wählt. Gleichzeitig haben die Aufsichtsbehörden des Bundes und der Länder die Pflicht, alle Krankenkassen auf die Einhaltung der gesetzlichen Regelungen hin zu prüfen. Aus jahrelanger Erfahrung wissen wir, daß die verschiedenen Aufsichtsbehörden nicht immer einer Meinung sind. Dies führt zu unterschiedlicher Auffassung eines Sachverhaltes bei den einzelnen Krankenkassen.

Der Vorstand einer Krankenkasse haftet für Fehlentscheidungen innerhalb seiner Krankenkasse. Er wird daher darauf bedacht sein, die gesetzlichen Rahmenbedingungen einzuhalten. Gerade wegen der unterschiedlichen Meinungen zu den einzelnen Vorschriften besteht ein erheblicher Gestaltungsspielraum.

Der Verwaltungsrat ist, je nach Kassenart, unterschiedlich besetzt. Bei der AOK, IKK und der BKK setzt sich der Verwaltungsrat aus Vertretern der Arbeitgeber und der Versicherten mit jeweils gleichem Stimmenanteil zusammen. Bei den Ersatzkassen sind ausschließlich Versichertenvertreter im Verwaltungsrat.

Die Versichertenvertreter sind in der Regel von den Gewerkschaften vorgeschlagene Personen. Da bei den meisten Sozialversicherungswahlen immer nur so viele Personen vorgeschlagen werden, wie Ehrenämter zu vergeben sind, findet eine Friedenswahl, also eine Wahl ohne echte Wahlhandlung, statt. Die vorgeschlagenen Personen gelten als gewählt. Die Mitglieder des Verwaltungsrates werden öffentlich bekanntgegeben.

Ist Ihnen als Rechtsgrundlage für eine ablehnende Haltung der Krankenkasse die bestehende Satzungsregelung genannt worden, so erkundigen Sie sich bei anderen Krankenkassen, ob dort eine andere Satzungsregelung besteht. Sie können dies an der Formulierung: »... aufgrund unserer Satzungsbestimmung ...« oder »... laut Kassensatzung ...« erkennen. Mehr zu diesem The-

ma können Sie in Kapitel 12 und 13 nachlesen. Bedenken Sie die verschiedenen Wahlmöglichkeiten für Ihren Versicherungsschutz. Lesen Sie hierzu bitte Kapitel 9.

## Unterschiede zu anderen Versicherungssystemen

Wesentliche Unterschiede zu der GKV sind in der privaten Krankenversicherung (PKV) zu finden. Die private Krankenversicherung hat, was das gegenseitige Vertragsverhältnis angeht, viel mehr Gestaltungsmöglichkeiten. Sie kann z. B. Eigenbeteiligungen in unterschiedlicher Form anbieten. Mehr über die PKV erfahren Sie in Kapitel 8.

## **Ausblick**

**4.7** In die Zukunft zu sehen fällt selbst den Zukunftsforschern nicht immer leicht. Auch Wirtschaftsexperten tun sich ab und an schwer, das Wachstum der Wirtschaft vorherzusagen. Bestimmte Richtgrößen können für Prognosen dennoch herangezogen werden. Wir denken, daß aufgrund der politischen Lage die gegliederte Krankenversicherung bestehen bleibt und somit auf dem Krankenversicherungsmarkt eine Vielfalt von Krankenkassen zur Auswahl stehen wird.
Der Leistungskatalog der GKV wird, wie schon in der Vergangenheit, den gesellschaftlichen und finanziellen Rahmenbedingungen angepaßt werden, wobei auch der medizinische Fortschritt immer Berücksichtigung finden muß.

# Teil II:
# Leistungen

# 5 Leistungen

## Einführung

In Meinungsumfragen wird die Gesundheit regelmäßig an 5.1
einer der obersten Stellen gehandelt. Leider ist dieser Optimalzustand der Gesundheit nicht immer vorhanden. Als Mitglieder einer Krankenkasse erwarten wir, daß wir alle Leistungen erhalten, um diesen Optimalzustand wiederzuerlangen.
Wir machen immer wieder die Erfahrung, daß aus Unkenntnis sowie einem völlig unnötigen Hemmgefühl Leistungen bei der Kasse nicht angefordert werden. Wenn wir die Versicherten nach den Gründen hierfür fragen, erhalten wir Antworten wie: »Woher soll ich denn wissen, was mir zusteht?« oder »Das Informationsmaterial ist entweder zu allgemein oder zu kompliziert gefaßt!« Wir vergleichen dieses Phänomen gerne mit der Bedienungsanleitung eines Videorecorders. In diesen Bedienungsanleitungen erhalten Sie oftmals Informationen wie: »Drücken Sie die Taste Nummer 3 fünf Sekunden, und Sie können – indem Sie gleichzeitig die ELS-Taste und die PHV-Taste drücken – die Zeit programmieren ...« Können Sie mit diesen Informationen was anfangen? Für den Bereich Ihrer Krankenversicherung ist damit jetzt Schluß!
In diesem Kapitel bieten wir Ihnen eine verständliche Bedienungsanleitung dafür, wie Sie die Ihnen zustehenden Leistungen erhalten! Aber nicht nur das; Sie erhalten von uns die »*goldene* Bedienungsanleitung«. Neben der kurzen und verständlichen Beschreibung geben wir Ihnen Tips & Tricks, wie Sie »durch das Drücken der richtigen Knöpfe« die Ihnen zustehenden Leistungen erhalten und *Geld sparen* können!

 Springen Sie auf Randziffer 5.6, wenn Sie gleich Ihre Leistungen kennenlernen und viele interessante Tips & Tricks erfahren möchten. Für weitere Hintergrundinformationen dienen Ihnen die nächsten Kapitel.

## Welchen Einfluß hat Ihre Kasse auf die Leistungen?

5.2 Wenn Sie diese Frage an Ihre Kasse stellen, hören Sie vielleicht als Antwort: »Der Leistungskatalog (alle Leistungen) der Krankenkassen ist im wesentlichen durch das Gesetz vorgegeben. Nur in wenigen Bereichen (ca. 5%) können Ihnen die Krankenkassen weitere, eigene Leistungen (z. B. *Satzungsleistungen*) anbieten.«

 Ein wesentliches Merkmal einer Krankenkasse ist ihre Philosophie zu den Leistungsanträgen ihrer Versicherten. So wird in der Praxis immer noch von Krankenkassen-Sachbearbeitern berichtet, die ihre Energie darauf verwenden, wie sie eine Leistung ablehnen können. Uns sind auch Kassen bekannt, die die bestehenden Regelungen dahingehend auslegen, die Leistungen zu bewilligen.

 Gerade in Zeiten, in denen Kassen in der Presse ihre hohen Milliardenverluste bekanntgeben, ist die Wahl der richtigen Kasse sehr wichtig. Entscheiden Sie sich für eine leistungsstarke und preiswerte Krankenkasse. Was Sie dabei beachten müssen und welche Krankenkassen Ihnen zur Auswahl stehen, entnehmen Sie bitte dem Kapitel 9 (Wahlrechte).

**TIPS UND TRICKS** Seien Sie wachsam, wenn in einem Gespräch mit Ihrer Kasse die oben angesprochene Aussage getroffen wird. In der Praxis wurde immer wieder die Erfahrung gemacht, daß gerade »leistungsschwächere« Kassen auf die Einheitlichkeit des Leistungskatalogs hingewiesen haben. Im übrigen gibt diese pauschale Feststellung nicht die tatsächlichen Verhältnisse wieder! Wenn Sie an weiteren Informationen interessiert sind, lesen Sie bitte den nächsten Abschnitt.

### Das Gesetz gibt oftmals nur Rahmenbedingungen vor

Das Gesundheitswesen ist ein dynamischer Bereich, denn die Medizin entwickelt sich täglich weiter. Insofern hat der Gesetzgeber in vielen Bereichen nur die Rahmenbedingungen des Leistungsumfangs vorgegeben. Innerhalb dieser Rahmenbedingungen kann Ihre Krankenkasse mit den Leistungserbringern (z. B. Ärzten) den Inhalt der Leistung vertraglich regeln.

Hier stoßen wir auf ein ernsthaftes Problem: Der medizinische Fortschritt entwickelt sich schneller, als dies der Gesetzgeber und Ihre Krankenkasse umsetzen können bzw. wollen. Die Gründe hierfür sind vielfältig und oftmals mit »gesundem Menschenverstand« nicht nachzuvollziehen. Die Folge davon ist, daß Jahre vergehen, bis *neuere* Behandlungsmethoden (z. B. Akupunktur) in den Leistungskatalog Ihrer Kasse aufgenommen werden.

5.3

* Seien Sie nicht mutlos, wenn die von Ihnen »gewünschte« Leistung – noch – nicht im »Standard«-Leistungskatalog Ihrer Krankenkasse enthalten ist. Der Gesetzgeber und

die Rechtsprechung geben Ihrer Kasse genügend Spielraum, daß sie nahezu jede von Ihrem Arzt empfohlene (medizinisch notwendige) Leistung erbringen kann. Behandlungen im Ausland sind ebenfalls möglich. Weitere Informationen lesen Sie bitte ab Randziffer 5.6. Dort werden die jeweiligen Leistungen behandelt.
* Es sei darauf hingewiesen, wie wichtig die Wahl einer leistungsstarken Kasse ist. Gerade in Grenzbereichen, in denen Ihre Kasse die Leistung sowohl gewähren als auch ablehnen kann, ist dies ein entscheidendes Kriterium.

### Über das Selbstverständnis, Leistungen zu beanspruchen

5.4 Haben Sie schon einmal eine Leistung (z. B. Zahnersatz) bei Ihrer Krankenkasse beantragt? Was für einen Eindruck hatten Sie im Umgang mit Ihrer Kasse? Wurden Sie kundenfreundlich bedient? Oder hatten Sie eher das Gefühl, daß Ihre Kasse zuerst den Antrag wohlwollend prüfen müsse, um Ihnen dann z. B. den Zahnersatz »großzügigerweise« zu gewähren (!)?

* Auch wenn das einige (wenige?) Kassen-Mitarbeiter noch gerne hätten, kommen Sie nicht als Bittsteller zur Kasse! Leistungen werden *nicht* von Ihrer Krankenkasse gewährt; Sie haben einen Anspruch!
* Stellen Sie selbstbewußt Ihren Antrag. Auch wenn nicht klar ist, ob Ihre Kasse diese Kosten übernehmen muß, sollten Sie es auf jeden Fall probieren. Schließlich können Sie als »Nichtjurist« nicht wissen, welche Leistungen Ihnen zustehen.
* Auch wenn es einmal nicht sofort klappt, stehen Ihnen

vielfältige Handlungsalternativen offen. Hierzu geben wir Ihnen im Teil VI (Antragstellung) Informationen.

Ihre Kasse wird in der Regel über 95 Prozent ihrer Einnahmen für die Leistungen der Versicherten ausgeben. Nimmt die Kostenentwicklung der Leistungen stärker als die Einnahmen der Kasse zu, wird sie eine Beitragserhöhung nicht vermeiden können. Letztendlich wird die Kostenentwicklung der Kasse voll an Sie weitergegeben.

### Wie erhalten Sie Leistungen?

Eines der Grundprinzipien Ihrer Kasse ist das Sachleistungsprinzip. Was beinhaltet das Sachleistungsprinzip? 5.5
Sie haben vielleicht festgestellt, daß Sie z. B. nach einem *Arztbesuch* keine Rechnung erhalten. Auch ist es nicht erforderlich, vor dem *Arztbesuch* erst bei Ihrer Krankenkasse anzufragen, ob sie die Kosten übernimmt. Als Versicherter Ihrer Krankenkasse weisen Sie sich lediglich mit Ihrer Krankenversichertenkarte beim Arzt aus. Ihr Arzt rechnet dann die erbrachten Leistungen mit Ihrer Krankenkasse ab.
Obwohl der Leistungserbringer (z. B. Arzt) grundsätzlich für alle Versicherten die gleiche Leistung erbringt, erhält er von den jeweiligen Kassen unterschiedlich hohe Vergütungen dafür gezahlt. Einige Versicherte glauben deshalb, daß sie als Mitglied einer Krankenkasse, die mehr für eine Arztbehandlung zahlt, auch besser von ihrem Arzt behandelt würden.

* Das *Sachleistungsprinzip* ist eines der größten Vorteile gegenüber der privaten Versicherung. Sie müssen zu keinem Zeitpunkt mit Ihrem Geld in Vorleistung treten.

* Die Krankenkasse muß Ihnen bei Geldleistungen (z. B. *Kranken- oder Mutterschaftsgeld*) auch Vorschüsse zahlen. Die Höhe des Vorschusses hängt von der Höhe der Leistung ab.

## Leistungen, die Sie beanspruchen können!

**5.6** Folgende alphabetisch geordnete Übersicht gibt Ihnen einen Überblick über die Leistungen Ihrer Krankenkasse.

* Die Krankenkasse prüft bei Ihrem Leistungsantrag, ob die Voraussetzungen für die Leistung (*Soll*) mit dem vorhandenen Sachverhalt (*Ist*) übereinstimmt. Stimmen Soll und Ist überein, *muß* die Leistung von Ihrer Krankenkasse genehmigt werden.
* Für Sie ist es von Interesse zu erfahren, welche Voraussetzungen für die jeweilige Leistung erfüllt sein müssen, damit Sie diese bei der *Antragstellung* nicht vergessen zu erwähnen. Damit gewährleisten Sie eine schnelle Bewilligung der Leistung.
* Die wirtschaftlichen Verhältnisse sind nach der Wiedervereinigung zwischen den alten und neuen Ländern noch nicht voll angepaßt. So ist z. B. in den neuen Ländern der Höchstbeitrag niedriger als in den alten Ländern. Dies hat teilweise auch Auswirkungen auf die Höhe der Leistungen. Sofern dies von Bedeutung ist, haben wir die jeweiligen Werte für die neuen Ländern mit »Ost« und die der alten Länder mit »West« gekennzeichnet.
* Welche Voraussetzungen müssen erfüllt sein? Damit Sie diese Frage beantworten können, haben wir jedem Themengebiet Fragen vorangestellt. Wenn Sie alle Fra-

gen mit »Ja« beantworten können, erhalten Sie die Leistung. Was sich vielleicht noch ein wenig theoretisch anhört, wird anhand des Beispiels von Familie Müller erläutert.

**Beispiel: Familie Müller**

*Fragesammlung (Ausschnitt) aus Randziffer 5.25 Soll (!)*
Wenn Sie folgende Fragen mit »Ja« beantworten können, haben Sie Anspruch auf Haushaltshilfe.

**CHECK-LISTE** ✓

| Haben Sie Anspruch auf Haushaltshilfe? |
| --- |
| ⇨ ... |
| ⇨ Lebt mit Ihnen ein Kind zusammen, das jünger als 12 Jahre (oder behindert) ist? |
| ⇨ ... |

*Sachverhalt – Familie Müller* *Ist (!)*
Eveline Müller (8 Jahre) lebt mit ihrer Mutter T. Müller in einer Wohnung in Hannover.

*Ergebnis (!)*
Frau Müller beantwortet die Frage mit »Ja«. Sie erhält eine Haushaltshilfe.

## Arzneimittel (Medikamente)

**Was beinhaltet die Leistung?** 5.7
Unter Medikamenten (Fachsprache: Arzneimittel) werden Mittel verstanden, die den Körper des Kranken überwiegend

von innen beeinflussen und durch Einnehmen, Einreiben oder Einspritzen verabreicht werden.

Medikamente erhalten Sie grundsätzlich kostenlos in Ihrer Apotheke. Wenn Sie älter als 18 Jahre sind, müssen Sie zu Medikamenten Rezeptgebühren (Fachsprache: Zuzahlung) an die Apotheke leisten. Die Höhe der Rezeptgebühr hängt von der verschriebenen Packungsgröße ab. Je nach *Packungsgröße* müssen Sie je verschriebenem Medikament folgende Rezeptgebühren leisten:

5.7.1

| Packungsgröße | Rezeptgebühr |
|---|---|
| klein (N1) | 9,00 |
| mittel (N2) | 11,00 |
| groß (N3) | 13,00 |

**TIPS UND TRICKS**

* Einige Kassen sehen ab 1. 1. 1997 höhere Rezeptgebühren vor. Sofern Ihre Kasse die Rezeptgebühren erhöht, steht Ihnen ein sofortiges Kündigungsrecht zu (⇨ 9).
* Über die Höhe der Rezeptgebühr kann Ihnen Ihr Arzt oder Ihr Apotheker weitere Informationen geben.

In der Praxis sind Fälle bekannt geworden, in denen Eltern die Rezepte für Medikamente auf den Namen ihrer (minderjährigen) Kinder ausstellen ließen. Mit diesem »Trick« unterliefen sie die *Eigenanteilsbestimmungen* und erhielten die Medikamente kostenlos. Auch wenn Ihre Krankenkasse dies nicht nachprüfen kann, ist dieses Verhalten im Gesetz nicht vorgesehen.

**TIPS UND TRICKS** Von den Rezeptgebühren können Sie sich, wenn Sie ein geringes Einkommen haben oder sehr viele Rezeptgebühren leisten müssen, befreien lassen. Wie das geht? Hierzu geben wir Ihnen im Kapitel »Befreiung von Eigenanteilen« (⇨ 5.13) einige Hinweise.

### Wie erhalten Sie Medikamente?

Die *ärztliche Behandlung* umfaßt auch die Verschreibung von Medikamenten. Ihr Arzt entscheidet, welches Medikament Sie erhalten, und verschreibt dieses dann auf dem Rezept. Die Abgabe des Medikaments erfolgt in Apotheken. Ein gesonderter Antrag ist bei Ihrer Krankenkasse nicht erforderlich. Der Arzt und die Apotheken rechnen die erbrachten Leistungen mit Ihrer Krankenkasse ab.

**TIPS UND TRICKS**

* Sie erkennen anhand des ausgestellten Rezeptes, wer die Kosten des Medikaments bezahlt. Im Regelfall erhalten Sie ein »Kassen«-Rezept, bei dem Sie – bis auf die Rezeptgebühr – das Medikament kostenlos von der Apotheke erhalten. Sofern Sie das Medikament auf einem »Privat«-Rezept verschrieben bekommen, müssen Sie es in der Apotheke bezahlen. Bitte fragen Sie in diesem Fall Ihren Arzt, warum Sie kein Kassenrezept erhalten.
* Einige Versicherte haben in jüngster Zeit die Erfahrung gemacht, daß ihr Arzt zurückhaltender bei der Verschreibung von Medikamenten geworden ist. Dies könnte daran liegen, daß Ihr Arzt – sofern er ein bestimmtes Verschreibungsvolumen überschreitet – für die Mehrkosten haftet (d. h., ihm wird etwas von seiner Vergütung abgezogen). Aus medizinischer Sicht können wir dieses Phänomen nicht beurteilen. Es ist jedoch so, daß Ihnen Ihr Arzt *alle* notwendigen Medikamente verschreiben *muß*. Wenn Sie

in eine ähnliche Situation kommen, sollten Sie sich vielleicht überlegen, ob Ihr Arzt mehr an seinem wirtschaftlichen Nutzen als an Ihrer Gesundheit interessiert ist. Dann wäre evtl. ein Arztwechsel – und es gibt bekanntlich nur wenige Gebiete, in denen ein Ärztemangel vorliegt – angezeigt. Oftmals reicht hier jedoch ein klärendes Gespräch mit Ihrem Arzt aus.

**Haben Sie einen Anspruch auf Medikamente?**
Wenn Sie folgende Fragen mit »Ja« beantworten können, haben Sie einen Anspruch auf Medikamente.

**CHECKLISTE** ✓

| **Haben Sie einen Anspruch auf Medikamente?** |
| --- |
| ⇨ Sind Sie versichert? |
| ⇨ Wurde Ihnen das Medikament von einem (Vertrags-)Arzt verschrieben? |
| ⇨ Gehört das Medikament nicht zu den sog. Bagatellarzneimitteln? |
| ⇨ Ist für das Medikament ein Höchstbetrag festgelegt worden? |

**Erläuterungen:**
*Sind Sie versichert?*
Diese Frage können Sie in der Regel mit »Ja« beantworten. Im Teil III geben wir Ihnen zu diesem Thema weitere Informationen.

*Wurde Ihnen das Medikament von einem (Vertrags-)Arzt verschrieben?*
Die ärztliche Behandlung umfaßt auch die Verschreibung von Medikamenten. Sie erhalten das Medikament von der Apothe-

ke kostenlos, sofern ein (Vertrags-)Arzt Ihnen das Medikament auf einem »Kassen«-Rezept verschrieben hat. Verschriebene Medikamente von anderen Personen (z. B. *Heilpraktiker*) werden grundsätzlich von Ihrer Kasse nicht erstattet.

**TIPS UND TRICKS** Wie erkennen Sie, ob ein Arzt ein Vertragsarzt ist? Zum einen können Sie bei der Terminvereinbarung die Sprechstundenhilfe fragen, ob Ihr Arzt von Ihrer Kasse zugelassen ist. Zum anderen haben die Ärzte auf dem Türschild Hinweise (z. B. – alle Kassen –) angebracht.

*Gehört das Medikament zu den sog. Bagatellarzneimitteln?*

Nicht alle Medikamente werden von Ihrer Krankenkasse gezahlt. Sofern Sie älter als 18 Jahre sind, darf Ihnen Ihr Arzt Medikamente, die üblicherweise bei geringfügigen Gesundheitsstörungen (sog. Bagatellarzneimittel) verschrieben werden, nicht mehr auf Kosten Ihrer Kasse verschreiben. Als Bagatellarzneimittel gelten:

| **Bagatellarzneimittel:** | |
|---|---|
| 1. | Medikamente zur Anwendung bei Erkältungskrankheiten und grippalen Infekten (einschließlich Schnupfenmittel, Schmerzmittel, hustendämpfende und hustenlösende Mittel), |
| 2. | Mund- und Rachentherapeutika (ausgenommen bei Pilzinfektionen), |
| 3. | Abführmittel sowie |
| 4. | Medikamente gegen Reisekrankheit. |

5.7.2

**TIPS UND TRICKS**

* Bei bestimmten Krankheiten (insbesondere schwereren Erkrankungen) kann Ihnen Ihr Arzt diese Medikamente verschreiben. Bitte sprechen Sie diesbezüglich mit Ihrem Arzt.
* Müssen Sie das Medikament selber zahlen? Dann können Sie Ihren Arzt sowie Ihren Apotheker nach »Generika«-Medikamenten oder Reimporten fragen. Diese Medikamente sind in der Regel – von den Wirkstoffen her – identisch mit dem ursprünglichen Medikament. Oftmals sind sie jedoch preiswerter. Ihr Apotheker oder Ihr Arzt hilft Ihnen, die richtige Entscheidung zu treffen.

> In der Praxis sind Fälle bekannt geworden, in denen Eltern die Rezepte für ausgeschlossene Medikamente auf den Namen ihrer (minderjähriger) Kinder ausstellen ließen. Mit diesem »Trick« unterliefen sie die o. g. Ausschlußbestimmungen für Bagatellarzneimittel. Auch wenn die Krankenkassen dies nicht nachprüfen können, ist diese Handlungsweise nicht im Gesetz vorgesehen.

*Ist für das Medikament ein Höchstbetrag festgelegt worden?*

**5.7.3** Für Medikamente erfolgt die Übernahme der Kosten Ihrer Kasse grundsätzlich vollständig. Für viele Medikamente wurden Höchstbeträge (Fachsprache: Festbetrag) festgesetzt. Für diese Medikamente trägt Ihre Krankenkasse die Kosten nur bis zur Höhe dieses Höchstbetrages.

> Was ist ein Festbetrag? Der Festbetrag faßt mehrere wirkstoffgleiche Medikamente in einer Gruppe zusammen. Er gibt ungefähr den Durchschnitt der Preise aller Medikamente in dieser Gruppe wieder und soll zu einer wirtschaftlichen Inanspruchnahme anregen.

**TIPS UND TRICKS** Ihr Arzt weiß, welche Medikamente von Ihrer Krankenkasse voll übernommen werden. Überschreitet das von Ihnen gewünschte Medikament den Höchstbetrag, kann er Ihnen *gleichwertige* Alternativen aufzeigen. Entscheiden Sie sich für ein Medikament, das über dem Höchstbetrag liegt, beteiligt sich Ihre Krankenkasse bis zur Höhe des Höchstbetrages (Beispiel: Frau Meier bekommt von Ihrem Arzt das Medikament A – Kosten 60,00 DM – verschrieben. Für dieses Medikament ist ein Höchstbetrag von 50,00 DM festgelegt. Frau Meier muß in der Apotheke 10 DM – zzgl. evtl. Rezeptgebühr – zahlen.)

## Außenseitermethoden/unkonventionelle Behandlungsmethoden/sanfte Medizin

**Was beinhaltet die Leistung?** 5.8
Außenseitermethoden (unkonventionelle Behandlungsmethoden oder sanfte Medizin) haben in den letzten Jahren einen enormen Boom erfahren. Ärzte verlassen herkömmliche Wege der klassischen Medizin und versuchen, mit Außenseitermethoden gleiche bzw. bessere Ergebnisse zu erzielen.

**Wie erhalten Sie die Leistung?**
Durch die Vielzahl der Außenseitermethoden können hier keine allgemeinen Aussagen getroffen werden.

**TIPS UND TRICKS**

* Da diese Leistungen nicht zum »Standard«-Leistungsangebot Ihrer Kasse gehören und nur im Einzelfall bezahlt werden, sollten Sie diese Behandlungsformen bei Ihrer Kasse beantragen. Oftmals werden Sie dann vom Beratungsdienst Ihrer Krankenkassen (*Medizinischer Dienst*)

untersucht, der zu der Außenseitermethode Stellung nimmt. Was Sie bei der Antragstellung beachten sollten, entnehmen Sie bitte dem Teil VI.

* Für den Antrag benötigen Sie eine Bescheinigung Ihres Arztes (oder anderer Leistungserbringer), aus der sich Inhalt, Umfang sowie der Grund der Behandlung ergeben. Übrigens haben Sie gute Chancen für die Kostenübernahme, sofern ein (Vertrags-)Arzt die Behandlung durchführt.
* Die Kassenärztliche Vereinigung (Vereinigung der Ärzte) hat eine Liste ihrer Ärzte, die neben der klassischen Medizin auch mit Außenseitermethoden behandeln. Die Anschrift und Telefonnummer finden Sie im Telefonbuch in jeder größeren Stadt. Sie können die Auskünfte auch telefonisch bei Ihrer Kassenärztlichen Vereinigung einholen.
* Untersuchungen beim Medizinischen Dienst wird oftmals mit Skepsis entgegengesehen. Die Kassen aber sind Außenseitermethoden gegenüber aufgeschlossen. Durch den Medizinischen Dienst werden die Möglichkeiten der Kostenübernahme abgeklärt. Ihre Kasse ist bei ihrer Entscheidung nicht an das Urteil des Medizinischen Dienstes gebunden. Da die Ärzte des Medizinischen Dienstes nicht alle Außenseitermethoden kennen können, ist es empfehlenswert, den Arzt mit Informationsmaterial zu versorgen und ihn für die Behandlung zu begeistern.

**Haben Sie einen Anspruch auf die Behandlung mit Außenseitermethoden?**
Es wird unterschieden in Außenseitermethoden, die
a. zwar überwiegend allgemein anerkannt (aber vertraglich noch nicht in den »Standard«-Leistungskatalog aufgenommen) sind, und
b. Außenseitermethoden, die – noch – nicht allgemein anerkannt sind.

Auf die Voraussetzungen der erstgenannten Außenseitermethoden (allgemein anerkannt) werde wir bei der Besprechung der jeweiligen Behandlungsmethode näher eingehen. Im übrigen hat die Rechtsprechung für die Übernahme der Kosten folgende Kriterien aufgestellt: Hierbei sind besondere Voraussetzungen an *Sie* sowie an die *Außenseitermethoden* geknüpft. Diese Voraussetzungen sind vom Grundsatz geprägt, daß der »Standard«-Leistungskatalog normalerweise ausreicht und nur in Ausnahmefällen auf – *noch* – nicht anerkannte Leistungen ausgewichen werden kann.

**CHECK-LISTE** ✓

| **Haben Sie einen Anspruch auf Außenseitermethoden (Anforderungen an Sie)?** |
|---|
| ⇨ Sind Sie versichert? |
| ⇨ Haben Sie die Möglichkeiten der klassischen Medizin ausgeschöpft? |
| ⇨ Haben Sie Teil VI *(Antragstellung)* gelesen? |

**CHECK-LISTE** ✓

| **Haben Sie einen Anspruch auf Außenseitermethoden (Anforderungen an die Methode)?** |
|---|
| ⇨ Wurde über die Wirksamkeit der Außenseitermethode schon einmal entschieden? |
| ⇨ Sind über die Qualität und Wirkungsweise der Methode zuverlässig nachprüfbare Aussagen gemacht worden? |

**Erläuterungen:**
*Sind Sie versichert?*
Diese Frage können Sie in der Regel mit »Ja« beantworten. Im Teil III geben wir Ihnen zu diesem Thema weitere Informationen.

*Haben Sie die Möglichkeiten der klassischen Medizin ausgeschöpft?*
Erst wenn Sie die Möglichkeiten der klassischen Medizin ausgeschöpft haben oder diese ungeeignet sind, können Sie auf – noch – nicht anerkannte Methoden ausweichen.

**TIPS UND TRICKS** Wann Sie die Möglichkeiten der klassischen Medizin ausgeschöpft haben, ist *nicht* definiert. Es ist also nicht festgelegt, daß Sie erst bei zwanzig Ärzten in Behandlung gewesen sein müssen, bevor Sie Außenseitermethoden beanspruchen können. In der Regel werden Sie diese Voraussetzung demnach erfüllen. Achten Sie bitte bei der Antragstellung darauf, daß Ihnen z. B. Ihr Arzt kurz bestätigt, daß die Möglichkeiten der klassischen Medizin ausgeschöpft wurden bzw. ungeeignet sind.

*Haben Sie Teil VI (Antragstellung) gelesen?*
Wie für alle anderen Leistungen auch, haben Sie einen Anspruch auf Außenseitermethoden. Bedingt durch die vielfältigen Voraussetzungen und Möglichkeiten ist es für Ihre Kasse schwieriger, die Leistungen zu bewilligen.

*Wurde über die Wirksamkeit der Außenseitermethode schon einmal entschieden?*
Der Boom der Außenseitermethoden trägt manchmal etwas seltsame Früchte. Wir müssen immer wieder feststellen, daß einige Personen die Verzweiflung von Kranken ausnützen, um mit zweifelhaften oder schädlichen Verfahren ihren Profit zu vermehren. Zum Schutz vor dieser Gefahr darf Ihre

Kasse grundsätzlich keine Außenseitermethoden bezahlen, die sich in der Praxis nicht bzw. noch nicht bewährt haben. Dies bedeutet nicht, daß Sie Ihnen nicht helfen bzw. nicht geholfen haben. Hierunter fallen insbesondere:
- Elektro-Akupunktur nach Voll
- Heidelberger Kapsel (Säurewertmessung)
- Intravasale Insufflation bzw. andere parenterale Infiltration von Sauerstoff und anderen Gasen
- Ozontherapie
- Behandlung mit niederenergetischem Laser
- Sauerstoff-Mehrschritt-Therapie nach von Ardenne
- Immuno-augmentative Therapie
- Lymphozytäre Autovaccine-Therapie
- Magnetfeldtherapie
- Autohomologe Immuntherapie nach Kief
- Haifa-Therapie
- Doman-Delacato- bzw. BIBIC-Therapie
- Verfahren der refraktiven Augenchirugie
- Hyperthermiebehandlung der Prostata
- Transurethale Laseranwendung
- Hyperbare Sauerstofftherapie
- Bioresonanzdiagnostik, Bioresonanztherapie, Mora-Therapie
- Autologe Target-Cytokine-Behandlung nach Klehr (ATC)

**TIPS UND TRICKS**

* Auch wenn sich die o. a. Methoden in der Praxis nicht oder noch nicht bewährt haben, ist es nicht ausgeschlossen, daß sie Ihnen im Einzelfall geholfen haben oder helfen. Es ist jedoch ratsam, sich genau über die Risiken und Kosten (z. B. in unabhängigen Zeitschriften wie Stiftung Warentest) zu informieren, bevor Sie sich für diese Behandlungsmethode entscheiden. Woran Sie einen se-

riösen Therapeuten erkennen, erläutern wir Ihnen noch
(⇨ 5.9)
* Gerade wenn Ihnen eine der o. a. Außenseitermethode bei der Heilung Ihrer Krankheit oder Linderung Ihrer Beschwerden geholfen hat, sollten Sie die Kosten bei Ihrer Krankenkasse einfordern. Es ist geradezu paradox, daß Ihre Kasse über Jahre hinweg teure Medikamente sowie Krankenhausaufenthalte bezahlt und die heilende sanfte Methode nicht. Insbesondere wenn Sie Kostenvorteile für Ihre Kasse belegen können, haben Sie gute Chancen, daß die Kosten der Außenseitermethode übernommen werden.
* Die bekanntesten Außenseitermethoden werden mit Erfahrungswerten über die zu erwartende Kostenbeteiligung der Kassen unter ⇨ 5.10 bewertet. Neben einer Beschreibung werden in diesem Kapitel die Anwendungsgebiete sowie eine Bewertung der Methoden vorgenommen.
* Welche Kasse welche (auch ausgeschlossene) Außenseitermethode bezahlt, hat die Stiftung Warentest in ihrem Heft (Test 5/95, lfd. S. 548) geprüft. Das Ergebnis der Prüfung wurde in ⇨ 5.11 zusammengefaßt.

*Sind über die Qualität und Wirkungsweise der Methode zuverlässig nachprüfbare Aussagen gemacht worden?*
Ihre Kasse kann sich nur an Methoden beteiligen, deren Wirksamkeit und Qualität in einer statistisch ausreichenden Zahl von Behandlungsfällen bewiesen ist. Der Erfolg bei Ihnen reicht demnach nicht aus. Aber keine Sorge; es ist auch nicht definiert, wann die statistisch ausreichende Zahl der Fälle erreicht ist. Provokativ stellen wir die Frage, wenn der Nachweis der Wirksamkeit erbracht ist, warum ist die Methode dann noch nicht im »Standard«-Leistungskatalog Ihrer Kasse enthalten? Allein schon diese Tatsache zeigt den Stellenwert dieser Voraussetzung. Unabhängig davon hat Ihre

Kasse in der Regel bereits Erfahrung mit der gewünschten
Außenseitermethode gemacht – und damit den geforderten
statistischen Beweis der Wirksamkeit und Qualität erbracht.

**Wie erkennen Sie einen seriösen und vertrauenswürdigen Therapeuten?**
Folgende Checkliste hilft Ihnen, diese Frage zu klären. Wenn   5.9
Sie die Mehrzahl der folgenden Fragen mit »Ja« beantworten
können, spricht vieles für die Seriosität Ihres Therapeuten.

**CHECK-LISTE ✓**

| Wie seriös und vertrauenswürdig ist Ihr Therapeut? |
| --- |
| ⇨ Wurde ein gründliches Gespräch über die vorangegangenen Behandlungen, bereits erstellte Diagnosen, Lebens- und Arbeitsbedingungen sowie Ernährungs- und Bewegungsgewohnheiten geführt? |
| ⇨ Hat Ihr Therapeut Sie eingehend untersucht und Sie über die Ergebnisse der Untersuchung informiert? |
| ⇨ Wurde von Ihrem Therapeuten ein zeitlich begrenzter Behandlungsplan erstellt? |
| ⇨ Hat Ihr Therapeut Sie über die vorgesehene Behandlung sowie mögliche Alternativen *ausführlich* informiert? Wurden dabei auch *Risiken, Erfolgsaussichten* sowie die *Dauer* der Behandlung erläutert? |
| ⇨ Wurden von Ihrem Therapeuten im voraus die Kosten der Behandlung sowie die Möglichkeit der Kostenübernahme durch Ihre Kasse besprochen? |

# Welche Außenseitermethoden gibt es?

| 5.10 | Methode | (eigene) Einschätzung/Erfahrungswerte mit der Behandlungsmethode | (eigene) Einschätzung/Erfahrungswerte über die Kostenbeteiligung der Kassen |
|---|---|---|---|
| 5.10.1 | Akupunktur-Behandlung | Die Akupunktur-Behandlung hat einen festen Raum bei der Behandlung von Schmerzen erhalten. | Einige Kassen beteiligten sich – in streng definierten Fällen – an den Kosten der Behandlung. |
| 5.10.2 | Allergostop (Gegensensibilisierung nach Prof. Theurer) | Die Mehrzahl der Ärzte ist der Ansicht, daß die nebenstehende Therapie wenig erfolgversprechend ist bzw. der Erfolg der Behandlung wissenschaftlich noch nicht belegt ist. | In der Regel erfolgt keine Kostenübernahme durch die Kasse. |
| 5.10.3 | Atlastherapie nach Arlen | Die Mehrzahl der Ärzte ist der Ansicht, daß die nebenstehende Therapie wenig erfolgversprechend ist bzw. der Erfolg der Behandlung wissenschaftlich noch nicht belegt ist. | In der Regel erfolgt keine Kostenübernahme durch die Kasse. |
| 5.10.4 | Autohomologe Immuntherapie (AHIT) | Die Mehrzahl der Ärzte ist der Ansicht, daß die nebenstehende Therapie wenig erfolgversprechend ist bzw. der Erfolg der Behandlung wissenschaftlich noch nicht belegt ist. | In der Regel erfolgt keine Kostenübernahme durch die Kasse. |
| 5.10.5 | Autologe Target-Cytokine (ATC) | Die Mehrzahl der Ärzte ist der Ansicht, daß die nebenstehende Therapie wenig erfolgversprechend ist bzw. der Erfolg der Behandlung wissenschaftlich noch nicht belegt ist. | In der Regel erfolgt keine Kostenübernahme durch die Kasse. |
| 5.10.6 | Bach-Blüten-Therapie | Die Mehrzahl der Ärzte ist der Ansicht, daß die nebenstehende Therapie wenig erfolgversprechend ist bzw. der Erfolg der Behandlung wissenschaftlich noch nicht belegt ist. | In der Regel erfolgt keine Kostenübernahme durch die Kasse. |
| 5.10.7 | Balneo-Phototherapie (ambulante) | In bestimmten Fällen kann die Behandlung sinnvoll sein. Die Behandlung kommt jedoch erst in Betracht, wenn alle »klassischen« Behandlungsmethoden keine Wirkung zeigen. | Einige Kassen beteiligten sich – in streng definierten Fällen – an den Kosten der Behandlung. |
| 5.10.8 | BIBIC-Therapie | Die Mehrzahl der Ärzte ist der Ansicht, daß die nebenstehende Therapie wenig erfolgversprechend ist bzw. der Erfolg der Behandlung wissenschaftlich noch nicht belegt ist. | In der Regel erfolgt keine Kostenübernahme durch die Kasse. |

| Methode | (eigene) Einschätzung/Erfahrungswerte mit der Behandlungsmethode | (eigene) Einschätzung/Erfahrungswerte über die Kostenbeteiligung der Kassen | |
|---|---|---|---|
| Biofeedback-Behandlung | Die Mehrzahl der Ärzte ist der Ansicht, daß die nebenstehende Therapie wenig erfolgversprechend ist bzw. der Erfolg der Behandlung wissenschaftlich noch nicht belegt ist. | In der Regel erfolgt keine Kostenübernahme durch die Kasse. | 5.10.9 |
| Bio-Resonanz-Therapie (auch Bio-Resonanz-Diagnostik) | Die Mehrzahl der Ärzte ist der Ansicht, daß die nebenstehende Therapie wenig erfolgversprechend ist bzw. der Erfolg der Behandlung wissenschaftlich noch nicht belegt ist. | In der Regel erfolgt keine Kostenübernahme durch die Kasse. | 5.10.10 |
| Bobath-Behandlung | Die Behandlung von spastisch Gelähmten nach der Methode von Bobath kann in einigen Fällen sinnvoll sein. | Einige Kassen beteiligten sich – in streng definierten Fällen – an den Kosten der Behandlung. | 5.10.11 |
| Chirotherapie | Die Chirotherapie an der Wirbelsäule und an den Gelenken ist in einigen Fällen sinnvoll. | Einige Kassen beteiligten sich – in streng definierten Fällen – an den Kosten der Behandlung. | 5.10.12 |
| Colon-Hydro-Therapie | Die Mehrzahl der Ärzte ist der Ansicht, daß die nebenstehende Therapie wenig erfolgversprechend ist bzw. der Erfolg der Behandlung wissenschaftlich noch nicht belegt ist. | In der Regel erfolgt keine Kostenübernahme durch die Kasse. | 5.10.13 |
| Elektro-Akupunktur nach Voll | Die Mehrzahl der Ärzte ist der Ansicht, daß die nebenstehende Therapie wenig erfolgversprechend ist bzw. der Erfolg der Behandlung wissenschaftlich noch nicht belegt ist. | In der Regel erfolgt keine Kostenübernahme durch die Kasse. | 5.10.14 |
| Extrakorporale Stoßwellentherapie (ESW-Therapie) | Bei bestimmten Krankheiten, wie z. B. chron. Epicondylitis, kann die Behandlung sinnvoll sein. Die Behandlung kommt allerdings erst in Betracht, wenn alle »klassischen« Behandlungsmöglichkeiten keine Wirkung zeigen. | Einige Kassen beteiligten sich – in streng definierten Fällen – an den Kosten der Behandlung. | 5.10.15 |
| Frostig-Therapie | Bei bestimmten Krankheiten kann die Behandlung möglicherweise sinnvoll sein. | Einige Kassen beteiligten sich – in streng definierten Fällen – an den Kosten der Behandlung. | 5.10.16 |
| Glenn-Doman-Therapie | Die Mehrzahl der Ärzte ist der Ansicht, daß die nebenstehende Therapie wenig erfolgversprechend ist bzw. der Erfolg der Behandlung wissenschaftlich noch nicht belegt ist. | In der Regel erfolgt keine Kostenübernahme durch die Kasse. | 5.10.17 |

|  | Methode | (eigene) Einschätzung/Erfahrungswerte mit der Behandlungsmethode | (eigene) Einschätzung/ Erfahrungswerte über die Kostenbeteiligung der Kassen |
|---|---|---|---|
| 5.10.18 | Haemonetic-Therapie | Die Mehrzahl der Ärzte ist der Ansicht, daß die nebenstehende Therapie wenig erfolgversprechend ist bzw. der Erfolg der Behandlung wissenschaftlich noch nicht belegt ist. | In der Regel erfolgt keine Kostenübernahme durch die Kasse. |
| 5.10.19 | Haifa-Therapie | Die Mehrzahl der Ärzte ist der Ansicht, daß die nebenstehende Therapie wenig erfolgversprechend ist bzw. der Erfolg der Behandlung wissenschaftlich noch nicht belegt ist. | In der Regel erfolgt keine Kostenübernahme durch die Kasse. |
| 5.10.20 | Heidelberger Kapsel | Die Mehrzahl der Ärzte ist der Ansicht, daß die nebenstehende Therapie wenig erfolgversprechend ist bzw. der Erfolg der Behandlung wissenschaftlich noch nicht belegt ist. | In der Regel erfolgt keine Kostenübernahme durch die Kasse. |
| 5.10.21 | Homöopathie | In bestimmten Fällen kann die Behandlung möglicherweise sinnvoll sein. | Einige Kassen übernehmen homöopathische Behandlungen und Arzneimittel, soweit diese von einem (Vertrags-)Arzt durchgeführt werden. |
| 5.10.22 | Hyperbare Sauerstoff-Behandlung | In bestimmten Fällen kann die Behandlung möglicherweise sinnvoll sein. | Einige Kassen beteiligten sich – in streng definierten Fällen – an den Kosten der Behandlung. |
| 5.10.23 | Hyperthermiebehandlung | Die Mehrzahl der Ärzte ist der Ansicht, daß die nebenstehende Therapie wenig erfolgversprechend ist bzw. der Erfolg der Behandlung wissenschaftlich noch nicht belegt ist. | In der Regel erfolgt keine Kostenübernahme durch die Kasse. |
| 5.10.24 | Immunoaugmentative Therapie | Die Mehrzahl der Ärzte ist der Ansicht, daß die nebenstehende Therapie wenig erfolgversprechend ist bzw. der Erfolg der Behandlung wissenschaftlich noch nicht belegt ist. | In der Regel erfolgt keine Kostenübernahme durch die Kasse. |
| 5.10.25 | Intravasale Insufflation von Sauerstoff (und/oder anderen Gasen) | Die Mehrzahl der Ärzte ist der Ansicht, daß die nebenstehende Therapie wenig erfolgversprechend ist bzw. der Erfolg der Behandlung wissenschaftlich noch nicht belegt ist. | In der Regel erfolgt keine Kostenübernahme durch die Kasse. |

| Methode | (eigene) Einschätzung/Erfahrungswerte mit der Behandlungsmethode | (eigene) Einschätzung/Erfahrungswerte über die Kostenbeteiligung der Kassen | |
|---|---|---|---|
| Intraxytoplasmatische Spermieninjektion (ISCI) | In bestimmten Fällen kann die Behandlung möglicherweise sinnvoll sein. Die Behandlung kommt jedoch erst in Betracht, wenn alle »klassischen« Behandlungsmöglichkeiten keine Wirkung zeigen. | Einige Kassen beteiligen sich – in streng definierten Fällen – an den Kosten der Behandlung. | 5.10.26 |
| Kneipp-Therapie | Die Behandlung ist in bestimmten Fällen sinnvoll. | Viele Kassen beteiligen sich an den Kosten der Kneipp-Therapie. | 5.10.27 |
| Laser-Behandlung mit Soft- und Mid-Power-Laser | Die Mehrzahl der Ärzte ist der Ansicht, daß die nebenstehende Therapie wenig erfolgversprechend ist bzw. der Erfolg der Behandlung wissenschaftlich noch nicht belegt ist. | In der Regel erfolgt keine Kostenübernahme durch die Kasse. | 5.10.28 |
| Lymphozytäre Autovaccine-Therapie | Die Mehrzahl der Ärzte ist der Ansicht, daß die nebenstehende Therapie wenig erfolgversprechend ist bzw. der Erfolg der Behandlung wissenschaftlich noch nicht belegt ist. | In der Regel erfolgt keine Kostenübernahme durch die Kasse. | 5.10.29 |
| Magnetfeldtherapie (ohne implantierte Spulen) | Die Mehrzahl der Ärzte ist der Ansicht, daß die nebenstehende Therapie wenig erfolgversprechend ist bzw. der Erfolg der Behandlung wissenschaftlich noch nicht belegt ist. | In der Regel erfolgt keine Kostenübernahme durch die Kasse. | 5.10.30 |
| Mora-Therapie | Die Mehrzahl der Ärzte ist der Ansicht, daß die nebenstehende Therapie wenig erfolgversprechend ist bzw. der Erfolg der Behandlung wissenschaftlich noch nicht belegt ist. | In der Regel erfolgt keine Kostenübernahme durch die Kasse. | 5.10.31 |
| Musiktherapie | Die Mehrzahl der Ärzte ist der Ansicht, daß die nebenstehende Therapie wenig erfolgversprechend ist bzw. der Erfolg der Behandlung wissenschaftlich noch nicht belegt ist. | In der Regel erfolgt keine Kostenübernahme durch die Kasse. | 5.10.32 |
| Myofunktionelle Therapie | Die Mehrzahl der Ärzte ist der Ansicht, daß die nebenstehende Therapie wenig erfolgversprechend ist bzw. der Erfolg der Behandlung wissenschaftlich noch nicht belegt ist. | In der Regel erfolgt keine Kostenübernahme durch die Kasse. | 5.10.33 |
| Oxyontherapie | Die Mehrzahl der Ärzte ist der Ansicht, daß die nebenstehende Therapie wenig erfolgversprechend ist bzw. der Erfolg der Behandlung wissenschaftlich noch nicht belegt ist. | In der Regel erfolgt keine Kostenübernahme durch die Kasse. | 5.10.34 |

| | Methode | (eigene) Einschätzung/Erfahrungswerte mit der Behandlungsmethode | (eigene) Einschätzung/Erfahrungswerte über die Kostenbeteiligung der Kassen |
|---|---|---|---|
| 5.10.35 | Ozon-Eigenbluttherapie | Die Mehrzahl der Ärzte ist der Ansicht, daß die nebenstehende Therapie wenig erfolgversprechend ist bzw. der Erfolg der Behandlung wissenschaftlich noch nicht belegt ist. | In der Regel erfolgt keine Kostenübernahme durch die Kasse. |
| 5.10.36 | Sauerstoff-Mehrschritt-Therapie nach Ardenne | Die Mehrzahl der Ärzte ist der Ansicht, daß die nebenstehende Therapie wenig erfolgversprechend ist bzw. der Erfolg der Behandlung wissenschaftlich noch nicht belegt ist. | In der Regel erfolgt keine Kostenübernahme durch die Kasse. |
| 5.10.37 | Tanztherapie | Die Mehrzahl der Ärzte ist der Ansicht, daß die nebenstehende Therapie wenig erfolgversprechend ist bzw. der Erfolg der Behandlung wissenschaftlich noch nicht belegt ist. | In der Regel erfolgt keine Kostenübernahme durch die Kasse. |
| 5.10.38 | Testikuläre sperm extaction (TESE) | In bestimmten Fällen kann die Behandlung sinnvoll sein. Die Behandlung kommt jedoch erst in Betracht, wenn alle »klassischen« Behandlungsmöglichkeiten keine Wirkung zeigen. | Einige Kassen beteiligten sich – in streng definierten Fällen – an den Kosten der Behandlung. |
| 5.10.39 | UVASUN-Therapie | Die Mehrzahl der Ärzte ist der Ansicht, daß die nebenstehende Therapie wenig erfolgversprechend ist bzw. der Erfolg der Behandlung wissenschaftlich noch nicht belegt ist. | In der Regel erfolgt keine Kostenübernahme durch die Kasse. |
| 5.10.40 | Zervidtherapie | Die Mehrzahl der Ärzte ist der Ansicht, daß die nebenstehende Therapie wenig erfolgversprechend ist bzw. der Erfolg der Behandlung wissenschaftlich noch nicht belegt ist. | In der Regel erfolgt keine Kostenübernahme durch die Kasse. |

# Welche Kasse bezahlt welche Außenseitermethode?*

| | Akupunktur | Anthroposophische Medizin | Atemtherapie | Bach-Blütentherapie | Biofeedback | Bioresonanztherapie | Chirotherapie | EAV (Elektro-Akupunktur nach Voll) | Ernährungstherapie | Feldenkrais | Frischzellentherapie | Fußreflexzonenmassage | HOT (Hämatogene Oxidationstherapie) | Homöotherapie | Irisdiagnostik | Kinesiologie |
|---|---|---|---|---|---|---|---|---|---|---|---|---|---|---|---|---|
| **Private Krankenversicherungen (nicht repräsentative Auswahl)** | | | | | | | | | | | | | | | | |
| Debeka | ● | ● | ● | ○ | ○ | ○ | ● | ○ | ○ | ○ | ○ | ○ | ○ | ● | ○ | ○ |
| DKV | ●[4] | ●[21] | ●[22] | ○ | ○ | ○ | ● | ○ | ●[1] | ○ | ○ | ○ | ○ | ●[21] | ○ | ○ |
| HUK-Coburg | ●[1] | ●[1] | ●[1] | ○ | ●[1] | ○ | ●[1] | ○ | ●[1] | ○ | ○ | ●[1] | ○ | ●[1] | ○ | ○ |
| **Gesetzliche Krankenkassen** | | | | | | | | | | | | | | | | |
| Allgemeine Ortskrankenkasse (AOK) | ●[4] | ● | ● | ○ | ●[15] | ●[15] | ● | ●[15] | ● | ● | ●[15] | ●[15] | ●[15] | ● | ○ | ●[15] |
| Betriebskrankenkassen (BKK) | ●[15] | ●[15] | ●[15] | ●[15] | ●[15] | ●[15] | ● | ●[15] | ●[15] | ●[15] | ●[15] | ●[15] | ●[15] | ● | ●[15] | ●[15] |
| Innungskrankenkassen (IKK) | Einzelfallorientierung entsprechend der Rechtsprechung des Bundessozialgerichts[23] auf Landesebene zum Teil Erprobungsregelung | | | | | | | | | | | | | | | |
| Barmer Ersatzkasse (BEK) | keine Einzelangaben, Verweis auf Stellungnahme des Verbandes der Angestellten-Krankenkassen (VDAK) | | | | | | | | | | | | | | | |
| Buchdrucker-Krankenkasse | keine Einzelangaben, Verweis auf Stellungnahme des Verbandes der Angestellten-Krankenkassen (VDAK) | | | | | | | | | | | | | | | |
| Deutsche Angestellten-Krankenkasse (DAK) | keine Einzelangaben, Verweis auf Stellungnahme des Verbandes der Angestellten-Krankenkassen (VDAK) | | | | | | | | | | | | | | | |

\* mit freundlicher Genehmigung entnommen aus *test* 5/95, S. 550/551.

|  | Akupunktur | Anthroposophische Medizin | Atemtherapie | Bach-Blütentherapie | Biofeedback | Bioresonanztherapie | Chirotherapie | EAV (Elektro-Akupunktur nach Voll) | Ernährungstherapie | Feldenkrais | Frischzellentherapie | Fußreflexzonenmassage | HOT (Hämatogene Oxidationstherapie) | Homöotherapie | Irisdiagnostik | Kinesiologie |
|---|---|---|---|---|---|---|---|---|---|---|---|---|---|---|---|---|
| Gärtner-Krankenkasse (GKK) | ●15 | ●15 | ●15 | ○ | ○ | ○ | ●15 | ○ | ●15 | ○ | ○ | ○ | ●15 | ●15 | ○ | ○ |
| Hamburgische Zimmererkrankenkasse (HZK) | keine Einzelangaben, Verweis auf Stellungnahme des Verbandes der Angestellten-Krankenkassen (VDAK) | | | | | | | | | | | | | | | |
| Hamburg-Münchener Ersatzkasse (HaMü) | keine Einzelangaben, Verweis auf Stellungnahme des Verbandes der Angestellten-Krankenkassen (VDAK) | | | | | | | | | | | | | | | |
| Handelskrankenkasse (HKK) | ●16 | ●15 | ● | ●15 | ●15 | ●15 | ● | ● | ○ | ●15 | ●15 | ●15 | ●15 | ○ | ●15 | ●15 |
| Hanseatische (HEK) | ●4 | ●17 | ● | ○ | ○ | ●15 | ●17 | ●15 | ● | ● | ● | ●15 | ○ | ●15 | ●17 | ○ |
| Kaufmännische (KKH) | ●15 | ●18 | ●1,11,19 | ○ | ⇨ | ●1 | ●18 | ●1 | ●15 | ●15 | ○ | ● | ● | ○ | ○ | ○ |
| Neptun-Ersatzkasse (N-EK) | keine Einzelangaben, Verweis auf Stellungnahme des Verbandes der Angestellten-Krankenkassen (VDAK) | | | | | | | | | | | | | | | |
| Schwäbisch Gmünder Ersatzkasse (GEK) | Einzelfallorientierung entsprechend der Rechtsprechung des Bundessozialgerichts 23 | | | | | | | | | | | | | | | |
| Techniker Krankenkasse | ●15 | ●15 | ●15 | ○ | ●15 | ○ | ● | ○ | ○ | ○ | ○ | ○ | ○ | ● | ○ | ○ |

**Erläuterungen:**
1 nur im Einzelfall bei entsprechender Indikation und /oder nach Vorlage eines Wirksamkeitsnachweises
2 jedoch nur bei Allergien

3  bei bestimmten medizinischen Indikationen, bei reiner Gesundheitsfürsorge freiwillige Leistung (bis DM 100 im Geschäftsjahr)
4  bei Schmerztherapie
5  wenn schulmedizinische Methoden nicht zur Verfügung stehen oder bereits erfolglos angewandt wurden
6  bei Durchblutungsstörungen
7  keine Leistungspflicht für Hochpotenzen
8  bei diversen Diagnosen, z. B. Arthrosen, Krebs, Narben- und Phantomschmerzen etc.
9  nur Arzneimittel
10  Rücksprache ab 20 Sitzungen erforderlich
11  im Rahmen psychotherapeutischer Behandlung
12  soweit Logopädie
13  im Rahmen psychotherapeutischer Behandlung oder als Heilgymnastik
14  keine Nähr- und Stärkungsmittel
15  nur im Einzelfall, gemäß Rechtsprechung des Bundessozialgerichts (BSG) oder ggfls. im Rahmen der Gesundheitsförderung
16  DM 40 Zuschuß pro Behandlung/in besonderen Fällen
17  nur bei Vertragsärzten
18  soweit Bestandteil der vertragsärztlichen Versorgung, sonst Einzelfälle
19  Förderung von Kursen zur Atemarbeit nach Middendorf
20  nach regionalem Angebot
21  nur bestimmte Methoden/Arzneimittel
22  nur zur Krankheitsbehandlung geeignete Verfahren
23  Siehe auch »Was die Ersatzkassen sagen«
● ja
○ nein

## *Was die Ersatzkassen sagen*

Stellungnahme des Verbandes der Angestellten-Krankenkassen (vdak), sie gilt auch für die Kassen des Arbeiter-Ersatzkassen-Verbandes (AEV): Unter Beachtung des Wirtschaftlichkeitsgebots sind auch »Behandlungsmethoden, Arznei- und Heilmittel der besonderen Therapierichtungen« erstattungsfähig. Neue Methoden dürfen laut Gesetz abgerechnet werden, wenn die Bundesausschüsse der Ärzte und Krankenkassen Empfehlungen abgegeben haben über
– die Anerkennung des diagnostischen und therapeutischen Nutzens der Methode,
– die notwendige Qualifikation der Ärzte sowie die apparativen Anforderungen, um eine sachgerechte Anwendung der neuen Methode zu sichern,

- die erforderlichen Aufzeichnungen über die ärztliche Behandlung.

Vergleichbares gilt auch für neue Heilmittel.

Aufgrund der Rechtsprechung, u. a. des Bundessozialgerichts, ergibt sich für den VDAK ein Leistungsanspruch für unkonventionelle Heilmethoden unter den Voraussetzungen:
- Es muß sich um eine schwere oder chronische Krankheit handeln.
- Anerkannte schulmedizinische Behandlungsmethoden existieren generell nicht, sind im Einzelfall ausgeschöpft worden, ungeeignet oder unzumutbar.
- Die Außenseitermethode verspricht mit einer gewissen Wahrscheinlichkeit einen Behandlungserfolg auf der Basis wissenschaftlicher Vertretbarkeit/hat im Einzelfall bereits zum Erfolg geführt.
- Der Grundsatz der Wirtschaftlichkeit ist zu beachten. Bei Anträgen auf Kostenübernahme wird der Medizinische Dienst der Krankenkassen (MDK) einbezogen.

Methoden, die bereits zum Teil im Rahmen der Krankenbehandlung erbracht werden, sind z. B.
- Anthroposophische Medizin,
- Homöopathie,
- Kneipp-Therapie,
- Massagen.

Andere werden im Rahmen der Gesundheitsförderung geleistet, wie Ernährungstherapie, Streßmanagement (bis 31. 12. 1996).

# Ärztliche Behandlung

**Was beinhaltet die ärztliche Behandlung?** 5.12

Die ärztliche Behandlung umfaßt die Tätigkeit des Arztes, die zur Behandlung von Krankheiten erforderlich ist. Zur ärztlichen Behandlung gehört auch die Hilfeleistung anderer Personen (z. B. Ihrer Arzthelferin), die von dem Arzt angeordnet und von ihm zu verantworten ist. Der Arzt behandelt Sie kostenlos. Er rechnet die erbrachten Leistungen über die Krankenversichertenkarte mit Ihrer Krankenkasse ab *(Sachleistungsprinzip)*.

**TIPS UND TRICKS** Ihr Arzt steht im »Zentrum der Behandlung«. Er entscheidet, welche weiteren Leistungen (*z. B. Arzneimittel, Hilfsmittel, Kur ...*) für die erfolgreiche Behandlung erforderlich sind. Zu seinem Aufgabengebiet gehören die Verschreibung dieser Leistungen sowie die Bescheinigung der Arbeitsunfähigkeit.

**Wie erhalten Sie die ärztliche Behandlung?**

Sie haben dem Arzt vor Beginn der Behandlung Ihre Krankenversichertenkarte auszuhändigen. In dringenden Fällen können Sie die Krankenversichertenkarte auch nachreichen. Ihr Arzt rechnet die Leistung mit der Kasse ab. Ein gesonderter Antrag ist nicht erforderlich.

**TIPS UND TRICKS** Im Zusammenhang mit einer ärztlichen Behandlung können Sie in wenigen Fällen Fahrkosten geltend machen. Näheres erfahren Sie hierzu beim Thema Fahrkosten (⇨ 5.21).

**Haben Sie Anspruch auf ärztliche Behandlung?**

Wenn Sie folgende Fragen mit »Ja« beantworten können, haben Sie einen Anspruch auf ärztliche Behandlung.

## CHECK-LISTE ✓

| **Haben Sie einen Anspruch auf ärztliche Behandlung?** |
| --- |
| ⇨ Sind Sie versichert? |
| ⇨ Sind Sie bei einem (Vertrags-)Arzt in Behandlung? |

**Erläuterungen:**
*Sind Sie versichert?*
Diese Frage können Sie in der Regel mit »Ja« beantworten. Im Teil III geben wir Ihnen zu diesem Thema weitere Informationen.

*Sind Sie in Behandlung bei einem (Vertrags-)Arzt?*
Nahezu alle Ärzte (ca. 95%) haben Verträge mit den Krankenkassen geschlossen. Unter diesen Ärzten können Sie sich einen Arzt Ihres Vertrauens frei auswählen.

### TIPS UND TRICKS

* Wie erkennen Sie, ob ein Arzt ein Vertragsarzt ist? Zum einen können Sie bei der Terminvereinbarung die Sprechstundenhilfe fragen, ob Ihr Arzt von Ihrer Kasse zugelassen ist. Zum anderen haben die Ärzte auf dem Türschild Hinweise (wie z. B. – alle Kassen –) angebracht.
* Auch zwischen den Quartalen ist für Sie der Wechsel zu einem anderen Arzt möglich. Um Doppeluntersuchungen zu vermeiden, ist es zweckmäßig, Kopien der Berichte des bisherigen Arztes zum neuen Arzt mitzunehmen.
* Fachärzte können von Ihnen direkt konsultiert werden. Eine Überweisung Ihres Hausarztes ist hierfür nicht erforderlich, oftmals jedoch sinnvoll.
* Ihre Kasse darf die Kosten eines Nicht-Vertragsarztes

grundsätzlich nie übernehmen. Sollten Sie die Behandlung bei einem Nicht-Vertragsarzt wünschen, empfehlen wir die vorherige Antragstellung bei Ihrer Kasse mit der Angabe von Gründen.

## Befreiung von Eigenanteilen (z. B. Rezeptgebühren)

**Was beinhaltet die Befreiung von Eigenanteilen?**    5.13
Der Gesetzgeber geht davon aus, daß Sie durch Eigenanteile (Fachsprache: Zuzahlungen) zu einer kostenbewußten und verantwortungsvollen Inanspruchnahme der Leistungen angeregt werden.
Damit Sie durch die Eigenanteile nicht über Ihre Verhältnisse finanziell belastet werden, werden Sie von bestimmten Eigenanteilen (z. B. Rezeptgebühren) befreit. Ergänzend dazu erhalten Sie die Kosten bestimmter Leistungen (z. B. Fahrkosten) voll von Ihrer Kasse.

**Wie erhalten Sie die Befreiung von Eigenanteilen bzw. die Übernahme bestimmter Kosten?**
Die Befreiung von Eigenanteilen bzw. die Übernahme bestimmter Kosten beantragen Sie bei Ihrer Kasse. Hierzu liegen bei Ihrer Kasse entsprechende Anträge aus (die auch telefonisch angefordert werden können). Ihre Kasse stellt Ihnen für die Zeit der Befreiung einen Befreiungsausweis aus. Diesen können Sie dann z. B. in der Apotheke vorlegen. Eigenanteile sind von Ihnen dann künftig keine mehr zu leisten.

**Haben Sie Anspruch auf Befreiung von Eigenanteilen bzw. die Übernahme bestimmter Kosten?**
Sie können sich von den Eigenanteilen befreien lassen bzw. erhalten die volle Übernahme bestimmter Kosten, wenn Sie einem der folgenden Personenkreise angehören:
a. Wenn Sie bestimmte Einkommensgrenzen unterschrei-

ten bzw. einem bestimmten Personenkreis angehören, werden Sie **vollständig** von festgelegten Eigenanteilen befreit bzw. erhalten bestimmte Kosten voll übernommen (Sozialklausel ⇨ 5.14).

b. Wenn Sie mit Ihrem Einkommen die o. g. Einkommensgrenzen überschreiten, werden Sie teilweise von den Eigenanteilen befreit bzw. erhalten teilweise bestimmte Kosten erstattet. Voraussetzung hierfür ist, daß Sie mit Ihren bereits geleisteten Eigenanteilen eine einkommensabhängige Grenze übersteigen (Überforderungsklausel ⇨ 5.15).

**Haben Sie einen Anspruch auf Befreiung von Eigenanteilen bzw. Übernahme bestimmter Kosten (im Rahmen der Sozialklausel)?**

**5.14** Wenn Sie folgende Fragen mit »Ja« beantworten können, haben Sie einen Anspruch auf Befreiung von Eigenanteilen bzw. Übernahme bestimmter Kosten.

**CHECK-LISTE ✓**

| Haben Sie einen Anspruch auf Befreiung von Eigenanteilen bzw. die Übernahme bestimmter Kosten (im Rahmen der Sozialklausel)? |
|---|
| ⇨ Sind Sie versichert? |
| ⇨ Handelt es sich um eine der genannten Leistungen? |
| ⇨ Erzielen Sie Einkünfte? |
| ⇨ Unterschreiten Sie mit Ihren Einkünften gewisse Einkommensgrenzen (Fachsprache: Härtefallgrenze)? |
| ⇨ (Oder) gehören Sie zu dem Personenkreis, bei dem die Unterschreitung der o. g. Einkommensgrenzen automatisch angenommen wird? |
| ⇨ Haben Sie einen Antrag gestellt? |

**Erläuterungen:**
*Sind Sie versichert?*
Diese Frage können Sie in der Regel mit »Ja« beantworten. Im Teil III geben wir Ihnen zu diesem Thema weitere Informationen.

*Handelt es sich um eine der genannten Leistungen?*
Die Befreiung von Eigenanteilen ist nicht für alle Leistungen möglich. So müssen Sie, insbesondere bei einer Krankenhausbehandlung, den Eigenanteil weiter zahlen. Sie erhalten die volle Kostenübernahme bzw. eine Befreiung von Eigenanteilen für folgende Leistungen:

- Eigenanteile zu Arznei-, Verbands- und Heilmitteln,
- Eigenanteil bei bestimmten Hilfsmitteln,
- Eigenanteil bei stationären Kuren,
- Kostenanteil bei Zahnersatz sowie
- Fahrkosten (auch 25 DM Eigenanteil).

*Erzielen Sie Einkünfte?*
Die Ermittlung Ihrer zu berücksichtigenden Einkünfte erfolgt wie folgt:
Als Faustregel können Sie bei der Berechnung Ihrer monatlichen Einkünfte – ohne Rücksicht auf die steuerliche Behandlung – insbesondere folgende Bruttoeinkünfte berücksichtigen:

- Lohn, Gehalt, Urlaubs- und Weihnachtsgeld,
- Renten,
- Einkünfte aus Land- und Forstwirtschaft,
- Einkünfte aus Gewerbebetrieben und selbständiger Tätigkeit,
- Einkünfte aus Kapitalvermögen sowie
- Einkünfte aus Vermietung und Verpachtung.

**Nicht** berücksichtigt werden bei der Ermittlung Ihrer Einkünfte insbesondere:
- Kindergeld,
- BAföG,
- Blindenhilfe,
- Erziehungsgeld sowie
- Grundrenten nach dem Bundesversorgungsgesetz (BVG) oder
- entsprechende Renten nach dem Bundesentschädigungsgesetz (BEG).

Leben mit Ihnen andere Personen (z. B. Ehefrau und Kinder) zusammen, sind auch deren Einkünfte mit zu berücksichtigen (für diese Personen wird die Einkommensgrenze entsprechend angepaßt).

**TIPS UND TRICKS** Ihre Kasse übernimmt für Sie die Berechnung. Bitte reichen Sie dort entsprechende Einkommensnachweise (z. B. Steuerbescheid) ein.

*Unterschreiten Sie mit Ihren Einkünften gewisse Einkommensgrenzen (Fachsprache: Härtefallgrenzen)?*
Sie werden von den Eigenanteilen befreit bzw. erhalten die oben genannten Leistungen voll übernommen, sofern Ihre monatlichen Einkünfte folgende Einkommensgrenzen nicht überschreiten. Die Einkommensgrenze erhöht sich für Ihre Ehefrau sowie jedes mit Ihnen zusammen wohnende Kind entsprechend. Je nach Wohnort (alte/ neue Länder) gestaltet sich die Höhe der Härtefallgrenzen unterschiedlich.

**TIPS UND TRICKS** Die gekennzeichneten Einkommen sind von Eigenanteilen befreit bzw. erhalten bestimmte Leistungen voll erstattet, wenn Sie in den alten Ländern wohnen.

## Von Zuzahlung befreit

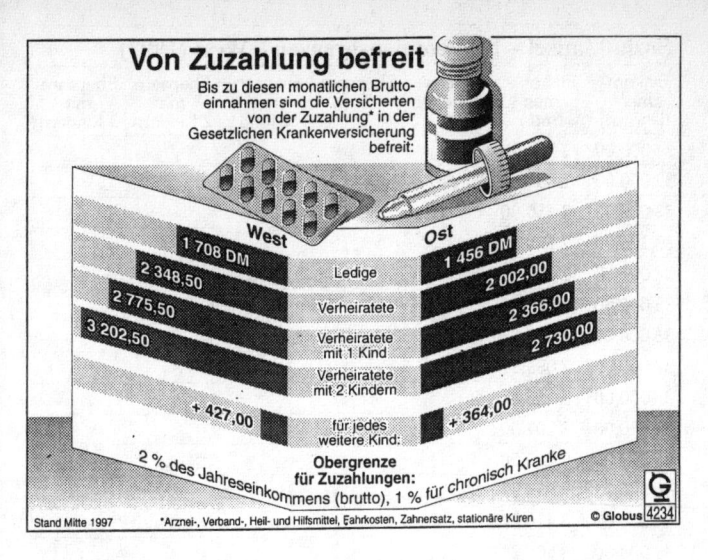

Bis zu diesen monatlichen Bruttoeinnahmen sind die Versicherten von der Zuzahlung* in der Gesetzlichen Krankenversicherung befreit:

| West | | Ost |
|---|---|---|
| 1 708 DM | Ledige | 1 456 DM |
| 2 348,50 | Verheiratete | 2 002,00 |
| 2 775,50 | Verheiratete mit 1 Kind | 2 366,00 |
| 3 202,50 | Verheiratete mit 2 Kindern | 2 730,00 |
| + 427,00 | für jedes weitere Kind: | + 364,00 |

**Obergrenze für Zuzahlungen:** 2 % des Jahreseinkommens (brutto), 1 % für chronisch Kranke

Stand Mitte 1997  *Arznei-, Verband-, Heil- und Hilfsmittel, Fahrkosten, Zahnersatz, stationäre Kuren  © Globus 4234

## Sozialklausel – Einkommensgrenzen – West (1997)

| Einkommen (jährlich) | Einkommen (mtl.) | Alleinstehende | Ehepaare | Ehepaare mit 1 Kind | Ehepaare mit 2 Kindern | Ehepaare mit 3 Kindern |
|---|---|---|---|---|---|---|
| 18 000,00 | 1 500,00 | | | | | |
| 19 000,00 | 1 583,33 | | | | | |
| 20 000,00 | 1 666,67 | | | | | |
| 20 496,00 | 1 708,00 | | | | | |
| 21 000,00 | 1 750,00 | keine Befreiung (Bitte ⇨ S.15 prüfen) | | | | |
| 22 000,00 | 1 833,33 | | | | | |
| 23 000,00 | 1 916,67 | | | | | |
| 24 000,00 | 2 000,00 | | | | | |
| 25 000,00 | 2 083,33 | | | | | |
| 26 000,00 | 2 166,67 | | | | | |
| 27 000,00 | 2 250,00 | | | | | |
| 28 000,00 | 2 333,33 | | | | | |
| 28 182,00 | 2 348,50 | | | | | |
| 29 000,00 | 2 416,67 | | keine Befreiung (Bitte ⇨ S.15 prüfen) | | | |
| 30 000,00 | 2 500,00 | | | | | |

## Sozialklausel – Einkommensgrenzen – West (1997)

| Einkommen (jährlich) | Einkommen (mtl.) | Alleinstehende | Ehepaare | Ehepaare mit 1 Kind | Ehepaare mit 2 Kindern | Ehepaare mit 3 Kindern |
|---|---|---|---|---|---|---|
| 31 000,00 | 2 583,00 | | | | | |
| 32 000,00 | 2 666,67 | | | | | |
| 33 000,00 | 2 750,00 | | | | | |
| 33 306,00 | 2 775,50 | | | | | |
| 34 000,00 | 2 833,33 | | | keine Befreiung (Bitte ⇨ S.15 prüfen) | | |
| 35 000,00 | 2 916,70 | | | | | |
| 36 000,00 | 3 000,00 | | | | | |
| 37 000,00 | 3 083,33 | | | | | |
| 38 000,00 | 3 166,67 | | | | | |
| 38 430,00 | 3 202,50 | | | | | |
| 39 000,00 | 3 250,00 | | | | keine Befreiung (Bitte ⇨ S.15 prüfen) | |
| 40 000,00 | 3 333,33 | | | | | |
| 41 000,00 | 3 416,67 | | | | | |
| 42 000,00 | 3 500,00 | | | | | |
| 43 000,00 | 3 583,33 | | | | | |
| 43 554,00 | 3 629,50 | | | | | |
| 44 000,00 | 3 666,67 | | | | | keine Befreiung (Bitte ⇨ S.15 prüfen) |
| 45 000,00 | 3 750,00 | | | | | |

## Sozialklausel – Einkommensgrenzen – West (1998)

| Einkommen (jährlich) | Einkommen (mtl.) | Alleinstehende | Ehepaare | Ehepaare mit 1 Kind | Ehepaare mit 2 Kindern | Ehepaare mit 3 Kindern |
|---|---|---|---|---|---|---|
| 15 000,00 | 1 250,00 | | | | | |
| 16 000,00 | 1 333,33 | | | | | |
| 17 000,00 | 1 416,67 | | | | | |
| 18 000,00 | 1 500,00 | | | | | |
| 19 000,00 | 1 583,33 | | | | | |
| 20 000,00 | 1 666,67 | | | | | |
| 20 832,00 | 1 736,00 | | | | | |
| 21 000,00 | 1 750,00 | keine Befreiung (Bitte ⇨ S.15 prüfen) | | | | |
| 22 000,00 | 1 833,33 | | | | | |
| 23 000,00 | 1 916,67 | | | | | |

## Sozialklausel – Einkommensgrenzen – West (1998)

| Einkommen (jährlich) | Einkommen (mtl.) | Alleinstehende | Ehepaare | Ehepaare mit 1 Kind | Ehepaare mit 2 Kindern | Ehepaare mit 3 Kindern |
|---|---|---|---|---|---|---|
| 24 000,00 | 2 000,00 | | | | | |
| 25 000,00 | 2 083,33 | | | | | |
| 26 000,00 | 2 166,67 | | | | | |
| 27 000,00 | 2 250,00 | | | | | |
| 28 000,00 | 2 333,33 | | | | | |
| 28 644,00 | 2 387,00 | | | | | |
| 29 000,00 | 2 416,67 | | keine Befreiung (Bitte ⇨ 5.15 prüfen) | | | |
| 30 000,00 | 2 500,00 | | | | | |
| 31 000,00 | 2 583,00 | | | | | |
| 32 000,00 | 2 666,67 | | | | | |
| 33 000,00 | 2 750,00 | | | | | |
| 33 852,00 | 2 821,00 | | | | | |
| 34 000,00 | 2 833,33 | | | keine Befreiung (Bitte ⇨ 5.15 prüfen) | | |
| 35 000,00 | 2 916,70 | | | | | |
| 36 000,00 | 3 000,00 | | | | | |
| 37 000,00 | 3 083,33 | | | | | |
| 38 000,00 | 3 166,67 | | | | | |
| 39 000,00 | 3 250,00 | | | | | |
| 39 060,00 | 3 255,00 | | | | | |
| 40 000,00 | 3 333,33 | | | | keine Befreiung (Bitte ⇨ 5.15 prüfen) | |
| 41 000,00 | 3 416,67 | | | | | |
| 42 000,00 | 3 500,00 | | | | | |
| 43 000,00 | 3 583,33 | | | | | |
| 44 000,00 | 3 666,67 | | | | | |
| 44 268,00 | 3 689,00 | | | | | |
| 46 000,00 | 3 833,33 | | | | | keine Befreiung (Bitte ⇨ 5.15 prüfen) |
| 48 000,00 | 4 000,00 | | | | | |

**TIPS UND TRICKS** Die gekennzeichneten Einkommen sind von Eigenanteilen befreit bzw. erhalten bestimmte Leistungen voll erstattet, wenn Sie in den neuen Ländern wohnen.

## Sozialklausel – Einkommensgrenzen – Ost (1997)

| Einkommen (jährlich) | Einkommen (mtl.) | Alleinstehende | Ehepaare | Ehepaare mit 1 Kind | Ehepaare mit 2 Kindern | Ehepaare mit 3 Kindern |
|---|---|---|---|---|---|---|
| 16 000,00 | 1 333,33 | | | | | |
| 17 000,00 | 1 416,67 | | | | | |
| 17 472,00 | 1 456,00 | | | | | |
| 18 000,00 | 1 500,00 | keine Befreiung (Bitte ⇨ 5.15 prüfen) | | | | |
| 19 000,00 | 1 583,33 | | | | | |
| 20 000,00 | 1 666,67 | | | | | |
| 21 000,00 | 1 750,00 | | | | | |
| 22 000,00 | 1 833,33 | | | | | |
| 23 000,00 | 1 916,67 | | | | | |
| 24 000,00 | 2 000,00 | | | | | |
| 24 024,00 | 2 002,00 | | | | | |
| 25 000,00 | 2 083,33 | | keine Befreiung (Bitte ⇨ 5.15 prüfen) | | | |
| 26 000,00 | 2 166,67 | | | | | |
| 27 000,00 | 2 250,00 | | | | | |
| 28 000,00 | 2 333,33 | | | | | |
| 28 392,00 | 2 366,00 | | | | | |
| 29 000,00 | 2 416,67 | | | keine Befreiung (Bitte ⇨ 5.15 prüfen) | | |
| 30 000,00 | 2 500,00 | | | | | |
| 31 000,00 | 2 583,33 | | | | | |
| 32 000,00 | 2 666,67 | | | | | |
| 32 760,00 | 2 730,00 | | | | | |
| 33 000,00 | 2 750,00 | | | | keine Befreiung (Bitte ⇨ 5.15 prüfen) | |
| 34 000,00 | 2 833,33 | | | | | |
| 35 000,00 | 2 916,70 | | | | | |
| 36 000,00 | 3 000,00 | | | | | |
| 37 000,00 | 3 083,33 | | | | | |
| 37 128,00 | 3 094,00 | | | | | |
| 38 000,00 | 3 166,67 | | | | | keine Befreiung (Bitte ⇨ 5.15 prüfen) |
| 39 000,00 | 3 250,00 | | | | | |
| 40 000,00 | 3 333,33 | | | | | |
| 41 000,00 | 3 416,67 | | | | | |

## Sozialklausel – Einkommensgrenzen – Ost (1998)

| Einkommen (jährlich) | Einkommen (mtl.) | Alleinstehende | Ehepaare | Ehepaare mit 1 Kind | Ehepaare mit 2 Kindern | Ehepaare mit 3 Kindern |
|---|---|---|---|---|---|---|
| 16 000,00 | 1 333,33 | | | | | |
| 17 000,00 | 1 416,67 | | | | | |
| 17 472,00 | 1 456,00 | | | | | |
| 18 000,00 | 1 500,00 | keine Befreiung (Bitte ⇨ 5.15 prüfen) | | | | |
| 19 000,00 | 1 583,33 | | | | | |
| 20 000,00 | 1 666,67 | | | | | |
| 21 000,00 | 1 750,00 | | | | | |
| 22 000,00 | 1 833,33 | | | | | |
| 23 000,00 | 1 916,67 | | | | | |
| 24 000,00 | 2 000,00 | | | | | |
| 24 024,00 | 2 002,00 | | | | | |
| 25 000,00 | 2 083,33 | | keine Befreiung (Bitte ⇨ 5.15 prüfen) | | | |
| 26 000,00 | 2 166,67 | | | | | |
| 27 000,00 | 2 250,00 | | | | | |
| 28 000,00 | 2 333,33 | | | | | |
| 28 392,00 | 2 366,00 | | | | | |
| 29 000,00 | 2 416,67 | | | keine Befreiung (Bitte ⇨ 5.15 prüfen) | | |
| 30 000,00 | 2 500,00 | | | | | |
| 31 000,00 | 2 583,33 | | | | | |
| 32 000,00 | 2 666,67 | | | | | |
| 32 760,00 | 2 730,00 | | | | | |
| 33 000,00 | 2 750,00 | | | | keine Befreiung (Bitte ⇨ 5.15 prüfen) | |
| 34 000,00 | 2 833,33 | | | | | |
| 35 000,00 | 2 916,70 | | | | | |
| 36 000,00 | 3 000,00 | | | | | |
| 37 000,00 | 3 083,33 | | | | | |
| 37 128,00 | 3 094,00 | | | | | |
| 38 000,00 | 3 166,67 | | | | | keine Befreiung (Bitte ⇨ 5.15 prüfen) |
| 39 000,00 | 3 250,00 | | | | | |
| 40 000,00 | 3 333,33 | | | | | |
| 41 000,00 | 3 416,67 | | | | | |

Zur Verdeutlichung begleiten wir Familie Müller:

**Beispiel: Familie Müller**
Familie Müller (Vater Peter, Mutter Marianne und Tochter Karin) wohnt gemeinsam in einer Mietwohnung in Hannover. Peter Müller arbeitet als Busfahrer bei der Stadtverwaltung und erhält ein monatliches Bruttogehalt von 2600,00 DM. Marianne ist Hausfrau und erzielt keine Einkünfte. Tochter Karin geht noch zur Schule. Im Februar 1998 geht Frau Müller wegen Rückenproblemen zum Arzt und erhält Medikamente verschrieben. Für diese Medikamente muß Frau Müller Rezeptgebühr von je 9,00 DM an die Apotheke zahlen. Frau Müller fragt im März 1998 bei ihrer Krankenkasse nach, ob sie Rezeptgebühr zahlen müsse.
Was meinen Sie dazu? Muß Frau Müller die Rezeptgebühren für die Medikamente zahlen?
Frau Müller (sowie die ganze Familie Müller) wird von ihrer Krankenkasse von den Eigenanteilen (inkl. Rezeptgebühr) befreit. Die Einkünfte der Familie betragen monatlich 2600,00 DM. Diese Einkünfte liegen nach der Tabelle auf den vorhergehenden Seiten unter der Einkommensgrenze (Ehepaar mit 1 Kind). Die bereits gezahlten Eigenanteile erhält Frau Müller von ihrer Kasse erstattet.

*(Oder) gehören Sie zu dem Personenkreis, bei dem die Unterschreitung der o. g. Einkommensgrenze automatisch angenommen wird?*
Bei folgendem Personenkreis wird die Unterschreitung der oben genannten Grenzen unterstellt. Wenn Sie eine der folgenden Leistungen erhalten, werden Sie von Eigenanteilen befreit bzw. erhalten die vollen Kosten übernommen:
- Hilfe zum Lebensunterhalt,
- ergänzende Hilfe zum Lebensunterhalt im Rahmen der Kriegsopferfürsorge,
- Arbeitslosenhilfe oder

- Ausbildungsförderung.
- Ferner fallen unter diese Regelung Personen, die in Einrichtungen (z. B. Altenheimen) leben und deren Kosten ein Träger der Sozialhilfe oder der Kriegsopferfürsorge trägt.

Zur Verdeutlichung begleiten wir Familie Mai:

**Beispiel: Familie Mai**
Familie Mai (Vater Peter, Mutter Marianne und Tochter Karin) wohnt gemeinsam in einer Mietwohnung in Hannover. Der Vater Peter Mai wird entlassen und erhält Arbeitslosenhilfe vom Arbeitsamt. Marianne und Karin Mai erzielen beide keine Einkünfte. Im Februar 1998 geht Frau Mai wegen Rückenproblemen zum Arzt und erhält Medikamente verschrieben. Für diese Medikamente muß Frau Mai Rezeptgebühren von je 13,00 DM zahlen. Frau Mai fragt im März 1998 bei ihrer Krankenkasse nach, ob sie diese Rezeptgebühren zahlen müsse.
Was meinen Sie dazu? Muß Frau Mai die Rezeptgebühr für die Medikamente zahlen?
Frau Mai (sowie die ganze Familie Mai) wird von ihrer Krankenkasse von den Eigenanteilen befreit. Bei Beziehern von Arbeitslosenhilfe wird die Unterschreitung der Härtefallgrenzen automatisch angenommen. Herr Mai erhält Arbeitslosenhilfe vom Arbeitsamt und hat damit Anspruch auf Befreiung von den Eigenanteilen bzw. auf volle Kostenübernahme. Die bereits gezahlten Eigenanteile erhält Frau Mai von ihrer Kasse erstattet.

*Haben Sie einen Antrag gestellt?*
Den Antrag auf Befreiung von Eigenanteilen können Sie bei Ihrer Krankenkasse stellen. Diese stellt Ihnen für die Zeit der Befreiung einen Befreiungsausweis aus, den Sie, z. B. in Ihrer Apotheke, vorlegen können. Eigenanteile sind von Ihnen dann künftig keine mehr zu leisten.

**TIPS UND TRICKS**

* Im Laufe eines Jahres kann einiges an Eigenanteilen zusammenkommen. Lassen Sie sich – solange Sie den Antrag noch nicht gestellt haben – für jeden Eigenanteil eine Bescheinigung bzw. Quittung, z. B. von der Apotheke, geben. Vergessen Sie bitte auch nicht, sich die Notwendigkeit von Fahrkosten von Ihrem Arzt bestätigen zu lassen.

* Ihre Krankenkasse bietet Ihnen ein Quittungsheft an, in dem die Eigenanteile eingetragen werden können.

* Die Befreiung von Eigenanteilen gilt auch rückwirkend. Insofern können Sie Ihre Quittungen auch im nachhinein bei Ihrer Kasse einreichen.

* Die Einkommensgrenzen für die Befreiung liegen sehr niedrig. Trotzdem sollten Sie die Belege während des Jahres sammeln. Vielleicht können Sie sich im Rahmen der Überforderungsklausel (siehe nächstes Thema) einen Teil der Kosten erstatten lassen.

**Haben Sie einen Anspruch auf Befreiung von Eigenanteilen bzw. die Übernahme bestimmter Kosten (im Rahmen der Überforderungsklausel)?**

5.15 Wenn Sie folgende Fragen mit »Ja« beantworten können, haben Sie einen Anspruch auf Befreiung von Eigenanteilen bzw. die Übernahme bestimmter Kosten.

## CHECK-LISTE ✓

| Haben Sie einen Anspruch auf Befreiung von Eigenanteilen bzw. die Übernahme bestimmter Kosten (im Rahmen der Überforderungsklausel)? |
|---|
| ⇨ Sind Sie versichert? |
| ⇨ Handelt es sich um eine der genannten Leistungen? |
| ⇨ Erzielen Sie Einkünfte? |
| ⇨ Wie hoch ist Ihr Selbstbehalt (Belastungsgrenze)? |
| ⇨ Haben Sie einen Antrag gestellt? |

**Erläuterungen:**
*Sind Sie versichert?*
Diese Frage können Sie in der Regel mit »Ja« beantworten. Im Teil III geben wir Ihnen zu diesem Thema weitere Informationen.

*Handelt es sich um eine der genannten Leistungen?*
Die Befreiung von Eigenanteilen ist nicht für alle Leistungen möglich. Sie gilt für:
- Eigenanteilen bei Arznei-, Verbands- und Heilmitteln
- Fahrkosten.

*Erzielen Sie Einkünfte?*
Die Ermittlung Ihrer Einkünfte erfolgt nach den gleichen Grundsätzen wie bei der Sozialklausel (⇨ 5.14). Bitte beachten Sie, daß Sie bei der Ermittlung Ihrer Einkünfte von Ihren jährlichen Einkünften ausgehen müssen.

*Wie hoch ist Ihr Selbstbehalt (Belastungsgrenze)?*
Das Prinzip der Überforderungsklausel ist ähnlich wie das der Einkommensteuererklärung. Sie sammeln während des Jahres Ihre Belege über Eigenanteile (Steuerrecht = Wer-

bungskosten), und am Jahresende wird geprüft, welche Kosten Ihren individuellen Selbstbehalt übersteigen. Der übersteigende Betrag wird Ihnen von Ihrer Kasse erstattet.

Ihre persönliche Belastungsgrenze können Sie aus den nachfolgenden Tabellen ablesen. Die Tabellen werden unterschieden:

1a. Wohnen Sie in den alten Ländern/im »Westen« (⇨ 5.15.1),
1b. Wohnen Sie in den neuen Ländern/im »Osten« (⇨ 5.15.2),
2a. Sind Sie chronisch krank und haben im letzten Jahr bereits Ihre Belastungsgrenze überschritten? Sofern Sie in den alten Ländern wohnen (⇨ 5.15.3).
2b. Sind Sie chronisch krank und haben im letzten Jahr bereits Ihre Belastungsgrenze überschritten? Sofern Sie in der neuen Ländern wohnen (⇨ 5.15.4).

**TIPS UND TRICKS**

Die Ermittlung Ihres individuellen Kostenanteils können Sie aus der folgenden Tabelle ablesen, wenn Sie in den alten Ländern wohnen.
(Die mit ▓▓▓▓▓ gekennzeichneten Einkommen sind im Rahmen der Sozialklausel [⇨ 5.14] von Eigenanteilen befreit bzw. erhalten bestimmte Leistungen voll erstattet.)

# Überforderungsklausel – Selbstbehalte/West (1997)

| Einkommen (jährlich) | Einkommen (mtl.) | Alleinstehende | Ehepaare | Ehepaare mit 1 Kind | Ehepaare mit 2 Kindern | Ehepaare mit 3 Kindern |
|---|---|---|---|---|---|---|
| 18 000,00 | 1 500,00 | | | | | |
| 19 000,00 | 1 583,33 | | | | | |
| 20 000,00 | 1 666,67 | | | | | |
| 20 496,00 | 1 708,00 | | | | | |
| 21 000,00 | 1 750,00 | 420,00 | | | | |
| 22 000,00 | 1 833,33 | 440,00 | | | | |
| 23 000,00 | 1 916,67 | 460,00 | | | | |
| 24 000,00 | 2 000,00 | 480,00 | | | | |
| 25 000,00 | 2 083,33 | 500,00 | | | | |
| 26 000,00 | 2 166,67 | 520,00 | | | | |
| 27 000,00 | 2 250,00 | 540,00 | | | | |
| 28 000,00 | 2 333,33 | 560,00 | | | | |
| 28 182,00 | 2 348,50 | 563,64 | | | | |
| 29 000,00 | 2 416,67 | 580,00 | 426,28 | | | |
| 30 000,00 | 2 500,00 | 600,00 | 446,28 | | | |
| 31 000,00 | 2 583,33 | 620,00 | 466,28 | | | |
| 32 000,00 | 2 666,67 | 640,00 | 486,28 | | | |
| 33 000,00 | 2 750,00 | 660,00 | 506,28 | | | |
| 33 306,00 | 2 775,50 | 666,12 | 512,40 | | | |
| 34 000,00 | 2 833,33 | 680,00 | 526,28 | 423,80 | | |
| 35 000,00 | 2 916,70 | 700,00 | 546,28 | 443,80 | | |
| 36 000,00 | 3 000,00 | 720,00 | 566,28 | 463,80 | | |
| 37 000,00 | 3 083,33 | 740,00 | 586,28 | 483,80 | | |
| 38 000,00 | 3 166,67 | 760,00 | 606,28 | 503,80 | | |
| 38 430,00 | 3 202,50 | 768,60 | 614,88 | 512,40 | | |
| 39 000,00 | 3 250,00 | 780,00 | 626,28 | 523,80 | 421,32 | |
| 40 000,00 | 3 333,33 | 800,00 | 646,28 | 543,80 | 441,32 | |
| 41 000,00 | 3 416,67 | 820,00 | 666,28 | 563,80 | 461,32 | |
| 42 000,00 | 3 500,00 | 840,00 | 686,28 | 583,80 | 481,32 | |
| 43 000,00 | 3 583,33 | 860,00 | 706,28 | 603,80 | 501,32 | |
| 43 554,00 | 3 629,50 | 871,08 | 717,36 | 614,88 | 512,40 | |
| 44 000,00 | 3 666,67 | 880,00 | 726,28 | 623,80 | 521,32 | 418,84 |
| 45 000,00 | 3 750,00 | 900,00 | 746,28 | 643,80 | 541,32 | 438,84 |

## Überforderungsklausel – Selbstbehalte/West (1997)

| Einkommen (jährlich) | Einkommen (mtl.) | Alleinstehende | Ehepaare | Ehepaare mit 1 Kind | Ehepaare mit 2 Kindern | Ehepaare mit 3 Kindern |
|---|---|---|---|---|---|---|
| 46 000,00 | 3 833,33 | 920,00 | 766,28 | 663,80 | 561,32 | 458,84 |
| 48 000,00 | 4 000,00 | 960,00 | 806,00 | 703,80 | 601,32 | 498,84 |
| 50 000,00 | 4 166,67 | 1 000,00 | 846,28 | 743,80 | 641,32 | 538,84 |
| 52 000,00 | 4 333,33 | 1 040,00 | 886,28 | 783,80 | 681,32 | 578,84 |
| 54 000,00 | 4 500,00 | 1 080,00 | 926,28 | 823,80 | 721,32 | 618,84 |
| 56 000,00 | 4 666,67 | 1 120,00 | 966,28 | 863,80 | 761,32 | 658,84 |
| 58 000,00 | 4 833,33 | 1 160,00 | 1 006,28 | 903,80 | 801,32 | 698,84 |
| 60 000,00 | 5 000,00 | 1 200,00 | 1 046,28 | 943,80 | 841,32 | 738,84 |
| 62 000,00 | 5 166,67 | 1 240,00 | 1 086,28 | 983,80 | 881,32 | 778,84 |
| 64 000,00 | 5 333,33 | 1 280,00 | 1 126,28 | 1 023,80 | 921,32 | 818,84 |
| 66 000,00 | 5 500,00 | 1 320,00 | 1 166,28 | 1 063,80 | 961,32 | 858,84 |
| 68 000,00 | 5 666,67 | 1 360,00 | 1 206,28 | 1 103,80 | 1 001,32 | 898,84 |
| 70 000,00 | 5 833,33 | 1 400,00 | 1 246,28 | 1 143,80 | 1 041,32 | 938,84 |
| 73 800,00 | 6 150,00 | 1 476,00 | 1 322,28 | 1 219,80 | 1 117,32 | 1 014,84 |
| 75 000,00 | 6 250,00 | 1 500,00 | 1 346,28 | 1 243,80 | 1 141,32 | 1 038,84 |
| 80 000,00 | 6 666,67 | 1 600,00 | 1 446,28 | 1 343,80 | 1 241,32 | 1 138,84 |
| 81 486,00 | 6 790,50 | 1 629,72 | 1 476,00 | 1 373,52 | 1 271,04 | 1 168,56 |
| 86 610,00 | 7 217,50 | 1 732,20 | 1 578,48 | 1 476,00 | 1 373,52 | 1 271,04 |
| 91 734,00 | 7 644,50 | 1 834,68 | 1 680,96 | 1 578,48 | 1 476,00 | 1 373,52 |
| 96 858,00 | 8 071,50 | 1 937,16 | 1 783,44 | 1 680,96 | 1 578,48 | 1 476,00 |
| 100 000,00 | 8 333,33 | 2 000,00 | 1 846,28 | 1 743,80 | 1 641,32 | 1 538,84 |
| 200 000,00 | 16 666,67 | 4 000,00 | 3 846,28 | 3 743,80 | 3 641,32 | 3 538,84 |
| 400 000,00 | 33 333,33 | 8 000,00 | 7 846,28 | 7 743,80 | 7 641,32 | 7 538,84 |

## Überforderungsklausel – Selbstbehalte/West (1998)

| Einkommen (jährlich) | Einkommen (mtl.) | Alleinstehende | Ehepaare | Ehepaare mit 1 Kind | Ehepaare mit 2 Kindern | Ehepaare mit 3 Kindern |
|---|---|---|---|---|---|---|
| 15 000,00 | 1 250,00 | | | | | |
| 16 000,00 | 1 333,33 | | | | | |
| 17 000,00 | 1 416,67 | | | | | |
| 18 000,00 | 1 500,00 | | | | | |
| 19 000,00 | 1 583,33 | | | | | |

## Überforderungsklausel – Selbstbehalte/West (1998)

| Einkommen (jährlich) | Einkommen (mtl.) | Alleinstehende | Ehepaare | Ehepaare mit 1 Kind | Ehepaare mit 2 Kindern | Ehepaare mit 3 Kindern |
|---|---|---|---|---|---|---|
| 20 000,00 | 1 666,67 | | | | | |
| 20 832,00 | 1 736,00 | | | | | |
| 21 000,00 | 1 750,00 | 420,00 | | | | |
| 22 000,00 | 1 833,33 | 440,00 | | | | |
| 23 000,00 | 1 916,67 | 460,00 | | | | |
| 24 000,00 | 2 000,00 | 480,00 | | | | |
| 25 000,00 | 2 083,33 | 500,00 | | | | |
| 26 000,00 | 2 166,67 | 520,00 | | | | |
| 27 000,00 | 2 250,00 | 540,00 | | | | |
| 28 000,00 | 2 333,33 | 560,00 | | | | |
| 28 644,00 | 2 387,50 | 572,88 | | | | |
| 29 000,00 | 2 416,67 | 580,00 | 423,76 | | | |
| 30 000,00 | 2 500,00 | 600,00 | 443,76 | | | |
| 31 000,00 | 2 583,33 | 620,00 | 463,76 | | | |
| 32 000,00 | 2 666,67 | 640,00 | 483,76 | | | |
| 33 000,00 | 2 750,00 | 660,00 | 503,76 | | | |
| 33 852,00 | 2 821,50 | 677,04 | 520,80 | | | |
| 34 000,00 | 2 833,33 | 680,00 | 523,76 | 419,60 | | |
| 35 000,00 | 2 916,67 | 700,00 | 543,76 | 439,60 | | |
| 36 000,00 | 3 000,00 | 720,00 | 563,76 | 459,60 | | |
| 37 000,00 | 3 083,33 | 740,00 | 583,76 | 479,60 | | |
| 38 000,00 | 3 166,67 | 760,00 | 603,76 | 499,60 | | |
| 39 000,00 | 3 250,00 | 780,00 | 623,76 | 519,60 | | |
| 39 060,00 | 3 255,00 | 781,20 | 624,96 | 520,80 | | |
| 40 000,00 | 3 333,33 | 800,00 | 643,76 | 539,60 | 435,44 | |
| 41 000,00 | 3 416,67 | 820,00 | 663,76 | 559,60 | 455,44 | |
| 42 000,00 | 3 500,00 | 840,00 | 683,76 | 579,60 | 475,44 | |
| 43 000,00 | 3 583,33 | 860,00 | 703,76 | 599,60 | 495,44 | |
| 44 000,00 | 3 666,67 | 880,00 | 723,76 | 619,60 | 515,44 | |
| 44 268,00 | 3 689,00 | 885,36 | 729,12 | 624,96 | 520,80 | |
| 46 000,00 | 3 833,33 | 920,00 | 763,76 | 659,60 | 555,44 | 451,28 |
| 48 000,00 | 4 000,00 | 960,00 | 803,76 | 699,60 | 595,44 | 491,28 |
| 49 476,00 | 4 123,00 | 989,52 | 833,28 | 729,12 | 624,96 | 520,80 |

### Überforderungsklausel – Selbstbehalte/West (1998)

| Einkommen (jährlich) | Einkommen (mtl.) | Alleinstehende | Ehepaare | Ehepaare mit 1 Kind | Ehepaare mit 2 Kindern | Ehepaare mit 3 Kindern |
|---|---|---|---|---|---|---|
| 50 000,00 | 4 166,67 | 1 000,00 | 843,76 | 739,60 | 635,44 | 531,28 |
| 52 000,00 | 4 333,33 | 1 040,00 | 883,76 | 779,60 | 675,44 | 571,28 |
| 54 000,00 | 4 500,00 | 1 080,00 | 923,76 | 819,60 | 715,44 | 611,28 |
| 56 000,00 | 4 666,67 | 1 120,00 | 963,76 | 859,60 | 755,44 | 651,28 |
| 58 000,00 | 4 833,33 | 1 160,00 | 1 003,76 | 899,60 | 795,44 | 691,28 |
| 60 000,00 | 5 000,00 | 1 200,00 | 1 043,76 | 939,60 | 835,44 | 731,28 |
| 62 000,00 | 5 166,67 | 1 240,00 | 1 083,76 | 979,60 | 875,44 | 771,28 |
| 64 000,00 | 5 333,33 | 1 280,00 | 1 123,76 | 1 019,60 | 915,44 | 811,28 |
| 66 000,00 | 5 500,00 | 1 320,00 | 1 163,76 | 1 059,60 | 955,44 | 851,28 |
| 68 000,00 | 5 666,67 | 1 360,00 | 1 203,76 | 1 099,60 | 995,44 | 891,28 |
| 70 000,00 | 5 833,33 | 1 400,00 | 1 243,76 | 1 139,60 | 1 035,44 | 931,28 |
| 72 000,00 | 6 000,00 | 1 440,00 | 1 283,76 | 1 179,60 | 1 075,44 | 971,28 |
| 74 000,00 | 6 166,67 | 1 480,00 | 1 323,76 | 1 219,60 | 1 115,44 | 1 011,28 |
| 76 000,00 | 6 333,33 | 1 520,00 | 1 363,76 | 1 259,60 | 1 155,44 | 1 051,28 |
| 78 000,00 | 6 500,00 | 1 560,00 | 1 403,76 | 1 299,60 | 1 195,44 | 1 091,28 |
| 80 000,00 | 6 666,67 | 1 600,00 | 1 443,76 | 1 339,60 | 1 235,44 | 1 131,28 |
| 82 000,00 | 6 833,33 | 1 640,00 | 1 483,76 | 1 379,60 | 1 275,44 | 1 171,28 |
| 84 000,00 | 7 000,00 | 1 680,00 | 1 523,76 | 1 419,60 | 1 315,44 | 1 211,28 |
| 86 000,00 | 7 166,67 | 1 720,00 | 1 563,76 | 1 459,60 | 1 355,44 | 1 251,28 |
| 88 000,00 | 7 333,33 | 1 760,00 | 1 603,76 | 1 499,60 | 1 395,44 | 1 291,28 |
| 90 000,00 | 7 500,00 | 1 800,00 | 1 643,76 | 1 539,60 | 1 435,44 | 1 331,28 |
| 95 000,00 | 7 916,67 | 1 900,00 | 1 743,76 | 1 639,60 | 1 535,44 | 1 431,28 |
| 100 000,00 | 8 333,33 | 2 000,00 | 1 843,76 | 1 739,60 | 1 635,44 | 1 531,28 |
| 200 000,00 | 16 666,67 | 4 000,00 | 3 843,76 | 3 739,60 | 3 635,44 | 3 531,28 |
| 400 000,00 | 33 333,33 | 8 000,00 | 7 843,76 | 7 739,60 | 7 635,44 | 7 531,28 |

**TIPS UND TRICKS** Die Ermittlung Ihres individuellen Kostenanteils können Sie aus der folgenden Tabelle ablesen, wenn Sie in den neuen Ländern wohnen.
(Die mit        gekennzeichneten Einkommen sind im Rahmen der Sozialklausel [⇨ 5.14] von Eigenanteilen befreit bzw. erhalten bestimmte Leistungen voll erstattet.)

## Überforderungsklausel – Selbstbehalte/Ost (1997)   5.15.2

| Einkommen (jährlich) | Einkommen (mtl.) | Alleinstehende | Ehepaare | Ehepaare mit 1 Kind | Ehepaare mit 2 Kindern | Ehepaare mit 3 Kindern |
|---|---|---|---|---|---|---|
| 16 000,00 | 1 333,33 | | | | | |
| 17 000,00 | 1 416,67 | | | | | |
| 17 472,00 | 1 456,00 | | | | | |
| 18 000,00 | 1 500,00 | 360,00 | | | | |
| 19 000,00 | 1 583,33 | 380,00 | | | | |
| 20 000,00 | 1 666,67 | 400,00 | | | | |
| 21 000,00 | 1 750,00 | 420,00 | | | | |
| 22 000,00 | 1 833,33 | 440,00 | | | | |
| 23 000,00 | 1 916,67 | 460,00 | | | | |
| 24 000,00 | 2 000,00 | 480,00 | | | | |
| 24 024,00 | 2 002,00 | 480,48 | | | | |
| 25 000,00 | 2 083,33 | 500,00 | 368,96 | | | |
| 26 000,00 | 2 166,67 | 520,00 | 388,96 | | | |
| 27 000,00 | 2 250,00 | 540,00 | 408,96 | | | |
| 28 000,00 | 2 333,33 | 560,00 | 428,96 | | | |
| 28 392,00 | 2 366,00 | 576,84 | 436,80 | | | |
| 29 000,00 | 2 416,67 | 580,00 | 448,96 | 361,60 | | |
| 30 000,00 | 2 500,00 | 600,00 | 468,96 | 381,60 | | |
| 31 000,00 | 2 583,33 | 620,00 | 488,96 | 401,60 | | |
| 32 000,00 | 2 666,67 | 640,00 | 508,96 | 421,60 | | |
| 32 760,00 | 2 730,00 | 655,20 | 524,21 | 436,80 | | |
| 33 000,00 | 2 750,00 | 660,00 | 528,96 | 441,60 | 354,24 | |
| 34 000,00 | 2 833,33 | 680,00 | 548,96 | 461,60 | 374,24 | |
| 35 000,00 | 2 916,67 | 700,00 | 568,96 | 481,60 | 394,24 | |
| 36 000,00 | 3 000,00 | 720,00 | 588,96 | 501,60 | 414,24 | |
| 37 000,00 | 3 083,33 | 740,00 | 608,96 | 521,60 | 434,24 | |
| 37 128,00 | 3 094,00 | 742,56 | 611,52 | 524,16 | 436,80 | |
| 38 000,00 | 3 166,67 | 760,00 | 628,96 | 541,60 | 454,24 | 366,88 |
| 39 000,00 | 3 250,00 | 780,00 | 648,96 | 561,60 | 474,24 | 386,88 |
| 40 000,00 | 3 333,33 | 800,00 | 668,96 | 581,60 | 494,24 | 406,88 |
| 41 000,00 | 3 416,67 | 820,00 | 688,96 | 601,60 | 514,24 | 426,88 |
| 42 000,00 | 3 500,00 | 840,00 | 708,96 | 621,60 | 534,24 | 446,88 |
| 43 000,00 | 3 583,33 | 860,00 | 728,96 | 641,60 | 554,24 | 466,88 |
| 43 554,00 | 3 629,50 | 871,08 | 740,04 | 652,68 | 565,32 | 477,96 |

## Überforderungsklausel – Selbstbehalte/Ost (1997)

| Einkommen (jährlich) | Einkommen (mtl.) | Alleinstehende | Ehepaare | Ehepaare mit 1 Kind | Ehepaare mit 2 Kindern | Ehepaare mit 3 Kindern |
|---|---|---|---|---|---|---|
| 44 000,00 | 3 666,67 | 880,00 | 748,96 | 661,60 | 574,24 | 486,88 |
| 45 000,00 | 3 750,00 | 900,00 | 768,96 | 681,60 | 594,24 | 506,88 |
| 46 000,00 | 3 833,33 | 920,00 | 788,96 | 701,60 | 614,24 | 526,88 |
| 48 000,00 | 4 000,00 | 960,00 | 828,96 | 741,60 | 654,24 | 566,88 |
| 50 000,00 | 4 166,67 | 1 000,00 | 868,96 | 781,60 | 694,24 | 606,88 |
| 52 000,00 | 4 333,33 | 1 040,00 | 908,96 | 821,60 | 734,24 | 646,88 |
| 54 000,00 | 4 500,00 | 1 080,00 | 948,96 | 861,60 | 774,24 | 686,88 |
| 56 000,00 | 4 666,67 | 1 120,00 | 988,96 | 901,60 | 814,24 | 726,88 |
| 58 000,00 | 4 833,33 | 1 160,00 | 1 028,00 | 941,60 | 854,24 | 766,88 |
| 60 000,00 | 5 000,00 | 1 200,00 | 1 068,96 | 981,60 | 894,24 | 806,88 |
| 62 000,00 | 5 166,67 | 1 240,00 | 1 108,96 | 1 021,60 | 934,24 | 846,88 |
| 63 900,00 | 5 325,00 | 1 278,00 | 1 146,96 | 1 059,60 | 972,24 | 884,88 |
| 70 452,00 | 5 871,00 | 1 409,04 | 1 278,00 | 1 190,64 | 1 103,28 | 1 015,92 |
| 74 820,00 | 6 235,00 | 1 496,40 | 1 365,36 | 1 278,00 | 1 190,64 | 1 103,28 |
| 79 188,00 | 6 599,00 | 1 583,76 | 1 452,72 | 1 365,36 | 1 278,00 | 1 190,64 |
| 83 556,00 | 6 963,00 | 1 671,12 | 1 540,08 | 1 452,72 | 1 365,36 | 1 278,00 |
| 85 000,00 | 7 083,33 | 1 700,00 | 1 568,96 | 1 481,60 | 1 394,24 | 1 306,88 |
| 90 000,00 | 7 500,00 | 1 800,00 | 1 668,96 | 1 581,60 | 1 494,24 | 1 406,88 |
| 100 000,00 | 8 333,33 | 2 000,00 | 1 868,96 | 1 781,60 | 1 694,24 | 1 606,88 |
| 200 000,00 | 16 666,67 | 4 000,00 | 3 868,96 | 3 781,60 | 3 694,24 | 3 606,88 |
| 400 000,00 | 33 333,33 | 8 000,00 | 7 868,96 | 7 781,60 | 7 694,24 | 7 606,88 |

## Überforderungsklausel – Selbstbehalte/Ost (1998)

| Einkommen (jährlich) | Einkommen (mtl.) | Alleinstehende | Ehepaare | Ehepaare mit 1 Kind | Ehepaare mit 2 Kindern | Ehepaare mit 3 Kindern |
|---|---|---|---|---|---|---|
| 16 000,00 | 1 333,33 | | | | | |
| 17 000,00 | 1 416,67 | | | | | |
| 17 472,00 | 1 456,00 | | | | | |
| 18 000,00 | 1 500,00 | 360,00 | | | | |
| 19 000,00 | 1 583,33 | 380,00 | | | | |
| 20 000,00 | 1 666,67 | 400,00 | | | | |
| 21 000,00 | 1 750,00 | 420,00 | | | | |
| 22 000,00 | 1 833,33 | 440,00 | | | | |

## Überforderungsklausel – Selbstbehalte/Ost (1998)

| Einkommen (jährlich) | Einkommen (mtl.) | Alleinstehende | Ehepaare | Ehepaare mit 1 Kind | Ehepaare mit 2 Kindern | Ehepaare mit 3 Kindern |
|---|---|---|---|---|---|---|
| 23 000,00 | 1 916,67 | 460,00 | | | | |
| 24 000,00 | 2 000,00 | 480,00 | | | | |
| 24 024,00 | 2 002,00 | 480,48 | | | | |
| 25 000,00 | 2 083,33 | 500,00 | 368,96 | | | |
| 26 000,00 | 2 166,67 | 520,00 | 388,96 | | | |
| 27 000,00 | 2 250,00 | 540,00 | 408,96 | | | |
| 28 000,00 | 2 333,33 | 560,00 | 428,96 | | | |
| 28 392,00 | 2 366,00 | 576,84 | 436,80 | | | |
| 29 000,00 | 2 416,67 | 580,00 | 448,96 | 361,60 | | |
| 30 000,00 | 2 500,00 | 600,00 | 468,96 | 381,60 | | |
| 31 000,00 | 2 583,33 | 620,00 | 488,96 | 401,60 | | |
| 32 000,00 | 2 666,67 | 640,00 | 508,96 | 421,60 | | |
| 32 760,00 | 2 730,00 | 655,20 | 524,21 | 436,80 | | |
| 33 000,00 | 2 750,00 | 660,00 | 528,96 | 441,60 | 354,24 | |
| 34 000,00 | 2 833,33 | 680,00 | 548,96 | 461,60 | 374,24 | |
| 35 000,00 | 2 916,67 | 700,00 | 568,96 | 481,60 | 394,24 | |
| 36 000,00 | 3 000,00 | 720,00 | 588,96 | 501,60 | 414,24 | |
| 37 000,00 | 3 083,33 | 740,00 | 608,96 | 521,60 | 434,24 | |
| 37 128,00 | 3 094,00 | 742,56 | 611,52 | 524,16 | 436,80 | |
| 38 000,00 | 3 166,67 | 760,00 | 628,96 | 541,60 | 454,24 | 366,88 |
| 39 000,00 | 3 250,00 | 780,00 | 648,96 | 561,60 | 474,24 | 386,88 |
| 40 000,00 | 3 333,33 | 800,00 | 668,96 | 581,60 | 494,24 | 406,88 |
| 41 000,00 | 3 416,67 | 820,00 | 688,96 | 601,60 | 514,24 | 426,88 |
| 42 000,00 | 3 500,00 | 840,00 | 708,96 | 621,60 | 534,24 | 446,88 |
| 43 000,00 | 3 583,33 | 860,00 | 728,96 | 641,60 | 554,24 | 466,88 |
| 43 554,00 | 3 629,50 | 871,08 | 740,04 | 652,68 | 565,32 | 477,96 |
| 44 000,00 | 3 666,67 | 880,00 | 748,96 | 661,60 | 574,24 | 486,88 |
| 45 000,00 | 3 750,00 | 900,00 | 768,96 | 681,60 | 594,24 | 506,88 |
| 46 000,00 | 3 833,33 | 920,00 | 788,96 | 701,60 | 614,24 | 526,88 |
| 48 000,00 | 4 000,00 | 960,00 | 828,96 | 741,60 | 654,24 | 566,88 |
| 50 000,00 | 4 166,67 | 1 000,00 | 868,96 | 781,60 | 694,24 | 606,88 |
| 52 000,00 | 4 333,33 | 1 040,00 | 908,96 | 821,60 | 734,24 | 646,88 |
| 54 000,00 | 4 500,00 | 1 080,00 | 948,96 | 861,60 | 774,24 | 686,88 |
| 56 000,00 | 4 666,67 | 1 120,00 | 988,96 | 901,60 | 814,24 | 726,88 |

## Überforderungsklausel – Selbstbehalte/Ost (1998)

| Einkommen (jährlich) | Einkommen (mtl.) | Alleinstehende | Ehepaare | Ehepaare mit 1 Kind | Ehepaare mit 2 Kindern | Ehepaare mit 3 Kindern |
|---|---|---|---|---|---|---|
| 58 000,00 | 4 833,33 | 1 160,00 | 1 028,00 | 941,60 | 854,24 | 766,88 |
| 60 000,00 | 5 000,00 | 1 200,00 | 1 068,96 | 981,60 | 894,24 | 806,88 |
| 62 000,00 | 5 166,67 | 1 240,00 | 1 108,96 | 1 021,60 | 934,24 | 846,88 |
| 63 900,00 | 5 325,00 | 1 278,00 | 1 146,96 | 1 059,60 | 972,24 | 884,88 |
| 70 452,00 | 5 871,00 | 1 409,04 | 1 278,00 | 1 190,64 | 1 103,28 | 1 015,92 |
| 74 820,00 | 6 235,00 | 1 496,40 | 1 365,36 | 1 278,00 | 1 190,64 | 1 103,28 |
| 79 188,00 | 6 599,00 | 1583,76 | 1 452,72 | 1 365,36 | 1 278,00 | 1 190,64 |
| 83 556,00 | 6 963,00 | 1 671,12 | 1 540,08 | 1 452,72 | 1 365,36 | 1 278,00 |
| 85 000,00 | 7 083,33 | 1 700,00 | 1 568,96 | 1 481,60 | 1 394,24 | 1 306,88 |
| 90 000,00 | 7 500,00 | 1 800,00 | 1 668,96 | 1 581,60 | 1 494,24 | 1 406,88 |
| 100 000,00 | 8 333,33 | 2 000,00 | 1 868,96 | 1 781,60 | 1 694,24 | 1 606,88 |
| 200 000,00 | 16 666,67 | 4 000,00 | 3 868,96 | 3 781,60 | 3 694,24 | 3 606,88 |
| 400 000,00 | 33 333,33 | 8 000,00 | 7 868,96 | 7 781,60 | 7 694,24 | 7 606,88 |

**TIPS UND TRICKS** Die Ermittlung Ihres individuellen Kostenanteils können Sie aus der folgenden Tabelle ablesen, wenn Sie in den alten Ländern wohnen und krank sind und im vergangenen Jahr bereits Ihre individuelle Belastungsgrenze überschritten haben.
(Die mit gekennzeichneten Einkommen sind im Rahmen der Sozialklausel [⇨ 5.14] von Eigenanteilen befreit bzw. erhalten bestimmte Leistungen voll erstattet.)

## Überforderungsklausel – Chronisch Kranke/West (1997)

| Einkommen (jährlich) | Einkommen (mtl.) | Alleinstehende | Ehepaare | Ehepaare mit 1 Kind | Ehepaare mit 2 Kindern | Ehepaare mit 3 Kindern |
|---|---|---|---|---|---|---|
| 18 000,00 | 1 566,00 | | | | | |
| 19 000,00 | 1 583,33 | | | | | |
| 20 000,00 | 1 666,67 | | | | | |
| 20 496,00 | 1 708,00 | | | | | |
| 21 000,00 | 1 750,00 | 210,00 | | | | |
| 22 000,10 | 1 833,33 | 220,00 | | | | |

## Überforderungsklausel – Chronisch Kranke/West (1997)

| Einkommen (jährlich) | Einkommen (mtl.) | Alleinstehende | Ehepaare | Ehepaare mit 1 Kind | Ehepaare mit 2 Kindern | Ehepaare mit 3 Kindern |
|---|---|---|---|---|---|---|
| 23 000,00 | 1 916,67 | 230,00 | | | | |
| 24 000,00 | 2 000,00 | 240,00 | | | | |
| 25 000,00 | 2 083,33 | 250,00 | | | | |
| 26 000,00 | 2 166,67 | 260,00 | | | | |
| 27 000,00 | 2 250,00 | 270,00 | | | | |
| 28 000,00 | 2 333,33 | 280,00 | | | | |
| 28 182,00 | 2 348,50 | 281,82 | | | | |
| 29 000,00 | 2 416,67 | 290,00 | 213,14 | | | |
| 30 000,00 | 2 500,00 | 300,00 | 223,14 | | | |
| 31 000,00 | 2 583,33 | 310,00 | 233,14 | | | |
| 32 000,00 | 2 666,67 | 320,00 | 243,14 | | | |
| 33 000,00 | 2 750,00 | 330,00 | 253,14 | | | |
| 33 306,00 | 2 775,50 | 333,06 | 256,20 | | | |
| 34 000,00 | 2 833,33 | 340,00 | 263,14 | 211,90 | | |
| 35 000,00 | 2 916,67 | 350,00 | 273,14 | 221,90 | | |
| 36 000,00 | 3 000,00 | 360,00 | 283,14 | 231,90 | | |
| 37 000,00 | 3 083,33 | 370,00 | 293,14 | 241,90 | | |
| 38 000,00 | 3 166,67 | 380,00 | 303,14 | 251,90 | | |
| 38 430,00 | 3 202,50 | 384,30 | 307,44 | 256,20 | | |
| 39 000,00 | 3 250,00 | 390,00 | 313,14 | 261,90 | 210,66 | |
| 40 000,00 | 3 333,33 | 400,00 | 323,14 | 271,90 | 220,66 | |
| 41 000,00 | 3 416,67 | 410,00 | 333,14 | 281,90 | 230,66 | |
| 42 000,00 | 3 500,00 | 420,00 | 343,14 | 291,90 | 240,66 | |
| 43 000,00 | 3 583,33 | 430,00 | 353,14 | 301,90 | 250,66 | |
| 43 554,00 | 3 629,50 | 435,54 | 358,68 | 307,44 | 256,20 | |
| 44 000,00 | 3 666,67 | 440,00 | 363,14 | 311,90 | 260,66 | 209,42 |
| 45 000,00 | 3 750,00 | 450,00 | 373,14 | 321,90 | 270,66 | 219,42 |
| 46 000,00 | 3 833,33 | 460,00 | 383,14 | 331,90 | 280,66 | 229,42 |
| 48 000,00 | 4 000,00 | 480,00 | 403,14 | 351,90 | 300,66 | 249,42 |
| 50 000,00 | 4 166,67 | 500,00 | 423,14 | 371,90 | 320,66 | 269,42 |
| 52 000,00 | 4 333,33 | 520,00 | 443,14 | 391,90 | 340,66 | 289,42 |
| 54 000,00 | 4 500,00 | 540,00 | 463,14 | 411,90 | 360,66 | 309,42 |
| 56 000,00 | 4 666,67 | 560,00 | 483,14 | 431,90 | 380,66 | 329,42 |
| 58 000,00 | 4 833,33 | 580,00 | 503,14 | 451,90 | 400,66 | 349,42 |

## Überforderungsklausel – Chronisch Kranke/West (1997)

| Einkommen (jährlich) | Einkommen (mtl.) | Alleinstehende | Ehepaare | Ehepaare mit 1 Kind | Ehepaare mit 2 Kindern | Ehepaare mit 3 Kindern |
|---|---|---|---|---|---|---|
| 60 000,00 | 5 000,00 | 600,00 | 523,14 | 471,90 | 420,66 | 369,42 |
| 62 000,00 | 5 166,67 | 620,00 | 543,14 | 491,90 | 440,66 | 389,42 |
| 64 000,00 | 5 333,33 | 640,00 | 563,14 | 511,90 | 460,66 | 409,42 |
| 66 000,00 | 5 500,00 | 660,00 | 583,14 | 531,90 | 480,66 | 429,42 |
| 68 000,00 | 5 666,67 | 680,00 | 603,14 | 551,90 | 500,66 | 449,42 |
| 70 000,00 | 5 833,33 | 700,00 | 623,14 | 571,90 | 520,66 | 469,42 |
| 73 800,00 | 6 150,00 | 738,00 | 661,14 | 609,90 | 558,66 | 507,42 |
| 75 000,00 | 6 250,00 | 750,00 | 673,14 | 621,90 | 570,66 | 519,42 |
| 80 000,00 | 6 666,67 | 800,00 | 723,14 | 671,90 | 620,66 | 569,42 |
| 81 486,00 | 6 790,50 | 814,86 | 738,00 | 686,76 | 635,52 | 584,28 |
| 86 610,00 | 7 217,50 | 866,10 | 789,24 | 738,00 | 686,76 | 635,52 |
| 91 734,00 | 7 644,50 | 917,34 | 840,48 | 789,24 | 738,00 | 686,76 |
| 96 858,00 | 8 071,50 | 968,58 | 891,72 | 840,48 | 789,24 | 738,00 |
| 100 000,00 | 8 333,33 | 1 000,00 | 923,14 | 871,90 | 820,66 | 769,42 |
| 200 000,00 | 16 666,67 | 2 000,00 | 1 923,14 | 1 871,90 | 1 820,66 | 1 769,42 |
| 400 000,00 | 33 333,33 | 4 000,00 | 3 923,14 | 3 871,90 | 3 820,66 | 3 769,42 |

## Überforderungsklausel – Chronisch Kranke/West (1998)

| Einkommen (jährlich) | Einkommen (mtl.) | Alleinstehende | Ehepaare | Ehepaare mit 1 Kind | Ehepaare mit 2 Kindern | Ehepaare mit 3 Kindern |
|---|---|---|---|---|---|---|
| 15 000,00 | 1 250,00 | | | | | |
| 16 000,00 | 1 333,33 | | | | | |
| 17 000,00 | 1 416,67 | | | | | |
| 18 000,00 | 1 566,00 | | | | | |
| 19 000,00 | 1 583,33 | | | | | |
| 20 000,00 | 1 666,67 | | | | | |
| 20 496,00 | 1 708,00 | | | | | |
| 21 000,00 | 1 750,00 | 210,00 | | | | |
| 22 000,10 | 1 833,33 | 220,00 | | | | |
| 23 000,00 | 1 916,67 | 230,00 | | | | |
| 24 000,00 | 2 000,00 | 240,00 | | | | |
| 25 000,00 | 2 083,33 | 250,00 | | | | |
| 26 000,00 | 2 166,67 | 260,00 | | | | |
| 27 000,00 | 2 250,00 | 270,00 | | | | |

## Überforderungsklausel – Chronisch Kranke/West (1998)

| Einkommen (jährlich) | Einkommen (mtl.) | Alleinstehende | Ehepaare | Ehepaare mit 1 Kind | Ehepaare mit 2 Kindern | Ehepaare mit 3 Kindern |
|---|---|---|---|---|---|---|
| 28 000,00 | 2 333,33 | 280,00 | | | | |
| 28 182,00 | 2 348,50 | 281,82 | | | | |
| 29 000,00 | 2 416,67 | 290,00 | 213,14 | | | |
| 30 000,00 | 2 500,00 | 300,00 | 223,14 | | | |
| 31 000,00 | 2 583,33 | 310,00 | 233,14 | | | |
| 32 000,00 | 2 666,67 | 320,00 | 243,14 | | | |
| 33 000,00 | 2 750,00 | 330,00 | 253,14 | | | |
| 33 306,00 | 2 775,50 | 333,06 | 256,20 | | | |
| 34 000,00 | 2 833,33 | 340,00 | 263,14 | 211,90 | | |
| 35 000,00 | 2 916,67 | 350,00 | 273,14 | 221,90 | | |
| 36 000,00 | 3 000,00 | 360,00 | 283,14 | 231,90 | | |
| 37 000,00 | 3 083,33 | 370,00 | 293,14 | 241,90 | | |
| 40 000,00 | 3 333,33 | 400,00 | 321,88 | 269,80 | 217,72 | |
| 41 000,00 | 3 416,67 | 410,00 | 331,88 | 279,80 | 227,72 | |
| 42 000,00 | 3 500,00 | 420,00 | 341,88 | 289,80 | 237,72 | |
| 43 000,00 | 3 583,33 | 430,00 | 351,88 | 299,80 | 247,72 | |
| 44 000,00 | 3 666,67 | 440,00 | 361,88 | 309,90 | 257,72 | |
| 44 268,00 | 3 689,00 | 442,68 | 364,56 | 312,48 | 260,40 | |
| 46 000,00 | 3 833,33 | 460,00 | 381,88 | 329,80 | 277,72 | 225,64 |
| 48 000,00 | 4 000,00 | 480,00 | 401,88 | 349,80 | 297,72 | 245,64 |
| 49 476,00 | 4 123,00 | 494,76 | 416,64 | 364,56 | 312,48 | 260,40 |
| 50 000,00 | 4 166,67 | 500,00 | 421,88 | 369,80 | 317,72 | 265,64 |
| 52 000,00 | 4 333,33 | 520,00 | 441,88 | 389,80 | 337,72 | 285,64 |
| 54 000,00 | 4 500,00 | 540,00 | 461,88 | 409,80 | 357,72 | 305,64 |
| 56 000,00 | 4 666,67 | 560,00 | 481,88 | 429,80 | 377,72 | 325,64 |
| 58 000,00 | 4 833,33 | 580,00 | 501,88 | 449,80 | 397,72 | 345,64 |
| 60 000,00 | 5 000,00 | 600,00 | 521,88 | 469,80 | 417,72 | 365,64 |
| 62 000,00 | 5 166,67 | 620,00 | 541,88 | 489,80 | 437,72 | 385,64 |
| 64 000,00 | 5 333,33 | 640,00 | 561,88 | 509,80 | 457,72 | 405,64 |
| 66 000,00 | 5 500,00 | 660,00 | 581,88 | 529,80 | 477,72 | 425,64 |
| 68 000,00 | 5 666,67 | 680,00 | 601,88 | 549,80 | 497,72 | 445,64 |
| 70 000,00 | 5 833,33 | 700,00 | 621,88 | 569,80 | 517,72 | 465,64 |
| 72 000,00 | 6 000,00 | 720,00 | 641,88 | 589,80 | 537,72 | 485,64 |
| 74 000,00 | 6 166,67 | 740,00 | 661,88 | 609,80 | 557,72 | 505,64 |
| 76 000,00 | 6 333,33 | 760,00 | 681,88 | 629,80 | 577,72 | 525,64 |

### Überforderungsklausel – Chronisch Kranke/West (1998)

| Einkommen (jährlich) | Einkommen (mtl.) | Alleinstehende | Ehepaare | Ehepaare mit 1 Kind | Ehepaare mit 2 Kindern | Ehepaare mit 3 Kindern |
|---|---|---|---|---|---|---|
| 78 000,00 | 6 500,00 | 780,00 | 701,88 | 649,80 | 597,72 | 545,64 |
| 80 000,00 | 6 666,67 | 800,00 | 721,88 | 669,80 | 617,72 | 565,64 |
| 82 000,00 | 6 833,33 | 820,00 | 741,88 | 689,80 | 637,72 | 585,64 |
| 84 000,00 | 7 000,00 | 840,00 | 761,88 | 709,80 | 657,72 | 605,64 |
| 86 000,00 | 7 166,67 | 860,00 | 781,88 | 729,80 | 677,72 | 625,64 |
| 88 000,00 | 7 333,33 | 880,00 | 801,88 | 749,80 | 697,72 | 645,64 |
| 90 000,00 | 7 500,00 | 900,00 | 821,88 | 769,80 | 717,72 | 665,64 |
| 95 000,00 | 7 916,67 | 950,00 | 871,88 | 819,80 | 767,72 | 715,64 |
| 100 000,00 | 8 333,33 | 1 000,00 | 921,88 | 869,80 | 817,72 | 765,64 |
| 200 000,00 | 16 666,67 | 2 000,00 | 1 921,88 | 1 869,80 | 1 817,72 | 1 765,64 |
| 400 000,00 | 33 333,33 | 4 000,00 | 3 921,88 | 3 869,80 | 3 817,72 | 3 765,64 |

**TIPS UND TRICKS** Die Ermittlung Ihres individuellen Kostenanteils können Sie aus der folgenden Tabelle ablesen, wenn Sie in den neuen Ländern wohnen und chronisch krank sind und im vergangenen Jahr bereits Ihre individuelle Belastungsgrenze überschritten haben.

(Die mit             gekennzeichneten Einkommen sind im Rahmen der Sozialklausel [⇨ 5.14] von Eigenanteilen befreit bzw. erhalten bestimmte Leistungen voll erstattet.)

#### 5.15.4 Überforderungsklausel – Chronisch Kranke/Ost (1997)

| Einkommen (jährlich) | Einkommen (mtl.) | Alleinstehende | Ehepaare | Ehepaare mit 1 Kind | Ehepaare mit 2 Kindern | Ehepaare mit 3 Kindern |
|---|---|---|---|---|---|---|
| 16 000,00 | 1 333,33 | | | | | |
| 17 000,00 | 1 416,67 | | | | | |
| 17 472,00 | 1 456,00 | | | | | |
| 18 000,00 | 1 500,00 | 180,00 | | | | |
| 19 000,00 | 1 583,33 | 190,00 | | | | |
| 20 000,00 | 1 666,67 | 200,00 | | | | |
| 21 000,00 | 1 750,00 | 210,00 | | | | |
| 22 000,00 | 1 833,33 | 220,00 | | | | |
| 23 000,00 | 1 916,67 | 230,00 | | | | |

## Überforderungsklausel – Chronisch Kranke/Ost (1997)

| Einkommen (jährlich) | Einkommen (mtl.) | Alleinstehende | Ehepaare | Ehepaare mit 1 Kind | Ehepaare mit 2 Kindern | Ehepaare mit 3 Kindern |
|---|---|---|---|---|---|---|
| 24 000,00 | 2 000,00 | 240,00 | | | | |
| 24 024,00 | 2 002,00 | 240,24 | | | | |
| 25 000,00 | 2 083,33 | 250,00 | 184,48 | | | |
| 26 000,00 | 2 166,67 | 260,00 | 194,48 | | | |
| 27 000,00 | 2 250,00 | 270,00 | 204,48 | | | |
| 28 000,00 | 2 333,33 | 280,00 | 214,48 | | | |
| 28 392,00 | 2 366,00 | 283,92 | 218,40 | | | |
| 29 000,00 | 2 416,67 | 290,00 | 224,48 | 180,80 | | |
| 30 000,00 | 2 500,00 | 300,00 | 234,48 | 190,80 | | |
| 31 000,00 | 2 583,33 | 310,00 | 244,48 | 200,80 | | |
| 32 000,00 | 2 666,67 | 320,00 | 254,48 | 210,80 | | |
| 32 760,00 | 2 730,00 | 327,60 | 262,08 | 218,40 | | |
| 33 000,00 | 2 750,00 | 330,00 | 264,48 | 220,80 | 177,12 | |
| 34 000,00 | 2 833,33 | 340,00 | 274,48 | 230,80 | 187,12 | |
| 35 000,00 | 2 916,67 | 350,00 | 284,48 | 240,80 | 197,12 | |
| 36 000,00 | 3 000,00 | 360,00 | 294,48 | 250,80 | 207,12 | |
| 37 000,00 | 3 083,33 | 370,00 | 304,48 | 260,80 | 217,12 | |
| 37 128,00 | 3 094,00 | 371,28 | 305,76 | 262,08 | 218,20 | |
| 38 000,00 | 3 166,67 | 380,00 | 314,48 | 270,80 | 227,12 | 183,44 |
| 39 000,00 | 3 250,00 | 390,00 | 324,48 | 280,80 | 237,12 | 193,44 |
| 40 000,00 | 3 333,33 | 400,00 | 334,48 | 290,80 | 247,12 | 203,44 |
| 41 000,00 | 3 416,67 | 410,00 | 344,48 | 300,80 | 257,12 | 213,44 |
| 42 000,00 | 3 500,00 | 420,00 | 354,48 | 310,80 | 267,12 | 223,44 |
| 43 000,00 | 3 583,33 | 430,00 | 364,48 | 320,80 | 277,12 | 233,44 |
| 43 554,00 | 3 629,50 | 435,54 | 370,02 | 326,34 | 282,66 | 238,98 |
| 44 000,00 | 3 666,67 | 440,00 | 374,48 | 330,80 | 287,12 | 243,44 |
| 45 000,00 | 3 750,00 | 450,00 | 384,48 | 340,80 | 297,12 | 253,44 |
| 46 000,00 | 3 833,33 | 460,00 | 394,48 | 350,80 | 307,12 | 263,44 |
| 48 000,00 | 4 000,00 | 480,00 | 414,48 | 370,80 | 327,12 | 283,44 |
| 50 000,00 | 4 166,67 | 500,00 | 434,48 | 390,80 | 347,12 | 303,44 |
| 52 000,00 | 4 333,33 | 520,00 | 454,48 | 410,80 | 367,12 | 323,44 |
| 54 000,00 | 4 500,00 | 540,00 | 474,48 | 430,80 | 387,12 | 343,44 |
| 56 000,00 | 4 666,67 | 560,00 | 494,48 | 450,80 | 407,12 | 363,44 |
| 58 000,00 | 4 833,33 | 580,00 | 514,48 | 470,80 | 427,12 | 383,44 |
| 60 000,00 | 5 000,00 | 600,00 | 534,48 | 490,80 | 447,12 | 403,44 |

## Überforderungsklausel – Chronisch Kranke/Ost (1997)

| Einkommen (jährlich) | Einkommen (mtl.) | Alleinstehende | Ehepaare | Ehepaare mit 1 Kind | Ehepaare mit 2 Kindern | Ehepaare mit 3 Kindern |
|---|---|---|---|---|---|---|
| 62 000,00 | 5 166,67 | 620,00 | 554,48 | 510,80 | 467,12 | 423,44 |
| 63 900,00 | 5 325,00 | 639,00 | 573,48 | 529,80 | 486,12 | 442,44 |
| 70 452,00 | 5 871,00 | 704,52 | 639,00 | 595,32 | 551,64 | 507,96 |
| 74 820,00 | 6 235,00 | 748,20 | 682,68 | 639,00 | 595,32 | 551,64 |
| 79 188,00 | 6 599,00 | 791,88 | 726,36 | 682,68 | 639,00 | 595,32 |
| 83 556,00 | 6 963,00 | 835,56 | 770,04 | 726,36 | 682,68 | 639,00 |
| 85 000,00 | 7 083,33 | 850,00 | 784,48 | 740,80 | 697,12 | 653,44 |
| 90 000,00 | 7 500,00 | 900,00 | 834,48 | 790,80 | 747,12 | 703,44 |
| 100 000,00 | 8 333,33 | 1 000,00 | 934,48 | 890,80 | 847,12 | 803,44 |
| 400 000,00 | 33 333,33 | 4 000,00 | 3 934,48 | 3 890,80 | 3 847,12 | 3 803,44 |

## Überforderungsklausel – Chronisch Kranke/Ost (1998)

| Einkommen (jährlich) | Einkommen (mtl.) | Alleinstehende | Ehepaare | Ehepaare mit 1 Kind | Ehepaare mit 2 Kindern | Ehepaare mit 3 Kindern |
|---|---|---|---|---|---|---|
| 16 000,00 | 1 333,33 | | | | | |
| 17 000,00 | 1 416,67 | | | | | |
| 17 472,00 | 1 456,00 | | | | | |
| 18 000,00 | 1 500,00 | 180,00 | | | | |
| 19 000,00 | 1 583,33 | 190,00 | | | | |
| 20 000,00 | 1 666,67 | 200,00 | | | | |
| 21 000,00 | 1 750,00 | 210,00 | | | | |
| 22 000,00 | 1 833,33 | 220,00 | | | | |
| 23 000,00 | 1 916,67 | 230,00 | | | | |
| 24 000,00 | 2 000,00 | 240,00 | | | | |
| 24 024,00 | 2 002,00 | 240,24 | | | | |
| 25 000,00 | 2 083,33 | 250,00 | 184,48 | | | |
| 26 000,00 | 2 166,67 | 260,00 | 194,48 | | | |
| 27 000,00 | 2 250,00 | 270,00 | 204,48 | | | |
| 28 000,00 | 2 333,33 | 280,00 | 214,48 | | | |
| 28 392,00 | 2 366,00 | 283,92 | 218,40 | | | |
| 29 000,00 | 2 416,67 | 290,00 | 224,48 | 180,80 | | |
| 30 000,00 | 2 500,00 | 300,00 | 234,48 | 190,80 | | |
| 31 000,00 | 2 583,33 | 310,00 | 244,48 | 200,80 | | |
| 32 000,00 | 2 666,67 | 320,00 | 254,48 | 210,80 | | |

## Überforderungsklausel – Chronisch Kranke/Ost (1998)

| Einkommen (jährlich) | Einkommen (mtl.) | Alleinstehende | Ehepaare | Ehepaare mit 1 Kind | Ehepaare mit 2 Kindern | Ehepaare mit 3 Kindern |
|---|---|---|---|---|---|---|
| 32 760,00 | 2 730,00 | 327,60 | 262,08 | 218,40 | | |
| 33 000,00 | 2 750,00 | 330,00 | 264,48 | 220,80 | 177,12 | |
| 34 000,00 | 2 833,33 | 340,00 | 274,48 | 230,80 | 187,12 | |
| 35 000,00 | 2 916,67 | 350,00 | 284,48 | 240,80 | 197,12 | |
| 36 000,00 | 3 000,00 | 360,00 | 294,48 | 250,80 | 207,12 | |
| 37 000,00 | 3 083,33 | 370,00 | 304,48 | 260,80 | 217,12 | |
| 37 128,00 | 3 094,00 | 371,28 | 305,76 | 262,08 | 218,20 | |
| 38 000,00 | 3 166,67 | 380,00 | 314,48 | 270,80 | 227,12 | 183,44 |
| 39 000,00 | 3 250,00 | 390,00 | 324,48 | 280,80 | 237,12 | 193,44 |
| 40 000,00 | 3 333,33 | 400,00 | 334,48 | 290,80 | 247,12 | 203,44 |
| 41 000,00 | 3 416,67 | 410,00 | 344,48 | 300,80 | 257,12 | 213,44 |
| 42 000,00 | 3 500,00 | 420,00 | 354,48 | 310,80 | 267,12 | 223,44 |
| 43 000,00 | 3 583,33 | 430,00 | 364,48 | 320,80 | 277,12 | 233,44 |
| 43 554,00 | 3 629,50 | 435,54 | 370,02 | 326,34 | 282,66 | 238,98 |
| 44 000,00 | 3 666,67 | 440,00 | 374,48 | 330,80 | 287,12 | 243,44 |
| 45 000,00 | 3 750,00 | 450,00 | 384,48 | 340,80 | 297,12 | 253,44 |
| 46 000,00 | 3 833,33 | 460,00 | 394,48 | 350,80 | 307,12 | 263,44 |
| 48 000,00 | 4 000,00 | 480,00 | 414,48 | 370,80 | 327,12 | 283,44 |
| 50 000,00 | 4 166,67 | 500,00 | 434,48 | 390,80 | 347,12 | 303,44 |
| 52 000,00 | 4 333,33 | 520,00 | 454,48 | 410,80 | 367,12 | 323,44 |
| 54 000,00 | 4 500,00 | 540,00 | 474,48 | 430,80 | 387,12 | 343,44 |
| 56 000,00 | 4 666,67 | 560,00 | 494,48 | 450,80 | 407,12 | 363,44 |
| 58 000,00 | 4 833,33 | 580,00 | 514,48 | 470,80 | 427,12 | 383,44 |
| 60 000,00 | 5 000,00 | 600,00 | 534,48 | 490,80 | 447,12 | 403,44 |
| 62 000,00 | 5 166,67 | 620,00 | 554,48 | 510,80 | 467,12 | 423,44 |
| 63 900,00 | 5 325,00 | 639,00 | 573,48 | 529,80 | 486,12 | 442,44 |
| 70 452,00 | 5 871,00 | 704,52 | 639,00 | 595,32 | 551,64 | 507,96 |
| 74 820,00 | 6 235,00 | 748,20 | 682,68 | 639,00 | 595,32 | 551,64 |
| 79 188,00 | 6 599,00 | 791,88 | 726,36 | 682,68 | 639,00 | 595,32 |
| 83 556,00 | 6 963,00 | 835,56 | 770,04 | 726,36 | 682,68 | 639,00 |
| 85 000,00 | 7 083,33 | 850,00 | 784,48 | 740,80 | 697,12 | 653,44 |
| 90 000,00 | 7 500,00 | 900,00 | 834,48 | 790,80 | 747,12 | 703,44 |
| 100 000,00 | 8 333,33 | 1 000,00 | 934,48 | 890,80 | 847,12 | 803,44 |
| 400 000,00 | 13 333,33 | 4 000,00 | 3 934,48 | 3 890,80 | 3847,12 | 3 803,44 |

Zur Verdeutlichung begleiten wir Familie Holz:

**Beispiel: Familie Holz**
Familie Holz (Vater Peter, Mutter Marianne und Tochter Karin) wohnt gemeinsam in einer Mietwohnung in Hannover. Vater Peter Holz arbeitet als Bauarbeiter bei der Stadtverwaltung und erhält einen monatlichen Bruttolohn von 4000,00 DM sowie ein Weihnachtsgeld in Höhe von 6000,00 DM. Frau Holz ist Eigentümerin einer vermieteten Eigentumswohnung und erzielt daraus monatliche Mieteinkünfte von 1000,00 DM. Marianne Holz ist Hausfrau und hat kein weiteres Einkommen. Tochter Karin geht noch zur Schule. Im Februar 1998 geht Frau Holz wegen Rückenproblemen zum Arzt und erhält von diesem Medikamente verschrieben. Für diese Medikamente muß Frau Holz Rezeptgebühren von je 13,00 DM an die Apotheke zahlen. Über das Jahr verteilt erhält sie noch weitere Medikamente sowie Massagen verschrieben. Am Jahresende addiert Herr Holz die Eigenanteile seiner Frau im Quittungsheft und erhält einen Betrag von 2512,80 DM. Im Dezember 1998 legt Frau Holz ihrer Krankenkasse das Quittungsheft zusammen mit einer Auflistung der Einkünfte vor.
Was meinen Sie dazu? Bekommt Familie Holz am Jahresende noch etwas von ihrer Krankenkasse erstattet?
Zunächst werden die Einkünfte von Familie Holz ermittelt. Im Jahr 1998 erzielt Herr Holz einen Lohn von 56 000,00 DM (4000,00 DM mal 12 + 6000,00 DM Weihnachtsgeld). Frau Holz erzielt Mieteinnahmen von 12 000,00 DM. Die Einkünfte von Familie Holz betragen demnach 66 000,00 DM.
Die Belastungsgrenze wird aus der vorhergehenden Tabelle (⇨ 5.15.1) abgelesen (Ehepaar mit 1 Kind) und liegt bei Familie Holz bei 1059,60 DM. Im Quittungsheft sind Eigenanteile in Höhe von 2 512,80 DM bestätigt. Die Krankenkasse erstattet Familie Holz einen Betrag von 1453,20 DM (Belastung − Belastungsgrenze = 2512,80 DM − 1059,60 DM).

*Haben Sie einen Antrag gestellt?*
Den Antrag auf Befreiung von Eigenanteilen stellen Sie bei Ihrer Krankenkasse am Jahresende. Diese ermittelt Ihre Belastungsgrenze und erstattet Ihnen die zuviel gezahlten Eigenanteile.

**TIPS UND TRICKS**

* Wenn Sie schon nach einigen Monaten absehen können, daß Sie Ihre individuelle Belastungsgrenze bereits erreicht haben, können Sie sofort Ihrer Krankenkasse alle erforderlichen Unterlagen vorlegen. Diese erstattet Ihnen die zuviel gezahlten Eigenanteile und stellt Ihnen für den Rest des Jahres einen Befreiungsausweis aus.
* Lassen Sie sich für jeden Eigenanteil eine Bescheinigung bzw. Quittung vom Leistungserbringer (z. B. Ihrer Apotheke) geben. Vergessen Sie bitte auch nicht, sich die Notwendigkeit der Fahrkosten vom Arzt bestätigen zu lassen.
* Ihre Krankenkasse bietet Ihnen ein Quittungsheft an, in dem die Eigenanteile eingetragen werden können.

## Belastungserprobung (und Arbeitstherapie)

**Was beinhaltet die Belastungserprobung (und Arbeitstherapie)?** 5.16

Das Ziel der Belastungserprobung ist die Ermittlung der körperlichen und geistig-seelischen »Leistungsbreite« des Versicherten, seiner sozialen Anpassungsfähigkeit, seines Könnens und seiner beruflichen Eingliederungschancen. Ebenfalls soll die Belastbarkeit auf Dauer im Berufsleben beurteilt und abgeklärt werden.

Die Arbeitstherapie dient der Verbesserung der Belastbarkeit und der Erhaltung und Entwicklung von Fähigkeiten und Fertigkeiten, die für die berufliche Wiedereingliederung benötigt werden.

**Wie erhalten Sie die Belastungserprobung (und Arbeitstherapie)?**
Die Belastungserprobung beantragen Sie bei Ihrer Kasse. Hierfür erforderlich ist ein ärztliches Attest, Informationen über Inhalt und Umfang der geplanten Maßnahme sowie ein Ablehnungsschreiben z. B. der Rentenversicherung (Ihre Kasse zahlt nur, wenn niemand anders zuständig ist).

**Haben Sie Anspruch auf die Belastungserprobung (und Arbeitstherapie)?**
Wenn Sie folgende Fragen mit »Ja« beantworten können, haben Sie einen Anspruch auf Belastungserprobung (und Arbeitstherapie).

**CHECK-LISTE** ✓

| Haben Sie einen Anspruch auf die Belastungserprobung (und Arbeitstherapie)? |  |
|---|---|
| ⇨ | Sind Sie versichert? |
| ⇨ | Haben Sie gegen keinen anderen Träger (z. B. Rentenversicherung) einen Anspruch? |
| ⇨ | Haben Sie die Leistung bei Ihrer Kasse beantragt? |

**Erläuterungen:**

*Sind Sie versichert?*
Diese Frage können Sie in der Regel mit »Ja« beantworten. Im Teil III geben wir Ihnen zu diesem Thema weitere Informationen.

*Haben Sie gegen keinen anderen Träger (z. B. Rentenversicherung) einen Anspruch?*
Die Belastungserprobung und Arbeitstherapie ist eine Leistung, die nur nachrangig (das heißt, andere Leistungsträger, wie z. B. der Rentenversicherungsträger, sind vorrangig zuständig) von Ihrer Krankenkasse geleistet wird. Im übrigen haben Sie Anspruch auf diese Leistung. Oftmals wird die Belastungserprobung und Arbeitstherapie auch im Zusammenhang mit einer *Rehabilitationskur* erbracht.

*Haben Sie die Leistung bei Ihrer Kasse beantragt?*
Die Belastungserprobung und Arbeitstherapie beantragen Sie bei Ihrer Kasse.

## Hilfe für Blinde

**Was beinhaltet die Hilfe für Blinde?** 5.17
Hilfen für Blinde gehören zu der Gruppe der *Hilfsmittel* (⇨ 5.31). Es gelten die dort gemachten Aussagen. Als Hilfen für Blinde kommen insbesondere ein Blindenführhund (inkl. pauschaler monatlicher Unterhalt), Blindenstock sowie Blindenleitgeräte und Kommunikationsgeräte in Betracht.

**Wie erhalten Sie die Hilfe für Blinde?**
Hilfen für Blinde erhalten Sie wie *Hilfsmittel* auf Rezept ohne Eigenanteil. Ein Blindenführhund ist bei Ihrer Kasse zu beantragen.

**Haben Sie Anspruch auf Hilfe für Blinde?**
Hier gelten die gemachten Ausführungen in ⇨ 5.31.
Voraussetzung für einen Blindenhund ist, daß Ihre persönlichen oder beruflichen Verhältnisse eine fremde Führung erforderlich machen und Sie in der Blindenführhundschule eine Ausbildung mit dem Hund durchführen.

# Brillen

### 5.18 Was beinhaltet die Leistung?

Brillen gehören zu der Gruppe der Hilfsmittel. Ihre Kasse zahlt ab 1. 1. 1997 keinen Zuschuß mehr für das Brillengestell. Insofern ist unter dem Begriff der Brille in den folgenden Ausführungen das Gestell in der Kostenübernahme Ihrer Kasse nicht mehr enthalten. Die Gläser werden von Ihrer Kasse voll übernommen, sofern die Kosten bestimmte Höchstbeträge nicht übersteigen. Die Kosten für Reinigungs- und Pflegemittel werden von Ihrer Kasse nicht übernommen.

**Tips und Tricks**

* Tönungen und Entspiegelungen werden von Ihrer Kasse übernommen, wenn Ihr Arzt die Notwendigkeit bestätigt.
* Sofern Sie noch nicht 18 Jahre alt sind, werden auch die Kosten der Instandsetzung Ihrer Brille von Ihrer Kasse übernommen.
* Bei einem Verlust oder Bruch Ihrer Brille werden die Kosten der Ersatzbeschaffung – für alle – von der Kasse übernommen!
* Für die Teilnahme am Schulsport Ihrer Kinder zahlt Ihnen Ihre Kasse auch Sportbrillen. Bitte lassen Sie sich dies entsprechend von Ihrem Arzt bestätigen.
* Ihre Kasse kann die Kosten für Lichtschutzbrillen, Bildschirmarbeitsplatzbrillen und Schwertflintgläser übernehmen, soweit Sie diese von niemand anderem (z. B. Ihrem Arbeitgeber) erhalten.
* Ihr Arzt kann Ihnen anstelle einer Fern- oder Nahbrille auch eine Bifokalbrille (Brille, in der die Gläser in einen Fern- und Nahbereich unterteilt sind) verschreiben, sofern Sie die Brille ständig tragen müssen. Sprechen Sie diesbezüglich mit Ihrem Arzt.

* Kunststoffgläser werden bei Kindern im Vorschulalter von Ihrer Kasse übernommen.
* Für ältere Versicherte werden Kunststoffgläser übernommen, sofern, z. B. aus Gewichtsgründen, dies erforderlich ist. Bitte sprechen Sie diesbezüglich mit Ihrem Arzt.
* Sofern Sie trotz einer Brille normale Zeitungsschrift nicht lesen können, haben Sie Anspruch auf vergrößernde Sehhilfen (z. B. Fernrohrbrille, Leselineal, Leselupe, Lupenbrille sowie Prismenlupenbrille).

**Wie erhalten Sie Brillen?**
Vor der Verschreibung einer – neuen – Brille muß eine augenärztliche Untersuchung erfolgen. Ihr Arzt stellt Ihnen ein Rezept für die Brille aus. Auf dem Rezept sind die Stärken sowie die Art der Gläser festgelegt.
Eine Folgebrille darf Ihnen Ihr Arzt nur verschreiben, wenn sich Ihre Sehstärke um mindestens 0,5 Dioptrien geändert hat. Viele Optiker dürfen ebenfalls Brillen verschreiben.

**Tips und Tricks**

* Die Bedingung der Veränderung um 0,5 Dioptrien wird auch dann als erfüllt angesehen, wenn die Gläserstärke für das eine Auge um 0,25 Dioptrien zugenommen und die für das andere Auge um 0,25 Dioptrien abgenommen hat.
* Bei Kurzsichtigkeit kann Ihnen Ihr Arzt eine Brille auch dann auf Kosten Ihrer Kasse verschreiben, wenn sich mit der Folgebrille eine Verbesserung der Sehschärfe um mindestens zwanzig Prozent erzielen läßt.

**Haben Sie Anspruch auf eine Brille?**
Wenn Sie folgende Fragen mit »Ja« beantworten können, haben Sie einen Anspruch auf eine Brille.

**CHECK-LISTE** ✓

| Haben Sie Anspruch auf eine Brille? |
|---|
| ⇨ Sind Sie versichert? |
| ⇨ Wurde die Brille von Ihrem Arzt verschrieben? |

**Erläuterungen:**
*Sind Sie versichert?*
Diese Frage können Sie in der Regel mit »Ja« beantworten. Im Teil III geben wir Ihnen zu diesem Thema weitere Informationen.

*Wurde die Brille von Ihrem Arzt verschrieben?*
Wie bereits oben erwähnt, verschreibt Ihnen Ihr Arzt/Optiker eine Brille. Ihr Arzt kennt die Voraussetzungen, wann er welche Brille verschreiben kann.

**TIPS UND TRICKS** Ihr Arzt entscheidet, welche Ausführung der Brille für Sie notwendig ist. Je nach Verschreibung übernimmt Ihre Kasse auch Zusatzleistungen wie z. B. Entspiegelung und Tönung. Bitte weisen Sie Ihren Arzt auf individuelle Besonderheiten hin, damit er diese entsprechend berücksichtigen kann.

## Beratung über Fragen der Empfängnisregelung/-verhütung

**Was beinhaltet die Beratung über Fragen der Empfängnisregelung?** S.19
Die Beratung über Fragen der Empfängnisregelung ist Teil der *ärztlichen Behandlung*. Sie kann sowohl die Empfängnisverhütung als auch die Herbeiführung einer Schwangerschaft zum Ziel haben.

Die ärztliche Beratung umfaßt
a. die erforderliche Untersuchung und die Verschreibung von empfängnisregelnden Mitteln sowie
b. medizinische Informationen über
 – Sexualaufklärung,
 – Verhütung und
 – Familienplanung.

**Wie erhalten Sie die Beratung über Fragen der Empfängnisregelung?**
Ein gesonderter Antrag bei Ihrer Kasse ist nicht erforderlich. Im übrigen gelten die Ausführungen, die wir in ➪ 5.12 für die ärztliche Behandlung gemacht haben.

**Haben Sie Anspruch auf ärztliche Beratung über Fragen der Empfängnisregelung?**
Wenn Sie folgende Fragen mit »Ja« beantworten können, haben Sie Anspruch auf ärztliche Beratung über Fragen der Empfängnisregelung.

**CHECK-LISTE** ✓

| **Haben Sie Anspruch auf ärztliche Beratung über Fragen der Empfängnisregelung?** |
|---|
| ➪ Sind Sie versichert? |
| ➪ Wird die Beratung von einem (Vertrags-)Arzt ausgeführt? |

## Mittel zur Empfängnisverhütung

**Was beinhaltet die Leistung?**
Zu den empfängnisverhütenden Mitteln gehören insbesondere hormonelle Kontrazeptiva *(Antibabypille)*. Es kommen auch mechanisch wirkende Mittel (z. B. Pessare) in Frage. Die Kosten von Verhütungsmitteln, die frei – das heißt ohne ärztliche Verschreibung – gekauft werden können (z. B. Kondome und Cremes), werden nicht von Ihrer Krankenkasse übernommen.

**TIPS UND TRICKS** Empfängnisverhütende Mittel sind *Medikamente*. Sie müssen für sie Rezeptgebühren in der Apotheke zahlen. Bitte lesen Sie alles weitere über Rezeptgebühren beim Thema Medikamente (⇨ 5.7).

**Wie erhalten Sie empfängnisverhütende Mittel?**
Empfängnisverhütende Mittel werden – wie andere Medikamente – von Ihrem Arzt auf Rezept verschrieben. Die Abgabe des empfängnisverhütenden Mittels erfolgt in Apotheken.

**Haben Sie Anspruch auf Empfängnisverhütungsmittel?**
Wenn Sie folgende Fragen mit »Ja« beantworten können, haben Sie einen Anspruch auf Verschreibung von Empfängnisverhütungsmitteln.

**CHECKLISTE ✓**

| Haben Sie einen Anspruch auf Verschreibung von Empfängnisverhütungsmitteln? | |
|---|---|
| ⇨ | Sind Sie versichert? |
| ⇨ | Wurde das Empfängnisverhütungsmittel von einem Arzt verschrieben? |
| ⇨ | Sind Sie jünger als 20 Jahre? |

**Erläuterungen:**
*Sind Sie versichert?*
Diese Frage können Sie in der Regel mit »Ja« beantworten. Im Teil III geben wir Ihnen zu diesem Thema weitere Informationen.

*Wurde das Empfängnisverhütungsmittel von einem Arzt verschrieben?*
Wie für alle Medikamente benötigen Sie für empfängnisverhütende Mittel ein Rezept Ihres Arztes. Welches empfängnisverhütende Mittel Ihnen Ihr Arzt verschreibt, hängt von den Ergebnissen der Untersuchung ab. Ihr Arzt wird bei der Verschreibung des Mittels Ihre individuellen Wünsche ebenfalls berücksichtigen.

*Sind Sie jünger als 20 Jahre?*
Sie haben keinen unbegrenzten Anspruch auf Verschreibung von empfängnisverhütenden Mitteln zu Lasten Ihrer Kasse. Sofern Sie älter als zwanzig Jahre sind, haben Sie keinen Anspruch mehr auf kostenlose empfängnisverhütende Mittel.

**TIPS UND TRICKS**

* Ihr Arzt kann Ihnen bei bestimmten Krankheiten (z. B. Akne) die Pille als *Medikament* verschreiben. Für *Medikamente* gelten keine Altersbeschränkungen.
* Auch wenn Sie die o. g. Altersgrenze überschritten haben, erhalten Sie das empfängnisverhütende Mittel von Ihrem Arzt auf einem »Privat«-Rezept weiter verschrieben. Dann müssen Sie die Kosten hierfür in der Apotheke bezahlen. Bitte fragen Sie in der Apotheke nach Reimporten, da diese oft günstiger sind.

# Fahrkosten

## 5.21 Was beinhaltet die Leistung?

Die Übernahme von Fahrkosten ist eine »Neben«-Leistung Ihrer Krankenkasse. Wenn Ihnen Ihre Kasse z. B. Ihre Krankenhausbehandlung bezahlt, muß Sie Ihnen auch die Fahrkosten ins Krankenhaus bezahlen.

Als Fahrkosten werden anerkannt:

a. bei Benutzung eines öffentlichen Verkehrsmittels der Fahrpreis (unter Ausschöpfung von Fahrpreisermäßigungen),

b. bei Benutzung eines Taxis oder Mietwagens die Höhe der angefallen Kosten,

c. bei Benutzung eines Krankenwagens, Rettungsfahrzeugs, Notarztwagens oder Rettungshubschraubers die Höhe der angefallenen Kosten,

d. bei Benutzung eines privaten Kraftfahrzeugs für jeden gefahrenen Kilometer 0,38 DM (höchstens jedoch die Kosten, die bei Inanspruchnahme des nach Nummer a bis c erforderlichen Transportmittels entstanden wären).

**TIPS UND TRICKS**

* Sofern Sie – aus medizinischen Gründen – eine Begleitperson für die Fahrt benötigen, werden auch diese Kosten von Ihrer Kasse übernommen. Bitte achten Sie darauf, daß Ihnen Ihr Arzt die entsprechende Bestätigung hierfür gibt. Wählen Sie als Fahrzeug Ihren Pkw, wird Ihnen für die Begleitperson zusätzlich ein Betrag von 0,03 DM je gefahrenen Kilometer erstattet.

* Bei Fahrten mit öffentlichen Verkehrsmitteln werden die Kosten der ersten Klasse übernommen, wenn durch Ihre Erkrankung die Benutzung der zweiten Klasse nicht zumutbar ist. Um unnötige Probleme zu vermeiden, lassen Sie sich dies bitte von Ihrem Arzt bestätigen.

* Sie sind an die Entscheidung des Arztes (zur Auswahl des Fahrzeuges) nicht uneingeschränkt gebunden. Stellt Ihnen Ihr Arzt z. B. eine Bescheinigung über die Benutzung von öffentlichen Verkehrsmitteln aus und fahren Sie mit dem Pkw, erhalten Sie von Ihrer Kasse mindestens die Kosten des öffentlichen Verkehrsmittels erstattet.
* In bestimmten Gebieten liegen die Kosten für öffentliche Verkehrsmittel höher, als Sie für die Fahrt mit Ihrem Auto (nur Benzinkosten) zahlen müssen. Informieren Sie sich, ob die Übernahme der Pkw-Kosten durch Ihre Kasse wirklich günstiger ist. Sie können bei Ihrer Kasse ansonsten angeben, daß Sie die Erstattung der Kosten für öffentliche Verkehrsmittel wünschen.

**Wie erhalten Sie Fahrkosten?**
Über die Notwendigkeit von Fahrten stellt Ihnen Ihr Arzt eine Bescheinigung aus. Je nach Transportmittel müssen Sie sich selber um die Fahrt kümmern oder können entsprechende Fahrzeuge (z. B. Krankenwagen) benützen.

**Haben Sie Anspruch auf die Übernahme der Fahrkosten?**
Wenn Sie folgende Fragen mit »Ja« beantworten können, haben Sie einen Anspruch auf die Übernahme der Fahrkosten.

| Haben Sie Anspruch auf die Übernahme der Fahrkosten? ||
|---|---|
| ⇨ | Sind Sie versichert? |
| ⇨ | Sind die Fahrkosten in Zusammenhang mit einer dieser Leistungen angefallen? |
| ⇨ | Liegt Ihnen eine ärztliche Bescheinigung vor? |
| ⇨ | Übersteigen die Fahrkosten 25 DM je Fahrt? |
| ⇨ | Haben Sie einen Antrag gestellt? |

**Erläuterungen:**
*Sind Sie versichert?*
Diese Frage können Sie in der Regel mit »Ja« beantworten. Im Teil III geben wir Ihnen zu diesem Thema weitere Informationen.

*Sind die Fahrkosten in Zusammenhang mit einer dieser Leistungen angefallen?*
Für folgende Fahrten haben Sie Anspruch auf die Übernahme der Fahrkosten:
- Fahrten anläßlich (stationärer) Krankenhausbehandlungen,
- Rettungsfahrten ins Krankenhaus,
- Krankentransporte mit Krankenwagen sowie
- Fahrten zu einer *ärztlichen Behandlung*, wenn dadurch eine an sich nötige *stationäre* oder *teilstationäre Krankenhausbehandlung* vermieden oder verkürzt wird oder diese nicht ausführbar ist.

**TIPS UND TRICKS**

* Die Kosten des *Rücktransportes vom Ausland* in das Inland dürfen von Ihrer Kasse grundsätzlich nie übernommen werden. Erst ab der Grenze von Deutschland kann sich Ihre Kasse an den Fahrkosten beteiligen. Wir empfehlen Ihnen bei einer Urlaubsreise deshalb den Abschluß einer privaten Reisekrankenversicherung. Bei einigen Anbietern können Sie sich für weniger als 12,00 DM ein Jahr lang versichern. Bitte sprechen Sie diesbezüglich mit Ihrem Versicherungsvertreter.
* Die Fahrkosten für die Fahrten zur ärztlichen Behandlung werden von Ihrer Kasse nur im Rahmen der *Überforderungs- und Sozialklausel* übernommen. Bitte lesen Sie bei diesem Thema nach, ob die *Überforderungs- oder So-*

*zialklausel* auf Sie Anwendung findet (⇨ 5.13). Um Nachteile zu vermeiden, lassen Sie sich bitte sämtliche Fahrten sowie deren Notwendigkeit jeweils von Ihrem Arzt bescheinigen.

*Liegt Ihnen eine ärztliche Bescheinigung vor?*
Welches Fahrzeug benutzt werden kann, richtet sich nach der medizinischen Notwendigkeit. Hierüber stellt Ihnen Ihr Arzt eine Bescheinigung aus. Sofern Ihnen keine ärztliche Bescheinigung vorliegt, werden von Ihrer Kasse im Regelfall die Kosten der öffentlichen Verkehrsmittel übernommen.

**TIPS UND TRICKS** Sprechen Sie mit Ihrem Arzt, wenn Sie das von ihm verschriebene Fahrzeug (z. B. das öffentliche Verkehrsmittel) nicht benutzen können. Sie werden mit Ihrem Arzt bestimmt eine Lösung finden.

*Übersteigen die Fahrkosten 25 DM je Fahrt?*
Zu den Fahrkosten müssen Sie einen Eigenanteil von 25,00 DM zahlen. Die Erstattung der Fahrkosten von Ihrer Kasse erfolgt insofern nur in Höhe des 25,00 DM je Fahrt übersteigenden Betrages.

**TIPS UND TRICKS** Ihre Kasse übernimmt die Fahrkosten voll im Rahmen der *Sozial- und Überforderungsklausel*. Wer unter diese Klauseln fällt und was Sie dabei beachten sollten, lesen Sie in ⇨ 5.13 nach.

**i** Einige Versicherte haben die Erfahrung gemacht, daß einzelne Kassen beim Einzug kleinerer Beträge (z. B. 25,00 DM Fahrtkostenanteil) nachlässig sind. Sofern keine Zahlung erfolgt, wurden die Versicherten zwar gemahnt, aber danach wurde die Forderung nicht weiter verfolgt.

*Haben Sie einen Antrag gestellt?*
Bitte stellen Sie Ihren Antrag formlos bei Ihrer Kasse.

**Wer trägt welche Fahrkosten?**

| Arten der Fahrt | Sie fallen unter die Sozial- oder Überforderungsklausel (⇨ S.13) | Sie fallen *nicht* unter die Sozial- oder Überforderungsklausel | |
| --- | --- | --- | --- |
| | | Kasse | Ihr Anteil |
| Fahrt zum Arzt | Kasse trägt alle Fahrkosten | | Sie tragen alle Fahrkosten |
| Fahrt in das Krankenhaus (Krankenhausbehandlung) | Kasse trägt alle Fahrkosten | Kasse trägt die Kosten, soweit 25,00 DM überschritten werden | Sie tragen die Kosten bis 25,00 DM je Fahrt |
| Rettungsfahrten | Kasse trägt alle Fahrkosten | Kasse trägt die Kosten, soweit 25,00 DM überschritten werden | Sie tragen die Kosten bis 25,00 DM je Fahrt |
| Krankentransport (während der Fahrt bedurfte es einer fachlichen Betreuung oder der besonderen Einrichtung des Krankenwagens) | Kasse trägt alle Fahrkosten | Kasse trägt die Kosten, soweit 25,00 DM überschritten werden | Sie tragen die Kosten bis 25,00 DM je Fahrt |
| Fahrten zur ambulanten sowie vor- oder nachstationären (sofern dadurch Krankenhausaufenthalte vermieden oder verkürzt werden) | Kasse trägt alle Fahrkosten | Kasse trägt die Kosten, soweit 25,00 DM überschritten werden und es sich nicht um die erste und die letzte Fahrt einer Serienbehandlung handelt | Sie tragen die Kosten bis 25,00 DM je Fahrt, beschränkt auf die erste und letzte Fahrt bei Serienbehandlungen |

## Gesundheitsuntersuchungen

**Was beinhaltet die Leistung?** 5.22
Gesundheitsuntersuchungen werden im Rahmen der Früherkennung von Ihrer Kasse gezahlt. Gesundheitsuntersuchungen werden angeboten
a. für Erwachsene und
b. für Kinder.
Die Gesundheitsuntersuchungen für Erwachsene gliedern sich in Krebsvorsorgeuntersuchungen (⇨ 5.23) und die sogenannten Check-up-Untersuchungen (⇨ 5.24). Für Kinder sind zur Früherkennung von Krankheiten spezielle Gesundheitsuntersuchungen (⇨ 5.25) vorgesehen.

## Krebsvorsorgeuntersuchung

Aufgrund anatomischer Besonderheiten gibt es unterschied- 5.23
liche Krebsvorsorgeuntersuchungen für Frauen und Männer. Männer haben Anspruch auf die Vorsorgeuntersuchung, wenn sie älter als fünfundvierzig Jahre sind; Frauen müssen mindestens zwanzig Jahre alt sein.

**TIPS UND TRICKS** Wenn Sie die jeweilige Altersgrenze noch nicht erreicht haben, können gleichwohl entsprechende Untersuchungen durchgeführt werden. Notwendig hierfür ist jedoch ein konkreter Verdacht, daß Sie erkrankt sind.

**Was beinhaltet die Krebsvorsorgeuntersuchung für Männer?**
Männer haben höchstens einmal jährlich Anspruch auf eine Krebsvorsorgeuntersuchung. Sie erstreckt sich auf die Untersuchung des/der
– Dickdarms,

- Prostata,
- Genitalbereich,
- Nieren,
- Harnwege und
- Haut.

**Was beinhaltet die Krebsvorsorgeuntersuchung für Frauen?**
Frauen haben höchstens einmal jährlich Anspruch auf eine Krebsvorsorgeuntersuchung. Bei Frauen werden untersucht die/der
- Brust,
- Unterleib,
- Dickdarm,
- Nieren,
- Harnwege und
- Haut.

**Wie erhalten Sie die Krebsvorsorgeuntersuchung?**
Für die Krebsvorsorgeuntersuchung benötigen Sie einen Berechtigungsschein (bzw. KV-Karte) Ihrer Kasse. Bei einigen Kassen erhalten Sie diesen – sobald Sie die jeweiligen Altersgrenzen erreichen – automatisch zugesandt. Mit diesem können Sie die Untersuchung bei Ihrem Arzt veranlassen.

## Check-up-Untersuchung

**5.24 Was beinhaltet die Check-up-Untersuchung?**
Jedes zweite Jahr können Männer und Frauen, die älter als fünfunddreißig Jahre sind, eine Check-up-Untersuchung in Anspruch nehmen. Sie dient insbesondere
- zur Früherkennung von Herz-, Kreislauf- und Nierenerkrankungen
- sowie der Zuckerkrankheit.

**Tips und Tricks:** Wenn Sie die jeweilige Altersgrenze noch nicht erreicht haben, können gleichwohl entsprechende Untersuchungen durchgeführt werden. Notwendig hierfür ist jedoch ein konkreter Verdacht, daß Sie erkrankt sind.

**Wie erhalten Sie Check-up-Untersuchungen?**
Für die Check-up-Untersuchung benötigen Sie einen Berechtigungsschein (bzw. KV-Karte) Ihrer Kasse. Bei einigen Kassen erhalten Sie diesen – sobald Sie die jeweiligen Altersgrenzen erreichen – automatisch zugesandt. Mit diesem können Sie die Untersuchung bei Ihrem Arzt veranlassen.

## Kinderuntersuchung

**Was beinhaltet die Kinderuntersuchung?** 5.25
Kinder haben Anspruch auf Untersuchungen zur Früherkennung von Krankheiten, die ihre körperliche oder geistige Entwicklung in nicht geringfügigem Maße gefährden. Die Früherkennungsuntersuchungen bei Kindern umfassen folgende Untersuchungen:
- die 1. erfolgt unmittelbar nach der Geburt,
- die 2. in der Zeit zwischen dem dritten und zehnten Lebenstag,
- die 3. in der vierten bis sechsten Lebenswoche,
- die 4. zwischen dem dritten und vierten Lebensmonat,
- die 5. zwischen dem sechsten und siebten Lebensmonat,
- die 6. zwischen dem zehnten und zwölften Lebensmonat,
- die 7. zwischen dem einundzwanzigsten und vierundzwanzigsten Lebensmonat,
- die 8. Untersuchung soll während der letzten sechs Monate vor Vollendung des vierten Lebensjahres erfolgen,
- die 9. Untersuchung soll zwischen dem 60. und 64. Lebensmonat (Toleranzgrenze 58. bis 66. Lebensmonat) durchgeführt werden, also vor Eintritt in die Schule.

**TIPS UND TRICKS** Kinder, die älter als zehn Jahre sind, erhalten ein weitere Untersuchung. Diese wird in der Praxis auch »J1« genannt.

**Wie erhalten Ihre Kinder Kinderuntersuchungen?**
Für die Kinderuntersuchung benötigen Ihre Kinder einen Berechtigungsschein Ihrer Kasse. Bei einigen Kassen erhalten Ihre Kinder diesen – sobald Sie die jeweiligen Altersgrenzen erreichen – automatisch zugesandt. Mit diesem können Sie die Untersuchung für Ihre Kinder beim Arzt veranlassen.

## Haushaltshilfe

**5.26 Was beinhaltet die Haushaltshilfe?**
Die Haushaltshilfe umfaßt die Dienstleistungen, die zur Weiterführung des Haushalts notwendig sind, z. B. Beschaffung und Zubereitung der Mahlzeiten, Pflege der Kleidung und der Wohnräume sowie die Betreuung und Beaufsichtigung der Kinder.

**Wie erhalten Sie die Haushaltshilfe?**
Die Haushaltshilfe beantragen Sie bei Ihrer Kasse, damit diese Ihnen eine zur Verfügung stellen kann.

**TIPS UND TRICKS**

* Kann Ihnen Ihre Kasse keine Ersatzkraft stellen, was eher die Regel ist, sind Sie berechtigt, sich eine Ersatzkraft selbst zu beschaffen. Hierzu können Sie entweder auf Freunde, Bekannte oder Verwandte zurückgreifen, oder Sie fragen bei den Wohlfahrtsverbänden (Caritas, Arbeiterwohlfahrt ...) nach.
* Sie können sich auch eine Ersatzkraft selber beschaffen, wenn Sie Wert auf die Weiterführung Ihres Haushalts

durch eine Person Ihres Vertrauens legen. Bitte teilen Sie die Gründe Ihrer Kasse mit.

* Für selbstbeschaffte Ersatzkräfte, die mit Ihnen bis zum zweiten Grad verwandt oder verschwägert sind (z. B. Kinder, Großeltern, Enkelkinder und Geschwister von Ihnen sowie Stiefeltern, Stiefkinder, Schwiegereltern, Schwiegersohn/Schwiegertochter, Schwager/Schwägerin, Großeltern Ihres Ehegatten) erhalten Sie die Kosten für Verdienstausfall und Fahrkosten erstattet. Ihre Kasse hat einen Höchstbetrag (109,00 DM West, 91,00 DM Ost je Tag im Jahr 1998) zu bezahlen.

* Für selbstbeschaffte Ersatzkräfte, die mit Ihnen nicht verwandt oder verschwägert sind, gehören alle Kosten, die Ihnen durch die Selbstbeschaffung der Ersatzkraft entstehen, zu den erstattungsfähigen Aufwendungen. Auch hier gilt der Höchstbetrag von 107,00 DM West, 91,00 DM Ost je Tag im Jahr 1997.

**Haben Sie Anspruch auf Haushaltshilfe?**
Wenn Sie folgende Fragen mit »Ja« beantworten können, haben Sie einen Anspruch auf Haushaltshilfe.

**CHECKLISTE ✓**

| **Haben Sie Anspruch auf Haushaltshilfe?** |
| --- |
| ⇨ Sind Sie versichert? |
| ⇨ Haben Sie bisher den Haushalt geführt? |
| ⇨ Ist Ihnen durch einen der folgenden Gründe die Weiterführung des Haushalts nicht möglich? |
| ⇨ Lebt bei Ihnen ein Kind, das jünger als 12 Jahre ist? |
| ⇨ Kann keine weitere Person den Haushalt weiterführen? |
| ⇨ Haben Sie einen Antrag gestellt? |

**Erläuterungen:**

*Sind Sie versichert?*
Diese Frage können Sie in der Regel mit »Ja« beantworten. Im Teil III geben wir Ihnen zu diesem Thema weitere Informationen.

*Haben Sie bisher den Haushalt geführt?*
Der Anspruch besteht nicht, sofern die wesentlichen Haushaltsarbeiten durch den Ehegatten, eine Hausangestellte oder von anderen Angehörigen verrichtet wurden.

*Ist Ihnen durch einen der folgenden Gründe die Weiterführung des Haushalts nicht möglich?*
Sie können Ihren Haushalt nicht weiterführen wegen
- einer Krankenhausbehandlung
- einer Vorsorgekur
- häuslicher Krankenpflege
- einer Rehabilitationskur
- einer Müttergenesungskur
- eines Aufenthalts in einem Krankenhaus zur Durchführung einer nicht rechtswidrigen Sterilisation oder eines nicht rechtswidrigen Schwangerschaftsabbruchs.

**TIPS UND TRICKS** Ihre Kasse kann weitere Fälle vorsehen, in denen sie Haushaltshilfe leistet. Bitte fragen Sie bei Ihrer Kasse nach, ob Sie davon Gebrauch machen können.

*Lebt bei Ihnen ein Kind, das jünger als 12 Jahre (oder behindert) ist?*
Bei Ihnen muß ein Kind leben, das jünger als zwölf Jahre (oder behindert) ist.

**TIPS UND TRICKS** Ihre Kasse kann die Altersgrenze erweitern oder aufheben. Bitte fragen Sie bei Ihrer Kasse nach, ob sie dies vorsieht.

*Kann keine weitere Person den Haushalt weiterführen?*
Voraussetzung ist ferner, daß keine weitere im Haushalt lebende Person den Haushalt weiterführen kann.

**TIPS UND TRICKS** Sofern diese Personen an der Weiterführung des Haushaltes verhindert sind, können Sie die Frage ebenfalls mit »Ja« beantworten. Auf den Grund der Hinderung kommt es nicht an. Es gelten berufliche, schulische sowie altersmäßige und körperliche Gründe der Verhinderung.

*Haben Sie einen Antrag gestellt?*
Wir empfehlen Ihnen, einen Antrag bei Ihrer Kasse zu stellen.

## Häusliche Krankenpflege

**Was beinhaltet die häusliche Krankenpflege?** 5.27
Neben der Behandlung Ihres Arztes können Sie häusliche Krankenpflege erhalten. Die häusliche Krankenpflege umfaßt pflegerische Maßnahmen (hierzu zählen Betten und Lagern, Körperpflege, Hilfe im hygienischen Bereich sowie Tag- und Nachtwachen) und medizinische Hilfeleistungen, die nicht vom behandelnden Arzt selbst erbracht werden (hierzu zählen Injektionen, Einläufe, Katheterisierung, Einreibungen und Decubitusvorsorge). Ferner umfaßt die häusliche Krankenpflege hauswirtschaftliche Arbeiten, soweit sie auf Ihre Versorgung (z. B. durch Zubereitung von Mahlzeiten) gerichtet sind.
Die häusliche Krankenpflege erhalten Sie für bis zu vier Wochen je Krankheit.

**Tips und Tricks**

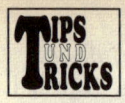

* Häusliche Krankenpflege erhalten Sie für jede Krankheit erneut für vier Wochen.
* In begründeten Ausnahmefällen erhalten Sie von Ihrer Kasse auch für einen längeren Zeitraum als vier Wochen häusliche Krankenpflege.

**Wie erhalten Sie häusliche Krankenpflege?**
Sie erhalten von Ihrem Arzt ein ärztliches Attest, in dem er Ihnen die Notwendigkeit der häuslichen Krankenpflege bestätigt. Mit diesem Attest beantragen Sie die häusliche Krankenpflege bei Ihrer Kasse. Ihre Kasse stellt Ihnen eine Pflegekraft zur Verfügung oder erstattet Ihnen die Kosten einer selbstbeschafften Pflegekraft.

**Tips und Tricks**

* Kann Ihnen Ihre Kasse eine Pflegekraft nicht stellen, sind Sie berechtigt, sich eine Ersatzkraft selbst zu beschaffen. Die Wohlfahrtsverbände (Caritas, Arbeiterwohlfahrt ...) bieten qualifizierte Pflegekräfte an.
* Sie können sich auch eine Ersatzkraft selber beschaffen, wenn besondere Gründe vorliegen (z. B.: Sie legen Wert auf die Pflege durch eine Person Ihres Vertrauens). Bitte teilen Sie die Gründe Ihrer Kasse mit.
* Für selbstbeschaffte Pflegekräfte, die mit Ihnen bis zum zweiten Grad verwandt oder verschwägert sind (z. B. Kinder, Großeltern, Enkelkinder und Geschwister von Ihnen sowie Stiefeltern, Stiefkinder, Schwiegereltern, Schwiegersohn/Schwiegertochter, Schwager/Schwägerin, Großeltern des Ehegatten) erhalten Sie die Kosten für Verdienstausfall und Fahrkosten erstattet. Ihre Kasse hat

hierbei bestimmte Höchstbeträge (107,00 DM West, 91,00 DM Ost je Tag im Jahr 1998) zu beachten.
* Für selbstbeschaffte Pflegekräfte, die mit Ihnen nicht verwandt oder verschwägert sind, gehören grundsätzlich alle Kosten zu den erstattungsfähigen Aufwendungen. Auch hier gilt der Höchstbetrag von 109,00 DM West, 91 DM Ost je Tag im Jahr 1998.

**Haben Sie Anspruch auf häusliche Krankenpflege?**
Wenn Sie folgende Fragen mit »Ja« beantworten können, haben Sie Anspruch auf häusliche Krankenpflege.

**CHECK-LISTE ✓**

| Haben Sie Anspruch auf häusliche Krankenpflege? |
| --- |
| ⇨ Sind Sie versichert? |
| ⇨ Hat Ihnen Ihr Arzt die Notwendigkeit der häuslichen Krankenpflege bestätigt? |
| ⇨ Haben Sie den Haushalt geführt oder leben Sie in der Wohnung Ihrer Familie? |
| ⇨ Kann keine weitere in Ihrer Wohnung lebende Person die Pflege übernehmen? |
| ⇨ Haben Sie einen Antrag gestellt? |

**Erläuterungen:**
*Sind Sie versichert?*
Diese Frage können Sie in der Regel mit »Ja« beantworten. Im Teil III geben wir Ihnen zu diesem Thema weitere Informationen.

*Hat Ihnen Ihr Arzt die Notwendigkeit der häuslichen Krankenpflege bestätigt?*
Ihr Arzt bestätigt Ihnen auf einem Antragsformular die Notwendigkeit der häuslichen Krankenpflege. Dies macht er, wenn
- eine Krankenhausbehandlung geboten, aber nicht ausführbar ist, oder
- durch die häusliche Krankenpflege eine Krankenhausbehandlung vermieden oder verkürzt wird,
- die ärztliche Behandlung dadurch gesichert wird.

*Haben Sie den Haushalt geführt, oder leben Sie in der Wohnung Ihrer Familie?*
Weitere Voraussetzung für den Anspruch auf häusliche Krankenpflege ist, daß Sie den Haushalt in der Wohnung geführt haben bzw. in der Wohnung Ihrer Familie leben.

*Kann keine weitere in Ihrer Wohnung lebende Person die Pflege übernehmen?*

**TIPS UND TRICKS**

* Sie haben Anspruch auf eine qualifizierte Pflegekraft. Insofern werden Sie diese Frage regelmäßig mit »Ja« beantworten können.
* Für den Fall, daß in Ihrer Wohnung eine qualifizierte Pflegekraft lebt, können Sie bei Hinderungsgründen auf eine andere Pflegekraft zurückgreifen. Auf den Grund der Hinderung kommt es nicht an. Es gelten z. B. berufliche, schulische sowie altersmäßige und körperliche Gründe.

*Haben Sie einen Antrag gestellt?*
Wir empfehlen Ihnen, einen Antrag bei Ihrer Kasse zu stellen.

# Hebammenhilfe (s. a. Mutterschaft)

**Was beinhaltet die Hebammenhilfe?** 5.28
Sie erhalten während der Schwangerschaft sowie bei und nach der Entbindung Beratung und Hilfe durch eine Hebamme. Zur Hebammenhilfe gehören auch ärztlich verschriebene gymnastische Übungen, Entspannungsübungen und Übungen der Atemtechnik.

**Wie erhalten Sie Hebammenhilfe?**
Hebammenhilfe erhalten Sie bei einer Hebamme Ihres Vertrauens. Die Hebamme rechnet die erbrachten Leistungen direkt mit Ihrer Kasse ab. Sie darf Ihnen keine zusätzlichen Kosten in Rechnung stellen.

**Haben Sie Anspruch auf Hebammenhilfe?**
Wenn Sie folgende Fragen mit »Ja« beantworten können, haben Sie einen Anspruch auf Hebammenhilfe.

**Haben Sie Anspruch auf Hebammenhilfe?**

**CHECK-LISTE ✓**

| Haben Sie Anspruch auf Hebammenhilfe? |
|---|
| ⇨ Sind Sie versichert? |
| ⇨ Sind Sie schwanger oder haben Sie entbunden? |

# Heilmittel (z. B. Bäder und Massagen)

**Was beinhaltet die Leistung?** 5.29
Unter Heilmitteln werden persönliche medizinische »Dienstleistungen«, die überwiegend von außen auf den Körper einwirken, verstanden. Zu den einzelnen Heilmitteln haben Sie einen Eigenanteil von 15% je Behandlung zu tragen.

**TIPS UND TRICKS**

* Sofern Sie nicht älter als achtzehn Jahre sind, müssen Sie keinen Eigenanteil zu Heilmitteln zahlen.
* Von dem Eigenanteil können Sie sich befreien lassen (⇨ 5.13).

### Wie erhalten Sie Heilmittel?
Die Heilmittel verschreibt Ihnen Ihr Arzt nach einer Untersuchung. Mit diesem Rezept können Sie zu einem Leistungsanbieter (z. B. Masseur) Ihres Vertrauens gehen, der die Behandlung übernimmt. Der Leistungserbringer zieht Ihren Eigenanteil ein und rechnet den Restbetrag direkt mit Ihrer Kasse ab.

### Haben Sie Anspruch auf Heilmittel?
Wenn Sie folgende Fragen mit »Ja« beantworten können, haben Sie einen Anspruch auf Heilmittel.

**CHECKLISTE ✓**

| Haben Sie Anspruch auf Heilmittel? |
| --- |
| ⇨ Sind Sie versichert? |
| ⇨ Hat Ihnen Ihr Arzt das Heilmittel auf einem Rezept verschrieben? |

**Erläuterungen:**
*Sind Sie versichert?*
Diese Frage können Sie in der Regel mit »Ja« beantworten. Im Teil III geben wir Ihnen zu diesem Thema weitere Informationen.

*Hat Ihnen Ihr Arzt das Heilmittel auf einem Rezept verschrieben?*
Ihr Arzt verschreibt Ihnen alle notwendigen Heilmittel. Ausgeschlossene Heilmittel darf er Ihnen nicht verschreiben, es sei denn, er verschreibt sie auf einem Privatrezept. Folgende tabellarische Übersicht gibt Ihnen einen Überblick über wichtige Heilmittel:

5.29.1

| Arten von Heilmittelnn | Auf Kosten Ihrer Kasse | Nicht auf Kosten Ihrer Kasse |
|---|---|---|
| Arbeitstherapie | x | |
| Atemgymnastik | x | |
| ATLAS-Therapie | | x |
| Baden (im Schwimmbad) | | x |
| Bäder mit Badezusätzen | x | |
| Bäder mit Peloiden (Fango, Schlick oder Moor) | x | |
| Bäder, medizinische | x | |
| Bäder, russisch-römische | | x |
| Bindegewebsmassage | x | |
| Beschäftigungstherapie | x | |
| Bewegungsübungen | x | |
| Blitzgüsse, Wechselgüsse | x | |
| Bodybuilding | | x |
| $CO_2$-Gasbäder | x | |
| Colonmassage | x | |
| Dampfbäder | x | |
| Dampfduschen | x | |
| Einzel- und Rauminhalation | x | |
| Elektrobehandlung | x | |
| Elektrogymnastik | x | |
| Elektrotherapie | x | |
| Ergotherapie | x | |
| Fangobäder | x | |
| Fitneßtraining | | x |
| Fußpflege, medizinische | | x |
| Ganzkörpermassagen | | x |
| Heiße Rolle (Warmkompresse) | x | |

| Arten von Heilmittelnn | Auf Kosten Ihrer Kasse | Nicht auf Kosten Ihrer Kasse |
|---|---|---|
| Heißluftbehandlung | x | |
| Heublumenauflage (Warmkompresse) | x | |
| Hippotherapie | | x |
| Höhlentherapie | | x |
| Hydrotherapie | x | |
| Inhalationstherapie | x | |
| Isokinetische Muskelrehabilitation | | x |
| Kältetherapie | x | |
| Kaltpackungen | x | |
| Kneippsche Güsse | x | |
| Krankengymnastik | x | |
| Kryo-Therapie | x | |
| Lichttherapie | x | |
| Lymphdrainage | x | |
| Magnetfeldtherapie | | x |
| Massagen | x | |
| Maßnahmen zur Anreizung des Sexualtriebes | | x |
| Mothotherapie | | x |
| Musiktherapie | | x |
| Reflexzonenmassage | | x |
| Sauna | | x |
| Schwimmen | | x |
| Segmentmassage | x | |
| Sprachstörung, Therapie von | x | |
| Sprachtherapie | x | |
| Sprechstörungen, Therapie von | x | |
| Stimmstörungen, Therapie von | x | |
| Tanztherapie | | x |
| Teil- oder Vollbäder, hydroelektrische | x | |
| Teil- und Wannenbäder | | x |
| Unterwasserdruckstrahlmassage | x | |
| Wärmepackungen | x | |
| Wärmetherapie | x | |
| Warmkompressen (z. B. Heiße Rolle, Heublumenauflage) | x | |
| Zilgrei-Methode | | x |

## Heilpraktiker

Leistungen von Heilpraktikern gehören nicht zum »Standard«-Leistungskatalog Ihrer Kasse. Insofern werden von Ihrer Kasse grundsätzlich diese Kosten nicht erstattet. 5.30

**TIPS UND TRICKS**

Eine Erstattung der Kosten der verschriebenen Medikamente kommt unter Umständen im Rahmen der Außenseitermedizin (➪ 5.8) in Betracht.

## Hilfsmittel (z. B. Rollstuhl)

**Was beinhaltet die Leistung?** 5.31
Hilfsmittel sind insbesondere Seh- und Hörhilfen sowie Körperersatzstücke. Ihr Anspruch auf Hilfsmittel umfaßt auch die notwendige Änderung, Instandsetzung und Ersatzbeschaffung, Betriebskosten sowie die Ausbildung in ihrem Gebrauch.

**TIPS UND TRICKS**

* Für einige Hilfsmittel sind Höchstbeträge (Fachsprache: Festbeträge) festgelegt. Ihre Kasse übernimmt für das Hilfsmittel maximal den Höchstbetrag.
* Eigenanteile müssen Sie für Hilfsmittel in der Regel nicht leisten. Sie erhalten Hilfsmittel insofern von Ihrer Kasse oftmals voll bezahlt.
* Zu Bandagen, Einlagen und Hilfsmitteln zur Kompressionstherapie (z. B. Kompressionsstrümpfe) müssen Sie 20% selber zahlen. Sie können sich jedoch von diesem 20%-Anteil befreien lassen. Näheres hierzu ➪ 5.13.

**Wie erhalten Sie Hilfsmittel?**
Ihr Arzt verschreibt Ihnen das Hilfsmittel. Das Hilfsmittel erhalten Sie kostenlos beim Leistungserbringer (Sanitätshaus). Der Leistungserbringer rechnet die erbrachte Leistung direkt mit Ihrer Kasse ab.

Hilfsmittel, die für den täglichen Gebrauch auch von Gesunden benötigt werden, werden von der Kasse nicht bezahlt. In Grenzfällen erhalten Sie von Ihrer Kasse den übersteigenden Betrag erstattet. Benötigen Sie z. B. spezielle orthopädische Schuhe, haben Sie den Preis für ein Paar normale Schuhe (derzeit 140,00 DM für Erwachsene) selber zu tragen. Den diesen Betrag übersteigenden Betrag trägt Ihre Kasse.

**Haben Sie Anspruch auf Hilfsmittel?**
Wenn Sie folgende Fragen mit »Ja« beantworten können, haben Sie einen Anspruch auf Hilfsmittel.

**CHECK-LISTE** ✓

| Haben Sie Anspruch auf Hilfsmittel? |
|---|
| ⇨ Sind Sie versichert? |
| ⇨ Verschreibt Ihnen Ihr Arzt das Hilfsmittel? |

**Erläuterungen:**
*Sind Sie versichert?*
Diese Frage können Sie in der Regel mit »Ja« beantworten. Im Teil III geben wir Ihnen zu diesem Thema weitere Information.

*Verschreibt Ihnen Ihr Arzt das Hilfsmittel?*
Ihr Arzt kann Ihnen alle Hilfsmittel verschreiben. Ausgeschlossene Hilfsmittel darf er Ihnen nicht verschreiben, es sei denn auf einem Privatrezept. Folgende tabellarische Übersicht gibt Ihnen einen Überblick über wichtige Hilfsmittel:

| Arten von Hilfsmitteln | Kostenbeteiligung Ihrer Kasse | Nicht auf Kosten Ihrer Kasse |
|---|---|---|
| Abduktions-Lagerungskeil | x | |
| Abfallbeutel/Entsorgungsbeutel | | x |
| Absatzerhöhung | x | |
| Aerosol/-Geräte | x | |
| Afterschließbandage | x | |
| Alarmgerät für Epileptiker | x | |
| Alkoholtupfer | | x |
| Anal-Tampon | x | |
| Angorawäsche | | x |
| Anti-Varus-Schuh | x | |
| Anzieh-/Ausziehhilfen | x | |
| Applikationshilfen | x | |
| Aqua-Water-Pik-Gerät | x | |
| Armmanschette | x | |
| Armtragegurt/-tuch | | x |
| Arthrodesensitzkissen | x | |
| Arthrodesensitzkoffer | x | |
| Arthrodesenstuhl | x | |
| Atemmonitore | x | |
| Auftriebshilfe | x | |
| Augenbadewanne/-dusche | | x |
| Augenklappe | | x |
| Augenpinsel | x | |
| Augenpipette | | x |
| Augenspülglas/-flasche | x | |
| Augenstäbchen | x | |
| Ausbildung im Gebrauch | x | |
| Autofahrerrückenstütze | | x |
| Autofilter | | x |
| Autokindersitz | | x |
| Baby-Rufanlage (für Hörgeschädigte) | x | |
| Badeanzug (für Brustprothesenträger) | x | |
| Badestrümpfe | | x |
| Badewanneneinsatz | x | |
| Badewannenhocker, -sitz | x | |
| Ballenlos | x | |

5.31.1

| Arten von Hilfsmitteln | Kostenbeteiligung Ihrer Kasse | Nicht auf Kosten Ihrer Kasse |
|---|---|---|
| Ballonkatheter | x | |
| Ballspritze | x | |
| Bandagen | x | |
| Bandscheibenmatratze | | x |
| Batterieladegerät (Betriebskosten) | x | |
| Batterien | x | |
| Batterien für Hörgeräte (Ausnahme unter 18jährige) | | x |
| Bauchgurt | x | |
| Beatmungsgerät | x | |
| Beinverkürzungsausgleich | x | |
| Betriebskosten (Batterien) | x | |
| Bett (normales) | | x |
| Bettausstattung (normale) | | x |
| Bettausstattung (spezielle) (Allergie) | x | |
| Bettausstattung (antirheumatisch) | | x |
| Betten (behindertengerecht) | x | |
| Bettgalgen | x | |
| Bettlifter | x | |
| Bettnässer-Weckgerät | x | |
| Bettschüssel | x | |
| Bettwäsche (antiallergene) | x | |
| Beugebandage | x | |
| Bewegungsschienen (motorische) | x | |
| Bidet | | x |
| Bildschirmlesegerät (bei Sehbehinderung und Blindheit) | x | |
| Bildschirmtext (BTX) | | x |
| Blasenfistelbandage | x | |
| Blasenspritze | x | |
| Blattwendegerät | x | |
| Bleiweste | x | |
| Blindenführhund | x | |
| Blindenlangstock | x | |
| Blindenleitgerät | x | |
| Blindenschreibmaschine | | x |
| Blindenstock | x | |

| Arten von Hilfsmitteln | Kostenbeteiligung Ihrer Kasse | Nicht auf Kosten Ihrer Kasse |
|---|---|---|
| Blutdruckmeßgerät (teilweise) | x | |
| Blutgerinnungs-Meßgerät (Quickwert-Meßgerät) | x | |
| Blutlanzette | x | |
| Blutzucker-Meßgerät (teilweise) | x | |
| Bougie | x | |
| Bracelet | x | |
| Braunsche Schiene | x | |
| Brillen (Gläser) | x | |
| Brillenetui | | x |
| Bruchband | x | |
| Brusthütchen | | x |
| Brusthütchen mit Sauger | | x |
| Brustnarbenschützer | x | |
| Brustprothese | x | |
| Brustprothesenhalter | x | |
| C.R.O.S-Geräte (für Hörgeschädigte) | x | |
| CPAP-Therapie-Gerät | x | |
| Cystische Fibrose – Behandlungsliege | x | |
| Cystische Fibrose – Mini-Trampolin | x | |
| Cystische Fibrose – PEP-Maske | x | |
| Darmrohr | x | |
| Darmverschlußkapsel oder -bandage | x | |
| Decubitus-Schutz | x | |
| Decubitus-Auflegematratze | x | |
| Decubitus-Fußschützer | x | |
| Decubitus-Keile/-Kissen | x | |
| Decubitus-Schutzauflagen/-unterlagen | x | |
| Delta-Gehrad | x | |
| Dr.-Debus-Kaltkompresse | x | |
| Drehscheibe | x | |
| Dreirad (für Spastiker) | x | |
| Druckbeatmungsgerät | x | |
| Druckschutzpolster (Ausnahme Decubitus-Schutz) | | x |
| Dusche | | x |
| Einlagen nach Maß | x | |
| Einlegesohlen | | x |

| Arten von Hilfsmitteln | Kostenbeteiligung Ihrer Kasse | Nicht auf Kosten Ihrer Kasse |
|---|---|---|
| Einmalhandschuhe | | x |
| Eisbeutel | | x |
| Enuresis-Gerät (Enurex) | x | |
| Epicondylitis-Bandage | x | |
| Epicondylitis-Spange | x | |
| Eß- und Trinkhilfen | | x |
| Euro-Signal-Gerät | x | |
| Extensionsgerät | x | |
| Extensionslaschen | x | |
| Fahrrad (behindertengerecht) | x | |
| Fersenkissen | x | |
| Fieberthermometer | | x |
| Fingerlinge | | x |
| Fingerschiene | | x |
| Fixationshilfen | x | |
| Gehgestell | x | |
| Gehbock | x | |
| Gehgipsgalosche | x | |
| Gehhilfen | x | |
| Gehhilfe (wasserfest) | x | |
| Gehrad | x | |
| Geradehalter | x | |
| Gehstock | x | |
| Gehstützen | x | |
| Glasstäbchen | | x |
| Gummihandschuhe | | x |
| Haartransplantation | | x |
| Hals- und Kopfstütze/Halskrawatte | x | |
| Haltegriffe-/hilfen | x | |
| Handgelenksriemen/-manschetten | | x |
| Hanteln | x | |
| Hausnotrufsystem | | x |
| Hebekissen | x | |
| Heidelberger Winkel | x | |
| Heizdecke/-kissen | | x |
| Herzschrittmacher-Schutzbandage | x | |

| Arten von Hilfsmitteln | Kostenbeteiligung Ihrer Kasse | Nicht auf Kosten Ihrer Kasse |
|---|---|---|
| Herzschrittmacher-Überwachungsgerät | x | |
| Hohmann-Bandage | x | |
| Höhensonne | | x |
| Hörbrille (für Hörgeschädigte) | x | |
| Hörkragen | | x |
| Hörstab | x | |
| Hüftbandage | x | |
| Hysterophore (Ausnahme: inoperabler Gebärmuttervorfall) | | x |
| Im-Ohr-Geräte | x | |
| Impulsvibrator | x | |
| Inhalationsgerät und Zubehör | x | |
| Insulin-Applikationshilfen und Zubehör | x | |
| Katheter aller Art und Zubehör | x | |
| Katzenfell | | x |
| Klappenocclusiv | x | |
| Kleidung | | x |
| Klingelleuchte (für Hörgeschädigte) | x | |
| Klumpfußschiene | x | |
| Klumphandschiene | x | |
| Kniebandage/Kniekappe | x | |
| Kniepolster/Knierutscher | x | |
| Kompressionsstrumpfhose | x | |
| Kompressionsärmel | x | |
| Kompressionsbandagen bei Verbrennungsverletzungen | x | |
| Kompressionsstrümpfe | x | |
| Kompressionsstücke für Waden und Oberschenkel, Knie- und Knöchelkompressionsstücke | x | |
| Kontaktlinsen | x | |
| Koordinator | x | |
| Kopf-Kinn-Kappe | x | |
| Kopfhörer (für Hörgeschädigte) | x | |
| Kopfring mit Stab/Kopfschreiber | x | |
| Kopfschutzkappe | x | |
| Korsett | x | |
| Krabbler | x | |

| Arten von Hilfsmitteln | Kostenbeteiligung Ihrer Kasse | Nicht auf Kosten Ihrer Kasse |
|---|---|---|
| Krankenfahrzeuge | x | |
| Krankenpflegebett | | x |
| Krankenunterlagen | x | |
| Kreuzstützbandage | x | |
| Krücke | x | |
| Küchengeräte | | x |
| Kunstarm, -hand | x | |
| Kunstauge | x | |
| Kunstbein | x | |
| Lagerungsschale | x | |
| Leibbinde/Leibgurt | x | |
| Lenox-Hill-Schiene | x | |
| Liegeschale | x | |
| Lifter | x | |
| Lispelsonde | x | |
| Lochbrille | x | |
| Luftbefeuchter (grundsätzlich) | | x |
| Luftpolsterschuhe | x | |
| Mangoldsche Schnürbandage | x | |
| Massagegeräte | | x |
| Matratze | | x |
| Milchpumpen | | x |
| Mini-Fonator (Miniphonator) | x | |
| Multi-Lifter | x | |
| Mundsperren | | x |
| Mundstab/Mundgreifstab | x | |
| Neurodermitis-Overall (je nach Kasse) | x | |
| Ohrenklappen | | x |
| Orthonyxie-Nagelkorrektur-Spangen | x | |
| Orthopädische Schuhe (Eigenanteil Erwachsene 140,00, Kinder 84,00 DM) | x | |
| Oxyfit-Sauerstoffgerät | x | |
| Pavlikbandage | x | |
| Peak-Flow-Meter | x | |
| Penisklemmen | | x |
| Penisprothese | x | |
| PEP-Maske | x | |

| Arten von Hilfsmitteln | Kostenbeteiligung Ihrer Kasse | Nicht auf Kosten Ihrer Kasse |
|---|---|---|
| Personal Computer (bei Sehbehinderung, Blindheit sowie bei Behinderten mit Bewegungseinschränkung) | x | |
| Perücke | x | |
| Prostata-Spirale | x | |
| Pulmonary Monitor | x | |
| Quengelschiene | x | |
| Rasierapparat | | x |
| Raumluftbefeuchter (grundsätzlich) | | x |
| Rektophore | x | |
| Rollator | x | |
| Rollbrett | x | |
| Rollrichter | x | |
| Rotlichtlampe | | x |
| Rutschbett | x | |
| Sandsack | x | |
| Sauerstoff | x | |
| Sauerstoffinhalationsgeräte | x | |
| Sauerstoffkonzentrator | x | |
| Scherenzange | x | |
| Schielkapsel | x | |
| Schielpelotte | x | |
| Schnarcherschiene | x | |
| Schreibhilfe | x | |
| Schreibmaschinenhämmerchen | x | |
| Schreibtelefon (bei Hörbehinderung und Taubheit) | x | |
| Schutzhelm | x | |
| Sicherheitsleibgurt | x | |
| Signalgerät, Signalhose | x | |
| Sitzschale | x | |
| Sonnenbrille | | x |
| Spastikerkarre | x | |
| Spastikersitzbank | x | |
| Spastikerstuhl | x | |
| Spirometer | | x |
| Sprach-Farbbild-Transformationsgerät (SFT) | x | |

| Arten von Hilfsmitteln | Kostenbeteiligung Ihrer Kasse | Nicht auf Kosten Ihrer Kasse |
|---|---|---|
| Spreizhose | x | |
| Spreizwagen-Aufsatz | x | |
| Sprossenwand | x | |
| Stabilisatoren | x | |
| Stereoskop | x | |
| Sterilisator | | x |
| Stoma-Versorgungsartikel | x | |
| Stubbies | x | |
| Stützstrümpfe | | x |
| Symphysen-Gürtel | x | |
| T-Binden | x | |
| Tamponapplikator | x | |
| Telefaxgerät (bei Hörbehinderung und Taubheit) | x | |
| Telefonverstärker (bei Hörbehinderung) | x | |
| Tracheostoma-Versorgungsartikel | x | |
| Tragegurtsitz | x | |
| Turnmatte | | x |
| Überwachungsgeräte für Neugeborene (grundsätzlich) | | x |
| Übungsmatte | x | |
| Übungsschiene | x | |
| Ultraschallinhalationsgeräte/-vernebler | x | |
| Universalhalter | x | |
| Unterschenkel-Manschette | x | |
| Urinal | x | |
| Urinflasche | | x |
| Uromat | x | |
| Vojta-Behandlungsliege (grundsätzlich) | | x |
| Warngerät | x | |
| Wasserbett (Decubitus-Schutz) | x | |
| Wechsel-Druckgerät | x | |
| WR-Sitz | x | |
| Zehenpolster, Zehenspreizer | x | |
| Zyklomat-Hormon-Pumpen-Set | x | |

# Impfungen

**Was beinhaltet die Impfung?**  5.32
Bei Impfungen werden tote oder abgeschwächte Bakterien bzw. Viren in den Organismus eingebracht, damit dieser zur Bildung von Antikörpern angeregt wird.

**Wie erhalten Sie Impfungen?**
Impfungen werden in der Regel von Ihrem Arzt direkt vorgenommen und über die Krankenversichertenkarte mit Ihrer Kasse abgerechnet. Oftmals stellt Ihnen Ihr Arzt ein Rezept für den Impfstoff (*Medikament*) aus, den Sie zur Impfung mitbringen müssen.

**Haben Sie Anspruch auf Impfungen?**
Wenn Sie folgende Fragen mit »Ja« beantworten können, haben Sie einen Anspruch auf Impfungen.

**CHECK-LISTE ✓**

| Haben Sie Anspruch auf Impfungen? |
|---|
| ⇨ Sind Sie versichert? |
| ⇨ Hat Ihre Kasse die Übernahme der Kosten in der Satzung vorgesehen? |

**Erläuterungen:**
*Sind Sie versichert?*
Diese Frage können Sie in der Regel mit »Ja« beantworten. Im Teil III geben wir Ihnen zu diesem Thema weitere Informationen.

*Hat Ihre Kasse die Übernahme der Kosten vorgesehen?*
Ihre Kasse kann die Kosten für Impfungen übernehmen; sie ist dazu allerdings nicht verpflichtet. Die Impfungen für ei-

nen privaten Auslandsaufenthalt darf Ihre Kasse nicht erstatten. Die Impfungen können entweder einzeln oder mit Mehrfachimpfstoffen (z. B. Masern/Mumps/Röteln) verabreicht werden.

**TIPS UND TRICKS**

Als Impfungen kommen z. B. folgende in Betracht:

5.32.1
- Diphtherie
- Frühsommer-Meningo-Enzephalitis (FSME)
- Haemophilus influenzae b-Infektion (Hib)
- Hepatitis A
- Hepatitis B
- Influenza (Virusgrippe)
- Keuchhusten (Pertussis)
- Kinderlähmung (Poliomyelitis)
- Masern
- Mumps
- Pneumokokken-Infektionen
- Röteln
- Tetanus (Wundstarrkrampf)
- Tollwut
- Tuberkulose.

## Individualprophylaxe für den Zahnbereich

### 5.33 Was beinhaltet die Individualprophylaxe?
Die Individualprophylaxe erstreckt sich
- auf den Befund des Zahnfleisches,
- die Aufklärung über Krankheitsursachen und ihre Vermeidung,
- das Erstellen von diagnostischen Vergleichen zur Mundhygiene, zum Zustand des Zahnfleisches und zur Anfälligkeit gegenüber Karieserkrankungen,

- auf die Motivation und Einweisung bei der Mundpflege sowie
- auf Maßnahmen zur Schmelzhärtung der Zähne.
- Ferner erstreckt sich der Anspruch auf Fissurenversiegelung der Molaren.

Die Individualprophylaxe ist Bestandteil der *zahnärztlichen Behandlung* und kann halbjährlich durchgeführt werden.

**Wie erhalten Sie Individualprophylaxe?**
Die Individualprophylaxe erhalten Sie von Ihrem Zahnarzt. Ihr Zahnarzt rechnet die Individualprophylaxe über die Krankenversichertenkarte mit Ihrer Kasse ab.

**Haben Sie Anspruch auf eine Individualprophylaxe?**
Wenn Sie folgende Fragen mit »Ja« beantworten können, haben Sie einen Anspruch auf eine Individualprophylaxe.

**CHECK-LISTE** ✓

| Haben Sie Anspruch auf Individualprophylaxe? |
|---|
| ⇨ Sind Sie versichert? |
| ⇨ Sind Sie älter als sechs Jahre? |

**Erläuterungen:**
*Sind Sie versichert?*
Diese Frage können Sie in der Regel mit »Ja« beantworten. Im Teil III geben wir Ihnen zu diesem Thema weitere Informationen.

*Sind Sie älter als sechs Jahre?*
Sie erhalten in dem obengenannten Alter eine Individualprophylaxe.

**TIPS UND TRICKS**

Die regelmäßige Inanspruchnahme der Individualprophylaxe hat positive Auswirkungen auf die Höhe der Kostenübernahme Ihrer Kasse bei einem späteren *Zahnersatz*.

## Kieferorthopädische Behandlung (z. B. Zahnspangen)

**5.34 Was beinhaltet die kieferorthopädische Behandlung?**
Die kieferorthopädische Behandlung (KfO) erfolgt bei medizinisch begründeten Indikationsgruppen (Kiefer- oder Zahnfehlstellung liegt vor, die das Kauen, Beißen, Sprechen oder Atmen erheblich beeinträchtigt oder zu beeinträchtigen droht).
Die Höhe der Kostenübernahme hängt von der Anzahl Ihrer Kinder, die sich in kieferorthopädischer Behandlung befinden, ab. Ihre Kasse erstattet Ihnen zunächst achtzig Prozent der Kosten einer kieferorthopädischen Behandlung. Befinden sich mindestens zwei Ihrer Kinder in kieferorthopädischer Behandlung, die

a. bei Beginn der Behandlung noch nicht 18 Jahre alt sind und

b. mit Ihnen in einer gemeinsamen Wohnung leben,

haben Sie für Ihr zweites und jedes weitere Kind Anspruch auf 90% der Kosten. Erst nach dem erfolgreichen Abschluß der Behandlung Ihrer Kinder darf Ihnen die Kasse Ihren Anteil (20% bzw. 10%) erstatten.

**TIPS UND TRICKS**

* Über den erfolgreichen Abschluß der kieferorthopädischen Behandlung genügt eine formlose Bestätigung Ihres Zahnarztes/Kieferorthopäden. Wird die Behandlung

von Ihrem Kind vorzeitig abgebrochen, darf Ihnen Ihre Kasse den Anteil nicht auszahlen.
* In Fällen, in denen der Abschluß objektiv unmöglich ist (z. B. bei Tod), ist die Erstattung der Restkosten gleichwohl möglich.

**Wie erhalten Sie die kieferorthopädische Behandlung?**
Die kieferorthopädische Behandlung wird von Kieferorthopäden bzw. Zahnärzten durchgeführt. Die kieferorthopädische Behandlung wird vom Arzt vorher bei Ihrer Kasse beantragt. Nach der Genehmigung erhalten Sie den Kassenanteil erstattet.

**Haben Sie Anspruch auf eine kieferorthopädische Behandlung?**
Wenn Sie folgende Fragen mit »Ja« beantworten können, haben Sie Anspruch auf eine kieferorthopädische Behandlung.

**CHECK-LISTE ✓**

| Haben Sie Anspruch auf kieferorthopädische Behandlung? |
| --- |
| ⇨ Sind Sie versichert? |
| ⇨ Hat Ihr Arzt die Notwendigkeit der kieferorthopädischen Behandlung festgestellt? |
| ⇨ Wurde die kieferorthopädische Behandlung bei Ihrer Kasse beantragt und genehmigt? |
| ⇨ Sind Sie nicht älter als 18 Jahre, oder liegt bei Ihnen ein »besonderer« Fall vor? |

**Erläuterungen:**
*Sind Sie versichert?*
Die Erfüllung dieser Voraussetzung wird als gegeben vorausgesetzt; Sie sind versichert.

*Hat Ihr Zahnarzt die Notwendigkeit der
kieferorthopädischen Behandlung festgestellt?*
Ihr Zahnarzt/Kieferorthopäde entscheidet, ob eine kieferorthopädische Behandlung erforderlich ist und wie diese durchgeführt wird.

*Wurde die kieferorthopädische Behandlung bei Ihrer
Kasse beantragt und genehmigt?*
Die kieferorthopädische Behandlung ist bei Ihrer Kasse zu beantragen. Erst nach der Genehmigung wird Ihr Arzt mit der Behandlung beginnen. Der Antrag wird direkt von Ihrem Zahnarzt gestellt.

*Sind Sie nicht älter als 18 Jahre, oder liegt bei Ihnen ein
»besonderer« Fall vor?*
Sie erhalten nur bis zu Ihrem 18. Geburtstag eine kieferorthopädische Behandlung. Nach diesem Geburtstag kann Ihre Kasse nur in »besonderen« Fällen hiervon eine Ausnahme machen. Hierzu zählen Fälle, bei denen die Behandlung durch das Wachstum der Zähne noch nicht abgeschlossen ist, sowie schwere Kieferanomalien.

## Kinderpflege-Krankengeld

### 5.35 Was beinhaltet die Leistung?
Das Kinderpflege-Krankengeld ersetzt Ihren Lohn, wenn Sie nicht arbeiten können, um Ihr erkranktes Kind zu beaufsichtigen, zu betreuen oder zu pflegen.
Sie erhalten für jedes Ihrer Kinder für längstens 10 Arbeitstage (insgesamt für alle Kinder jedoch max. 25 Arbeitstage) Kinderpflege-Krankengeld im Jahr.

* Alleinerziehende haben einen Anspruch auf längstens 20 Arbeitstage (bei mehreren Kindern max. 50 Arbeitstage) im Jahr.
* Bei Erkrankung Ihres Kindes können Sie unbezahlten Urlaub von Ihrem Arbeitgeber erhalten.
* Einige Tarifverträge sehen vor, daß Sie bei Erkrankung Ihres Kindes einen bezahlten Anspruch auf Urlaub haben. Näheres hierzu erfahren Sie von Ihrem Arbeitgeber, Betriebsrat, Personalrat oder Ihrer Gewerkschaft.
* Die Höhe des Kinderpflege-Krankengeldes richtet sich nach Ihrem Lohn. Sie erhalten von Ihrer Kasse den Betrag erstattet, den Ihnen Ihr Arbeitgeber nicht zahlt. Die Berechnung übernimmt die Krankenkasse.

**Wie erhalten Sie Kinderpflege-Krankengeld?**
Bei Erkrankung Ihres Kindes erhalten Sie von Ihrem Arzt ein Attest, in dem er Ihnen bestätigt, daß Sie für einen Zeitraum Ihr erkranktes Kind pflegen müssen.
Reichen Sie diese Bescheinigung bei Ihrem Arbeitgeber ein und beantragen Sie unbezahlten Urlaub, sofern Sie nicht einen Anspruch auf bezahlten Urlaub haben.
Sie sollten die Bescheinigung ebenfalls bei Ihrer Kasse einreichen und Kinderpflege-Krankengeld beantragen. Ihre Kasse wird eine Verdienstbescheinigung an Ihren Arbeitgeber senden, das Kinderpflege-Krankengeld nach den Angaben Ihres Arbeitgebers berechnen und auszahlen.

**Haben Sie Anspruch auf Kinderpflege-Krankengeld?**
Wenn Sie folgende Fragen mit »Ja« beantworten können, haben Sie einen Anspruch auf Kinderpflege-Krankengeld.

**CHECK-LISTE** ✓

| **Haben Sie Anspruch auf Kinderpflege-Krankengeld?** |
|---|
| ⇨ Sind Sie und Ihr Kind versichert? |
| ⇨ Ist Ihr Kind noch keine 12 Jahre alt? |
| ⇨ Bleiben Sie der Arbeit fern, um Ihr erkranktes Kind zu beaufsichtigen, zu betreuen oder zu pflegen? |
| ⇨ Sind Sie mit Anspruch auf Krankengeld versichert? |
| ⇨ Kann keine andere in Ihrer Wohnung lebende Person Ihr erkranktes Kind versorgen? |
| ⇨ Hat Ihnen Ihr Arzt die Bescheinigung ausgestellt und haben Sie den Antrag gestellt? |

**Erläuterungen:**
*Sind Sie und Ihr Kind versichert?*
Diese Frage können Sie in der Regel mit »Ja« beantworten. Im Teil III geben wir Ihnen zu diesem Thema weitere Informationen.

*Ist Ihr Kind noch keine 12 Jahre alt?*
Der Anspruch auf Kinderpflege-Krankengeld besteht nur für Kinder, die noch keine zwölf Jahre alt sind.

*Bleiben Sie der Arbeit fern, um Ihr erkranktes Kind zu beaufsichtigen, zu betreuen oder zu pflegen?*
Die Pflege Ihres erkrankten Kindes muß die alleinige Ursache des Fernbleibens sein.

*Sind Sie mit Anspruch auf Krankengeld versichert?*
Für Arbeitnehmer schließt die Versicherung regelmäßig den Anspruch auf *Krankengeld* mit ein.

*Kann keine andere in Ihrer Wohnung lebende Person Ihr erkranktes Kind versorgen?*
Voraussetzung ist, daß keine andere in Ihrer Wohnung lebende Person Ihr erkranktes Kind versorgen kann.

**TIPS UND TRICKS** Wenn eine solche Person verhindert ist, wird dies unterstellt. Auf den Grund der Hinderung kommt es nicht an. Es gelten schulische und berufliche sowie altersmäßige und körperliche Gründe.

*Hat Ihnen Ihr Arzt die Bescheinigung ausgestellt, und haben Sie den Antrag gestellt?*
Der Nachweis der Erkrankung Ihres Kindes erfolgt durch ein ärztliches Attest.

## Kontaktlinsen

**Inhalt der Leistung** 5.36
Kontaktlinsen gehören zu der Gruppe der *Hilfsmittel*. Sie dürfen von Ihrem Arzt nur in Ausnahmefällen verschrieben werden (z. B. Myopie und Hyperopie ab 8,0 Dioptrien). Der Regelfall der Versorgung ist die *Brille*.

**TIPS UND TRICKS**

* Wählen Sie anstatt einer Brille Kontaktlinsen, so fordern Sie von Ihrer Kasse mindestens die Kosten einer Brille (⇨ 5.18).
* Als Kontaktlinsen erhalten Sie grundsätzlich »harte« Kontaktlinsen. Sofern Sie diese nicht vertragen, erhalten Sie von Ihrer Kasse auch Weichlinsen erstattet. Hierfür erforderlich ist allerdings eine entsprechende Begründung Ihres Arztes.
* Die Kosten für Pflegemittel werden von Ihrer Kasse nicht

übernommen. Hiervon ausgenommen ist die Intensivreinigung beim Augenoptiker.
* Sofern Sie trotz Kontaktlinsen eine normale Zeitungsschrift nicht lesen können, haben Sie Anspruch auf vergrößernde Sehhilfen (z. B. Fernrohrbrille, Leselineal, Leselupe, Lupenbrille sowie Prismenlupenbrille).

**Wie erhalten Sie Kontaktlinsen?**
Vor der Verschreibung von Kontaktlinsen muß eine augenärztliche Untersuchung erfolgen. Ihr Arzt stellt Ihnen ein Rezept für die Kontaktlinsen aus. (Beides können auch viele Optiker veranlassen.)

**Haben Sie Anspruch auf Kontaktlinsen?**
Wenn Sie folgende Fragen mit »Ja« beantworten können, haben Sie einen Anspruch auf Kontaktlinsen.

**CHECK-LISTE** ✓

| Haben Sie Anspruch auf Kontaktlinsen? | |
|---|---|
| ⇨ | Sind Sie versichert? |
| ⇨ | Wurden die Kontaktlinsen von Ihrem Arzt verschrieben? |

**Erläuterungen:**
*Sind Sie versichert?*
Diese Frage können Sie in der Regel mit »Ja« beantworten. Im Teil III geben wir Ihnen zu diesem Thema weitere Informationen.

*Wurden die Kontaktlinsen von ihrem Arzt verschrieben?*
Wie bereits oben erwähnt, verschreibt Ihnen Ihr Arzt/Optiker die Kontaktlinsen. Ihr Arzt kennt die Voraussetzungen, wann er welche Kontaktlinsen auf Kosten Ihrer Kasse verschreiben kann.

**TIPS UND TRICKS** Ihr Arzt/Optiker entscheidet, welche Art der Sehhilfe für Sie notwendig ist. Bitte weisen Sie Ihren Arzt auf Ihre individuellen Besonderheiten hin, damit er diese entsprechend bei seiner Verschreibung berücksichtigen kann.

## Kostenerstattung

**5.37 Was beinhaltet die Kostenerstattung?**
Sie erhalten die Leistungen (z. B. eine Behandlung Ihres Arztes auf Krankenversichertenkarte) grundsätzlich nach dem *Sachleistungsprinzip*. Sie können sich jedoch auch als Privatpatient behandeln lassen. In diesem Fall erhalten Sie von Ihrer Kasse einen Teil der Kosten erstattet (Fachsprache: Kostenerstattung).

**TIPS UND TRICKS**

* Die Vorteile der Kostenerstattung sind umstritten. Auch als Privatpatient können Sie nur (Vertrags-)Ärzte der Kasse aufsuchen und die »Standard«-Leistungen beanspruchen. Weitere Leistungen erhalten Sie von Ihrer Kasse nicht erstattet. Sie erhalten insofern dieselben Leistungen wie andere, dies aber für wesentlich mehr Geld (Ihr Arzt rechnet höhere Gebühren ab). Bitte überlegen Sie sich den Schritt zur Teilnahme an der Kostenerstattung genau.
* Einige Kassen ziehen einen pauschalen Abschlag vom Erstattungsbetrag für nicht notwendige Leistungen sowie für Verwaltungskosten ab. Ein Grund mehr, sich gegen die Kostenerstattung zu entscheiden.

**Wie erhalten Sie die Kostenerstattung?**
Ihre Kasse regelt das Verfahren der Kostenerstattung. Bei Ihrer Kasse erhalten Sie hierzu Informationsmaterial.

**Haben Sie Anspruch auf Kostenerstattung?**
Wenn Sie folgende Fragen mit »Ja« beantworten können, haben Sie Anspruch auf Kostenerstattung.

**CHECK-LISTE** ✓

| Haben Sie Anspruch auf Kostenerstattung? |
|---|
| ⇨ Sind Sie versichert? |
| ⇨ Haben Sie einen Antrag bei Ihrer Kasse gestellt? |

**Erläuterungen:**
*Sind Sie versichert?*
Diese Frage können Sie in der Regel mit »Ja« beantworten. Im Teil III geben wir Ihnen zu diesem Thema weitere Informationen.

*Haben Sie einen Antrag bei Ihrer Kasse gestellt?*
Die Teilnahme an der Kostenerstattung muß bei der Kasse beantragt werden. Beim Antrag erfahren Sie auch die Konditionen, unter denen Ihre Kasse die Kosten erstattet. Die Konditionen können wie folgt aussehen:
- nur von Vertragspartnern (z. B. einem Vertragsarzt) der Kasse erfolgt die Kostenerstattung,
- die Erstattung erfolgt nur in Höhe der »Standard«-Leistung,
- nur für Vertragsleistungen (»Standard«-Leistungen) erfolgt Kostenerstattung,
- vom Erstattungsbetrag werden pauschale Abschläge für nicht notwendige Leistungen und Verwaltungskosten (10–15%) vorgenommen.

# Krankengeld

**Was beinhaltet die Leistung?** 5.38
Im Falle der Krankheit/Arbeitsunfähigkeit ersetzt das Krankengeld Ihren Lohn.

**Wie erhalten Sie Krankengeld?**
Wenn Ihr Arzt Sie für krank/arbeitsunfähig hält, stellt er eine (Arbeitsunfähigkeitsbescheinigung aus. Ihre Kasse erhält einen Durchschlag dieser Bescheinigung. Sie sendet Ihnen die »Krankengeldunterlagen« zu. Diese »Krankengeldunterlagen« beinhalten in der Regel:
– ein Formular, in dem Ihnen Ihr Arzt den Zeitraum Ihrer Krankheit/Arbeitsunfähigkeit bestätigt,
– eine »Verdienstbescheinigung« zur Vorlage bei Ihrem Arbeitgeber (in dieser Verdienstbescheinigung bestätigt Ihr Arbeitgeber den letzten Tag der Lohnzahlung sowie Ihren bisherigen Lohn),
– ein Formular, in dem Sie um Angabe Ihrer Bankverbindung sowie weiterer Informationen gebeten werden.

**TIPS UND TRICKS** Bitte senden Sie die ausgefüllten Unterlagen umgehend an Ihre Kasse. Damit gewährleisten Sie die schnelle Bearbeitung und Zahlung des Krankengeldes.

**Haben Sie Anspruch auf Krankengeld?**
Wenn Sie folgende Fragen mit »Ja« beantworten können, haben Sie einen Anspruch auf Krankengeld.

# CHECK-LISTE ✓

| **Haben Sie Anspruch auf Krankengeld?** |
|---|
| ⇨ Sind Sie mit Anspruch auf Krankengeld versichert? |
| ⇨ Sind Sie krank/arbeitsunfähig? |
| ⇨ Gehören Sie nicht zu den aufgezählten Personen? |

**Erläuterungen:**
*Sind Sie mit Anspruch auf Krankengeld versichert?*
Diese Frage können Sie in der Regel mit »Ja« beantworten. Im Teil III geben wir Ihnen zu diesem Thema weitere Informationen.

*Sind Sie krank/arbeitsunfähig?*

### TIPS UND TRICKS

* Als Nachweis Ihrer Krankheit benötigen Sie eine Arbeitsunfähigkeitsbescheinigung Ihres Arztes. Während des Krankengeldbezugs erhalten Sie von Ihrer Kasse einen Vordruck, auf dem Ihr Arzt die voraussichtliche Dauer der Arbeitsunfähigkeit einträgt (vgl. »Krankengeldunterlagen«). Wir empfehlen die Bestätigung der Arbeitsunfähigkeit durch Ihren Arzt in wöchentlichen Abständen.
* Während einer Krankenhausbehandlung wird eine Krankheit unterstellt. Sie benötigen für diesen Zeitraum keinen weiteren Nachweis.

*Gehören Sie nicht zu den aufgezählten Personen?*
Alle Versicherten, die krank sind, haben Anspruch auf Krankengeld. Sie haben keinen Anspruch auf Krankengeld, wenn Sie zu einer der folgenden Personengruppen gehören:

- Personen, die durch einen Arbeitsunfall erkrankt/arbeitsunfähig sind (hier zahlt die Berufsgenossenschaft),
- Studenten und Praktikanten,
- freiwillig Versicherte, sofern sie sich nicht mit Krankengeld versichert haben,
- Familienversicherte,
- Teilnehmer an berufsfördernden Maßnahmen sowie
- Personen in Einrichtungen der Jugendhilfe.

**Ab wann haben Sie Anspruch auf Krankengeld?**
Sie haben bei einer Krankenhausbehandlung (oder anderen 5.39
stationären Behandlung) ab dem ersten Tag Anspruch auf
Krankengeld. Ansonsten haben Sie Anspruch auf Krankengeld einen Tag nach der ärztlichen Feststellung der Krankheit/Arbeitsunfähigkeit. Sie erhalten kein Krankengeld, solange Ihr Arbeitgeber Ihnen den Lohn weiterzahlt.

**Tips und Tricks** Allen freiwillig Versicherten empfehlen wir, bei einer Krankheit sofort zum Arzt zu gehen und sich die Krankheit bestätigen zu lassen. Denn wenn Sie sich z. B. heute die Krankheit/Arbeitsunfähigkeit bestätigen lassen, erhalten Sie erst ab morgen Krankengeld. Ein Tag Einkommensausfall ist genug, und der Zeitraum sollte nicht noch verlängert werden.

**In welcher Höhe erhalte ich Krankengeld?**
Die Berechnung sollte Sie nicht belasten; die übernimmt für 5.40
Sie die Krankenkasse. Im folgenden wird deshalb nur kurz
auf einige Grundsätze eingegangen, damit Sie den Betrag
überprüfen können. Die Grundzüge werden für Arbeitnehmer (⇨ 5.41), für Arbeitslose (⇨ 5.42) sowie für freiwillig
Versicherte (⇨ 5.43) getrennt behandelt.

**TIPS UND TRICKS** Sie können die Höhe Ihres Krankengeldes auch aus den Tabellen ⇨ 5.44 ablesen. Bitte beachten Sie, daß die Ergebnisse Erfahrungswerte darstellen. Liegt die Höhe des Betrages wesentlich (±15%) unter diesem Erfahrungswert, empfehlen wir Ihnen, sich bei Ihrer Kasse die Berechnung erklären und begründen zu lassen.

**Krankengeld für Arbeitnehmer**
Die Berechnung des Krankengeldes für Arbeitnehmer erfolgt nach den Angaben des Arbeitgebers in der »Verdienstbescheinigung« (darin bestätigt Ihr Arbeitgeber den letzten Tag Ihrer Arbeit, evtl. Lohnfortzahlungszeiten sowie Ihren letzten Lohn). Das Formular »Verdienstbescheinigung« erhalten Sie mit den Krankengeldunterlagen (⇨ 5.38) von Ihrer Kasse. Bitte reichen Sie die Verdienstbescheinigung an Ihren Arbeitgeber weiter. 5.4

**TIPS UND TRICKS**

* Das Krankengeld beträgt ca. 77% Ihres letzten Nettolohnes. Liegt die Höhe des Betrages wesentlich unter diesem Wert, empfehlen wir Ihnen, sich bei Ihrer Kasse die Berechnung erklären und begründen zu lassen.
* Sie können Ihr Krankengeld mit den folgenden Formeln überprüfen. (Die Formeln geben den Grundsatz wieder; es gibt Besonderheiten sowie andere Fallgestaltungen). Die Berechnung gestaltet sich für Personen, die Stundenlohn (vgl. Formel **1** auf Seite 145), sowie für Personen, die Monatslohn (vgl. Formel **2** auf Seite 145) erhalten, jeweils anders.

**Formel 1: Wenn Sie nach Stundenlohn bezahlt werden**

$$\frac{\text{Nettomonatslohn/-gehalt} \times \text{wöchentliche Arbeitszeit}}{\text{gesamte Arbeitsstunden im Monat} \times 7} \times 77{,}2\%$$

(siehe Verdienstbescheinigung) (siehe Verdienstbescheinigung)
(siehe Verdienstbescheinigung)

= **tägliches Krankengeld**

**Formel 2: Wenn Sie Monatslohn erhalten**

$$\frac{\text{Nettomonatslohn/-gehalt (siehe Verdienstbescheinigung)}}{30} \times 77{,}2\% = \textbf{tägliches Krankengeld}$$

**TIPS UND TRICKS**

* Die wichtigsten Informationen für die Krankengeldberechnung erhalten Sie aus der Verdienstbescheinigung Ihres Arbeitgebers. Wir empfehlen Ihnen, diese vor der Abgabe bei Ihrer Kasse zu kopieren. Ihre Kasse wird Ihnen sicherlich eine Kopie überlassen.

* Sie können die Höhe Ihres Krankengeldes auch aus den Tabellen ⇨ 5.44 ablesen. Bitte beachten Sie, daß die Ergebnisse Erfahrungswerte darstellen. Liegt die Höhe des Betrages wesentlich (± 15%) unter diesem Erfahrungswert, empfehlen wir Ihnen, sich bei Ihrer Kasse die Berechnung erklären und begründen zu lassen.

* Wenn Sie durch Steuerfreibeträge und steuerfreie Einnahmen einen hohen Nettolohn haben, können die o. g. Formeln 1 und 2 zu einem falschen Ergebnis führen. Bitte setzen Sie dann in die jeweilige Formel Ihren Bruttolohn ein. Als Multiplikator verwenden Sie nicht 77,2%, sondern 60% des *Brutto*lohns. Liegt das Ergebnis dieser Berechnung niedriger als bei einer Berechnung mit dem Nettolohn, erhalten Sie nur den niedrigeren Betrag als Krankengeld.

* Bezahlte Überstunden werden bei der Krankengeldberechnung berücksichtigt. Das Krankengeld erhöht sich entsprechend. Voraussetzung hierfür ist, daß in den letzten drei Monaten vor der Arbeitsunfähigkeit mindestens jeweils eine Überstunde geleistet wurde! Der Dreimonatszeitraum wurde festgelegt, damit Sie Ihre Krankheitszeiten (z. B. eine Operation) nicht steuern und damit Ihr Krankengeld gezielt erhöhen können!
* Wie Sie den obenstehenden Formeln entnehmen können, ist der erzielte Nettolohn entscheidender Faktor für die Höhe des Krankengeldes. Diesen können Sie durch die Eintragung eines Steuerfreibetrags erhöhen! Auch die Vereinbarung von steuer- und beitragsfreien Einkünften (⇨ 10) erhöht Ihren Nettolohn.
* Bei der Krankengeldberechnung werden auch rückwirkende Erhöhungen Ihres Lohnes berücksichtigt, wenn der Anspruch schon vor dem Eintritt Ihrer Krankheit/Arbeitsunfähigkeit bestanden hat. Der geänderte Arbeits- oder Tarifvertrag muß also vor Beginn Ihrer Krankheit/Arbeitsunfähigkeit geschlossen worden sein.
* Änderungen des Inhalts Ihres Arbeitsverhältnisses (z. B. Wechsel vom Auszubildenden zum Gesellen) werden bei der Krankengeldberechnung erhöhend berücksichtigt, wenn die Änderung vor Beginn der Krankheit/Arbeitsunfähigkeit eingetreten ist.
* Sofern Sie länger als ein Jahr Krankengeld erhalten, wird Ihr Krankengeld von Ihrer Kasse »dynamisiert«. Die Dynamisierung beinhaltet die Anpassung des Krankengeldes an die allgemeine Kostenentwicklung (ca. 1 bis 4 Prozent).

**Beispiel Emilie Müller – Krankengeldberechnung**
Frau Müller ist Malerin. Sie arbeitet in der Firma Malfarben. Ab 13. 5. 98 erkrankt sie an Rückenschmerzen. Ihr Arzt bestätigt ihr die Krankheit auf der Arbeitsunfähigkeits-

bescheinigung. Da sie keinen Anspruch auf Lohnfortzahlung hat, erhält sie von ihrer Kasse die »Krankengeldunterlagen« (u. a. »Verdienstbescheinigung«) zugesandt. Die Verdienstbescheinigung reicht Frau Müller bei ihrem Arbeitgeber ein. Ihr Arbeitgeber bestätigt auf dieser folgende Angaben:

Monat: 1. 4.–30. 4. 98
Bezahlt nach Stundenlohn? ja
Nettolohn (-gehalt): 2550,00 DM
gearbeitete Stunden: 170
wöchentliche Arbeitszeit: 40

Diese Angaben fügt sie in die Formel 1 ein:

**Formel: Wenn Sie nach Stundenlohn bezahlt werden**

$$\frac{\text{Nettomonatslohn/Gehalt (2550 DM)} \times \text{wöchentliche Arbeitszeit (40 Std.)}}{\text{gesamte Arbeitsstunden im Monat (170 Std.)} \times 7} \times 77{,}2\% = 66{,}17 \text{ DM}$$

### Krankengeld für Arbeitslose

Arbeitslose erhalten als Krankengeld den Betrag des Arbeitslosengeldes, der Arbeitslosenhilfe oder des Unterhaltsgeldes, den sie vor Beginn der Arbeitsunfähigkeit bezogen haben. Durch den Krankengeldbezug ändert sich insofern an der Höhe der Leistung nichts.

**TIPS UND TRICKS** Sofern Sie länger als ein Jahr Krankengeld erhalten, wird Ihr Krankengeld von Ihrer Kasse »dynamisiert«. Die Dynamisierung beinhaltet die Anpassung des Krankengeldes an die allgemeine Kostenentwicklung (ca. 1 bis 4 Prozent).

### Krankengeld für freiwillig Versicherte

Bei freiwillig Versicherten richtet sich die Höhe des Krankengeldes nach dem Betrag, aus dem zuletzt die Beiträge

gezahlt wurden (z. B. 1998 höchstens 6300,00 DM West und 5250,00 DM Ost).
Freiwillig versicherte Arbeitnehmer, die in der (gesetzlichen) Renten-, Arbeitslosen- und Pflegeversicherung versichert sind, erhalten ein Krankengeld in Höhe von ca. 60% des o. a. (Brutto-)Betrages. Wenn sie nicht in der (gesetzlichen) Renten- und Arbeitslosenversicherung versichert sind, erhalten sie ein Krankengeld in Höhe von ca. 70% des o. a. (Brutto-)Betrages.

**Tips und Tricks**

* Sie können die Höhe Ihres Krankengeldes auch aus den Tabellen ⇨ 5.44 ablesen. Bitte beachten Sie, daß die Ergebnisse Erfahrungswerte darstellen. Liegt die Höhe des Betrages wesentlich unter diesem Erfahrungswert, empfehlen wir Ihnen, sich bei Ihrer Kasse die Berechnung erklären und begründen zu lassen.
* Sofern Sie länger als ein Jahr Krankengeld erhalten, wird Ihr Krankengeld von Ihrer Kasse »dynamisiert«. Die Dynamisierung beinhaltet die Anpassung des Krankengeldes an die allgemeine Kostenentwicklung (ca. 1 bis 4 Prozent).

**Übersicht: In welcher Höhe erhalte ich das Krankengeld?**

5.44 **Tips und Tricks** Die Erfahrungswerte über die Höhe des Krankengeldes ersehen Sie aus den untenstehenden Tabellen für:
- Arbeitnehmer ⇨ 5.44.1,
- freiwillig Versicherte (renten-, pflege- u. arbeitslosenversichert) ⇨ 5.44.2,
- freiwillig Versicherte (nicht renten-, pflege- und arbeitslosenversichert) ⇨ 5.44.3.

# Arbeitnehmer 5.44.1

| Nettolohn (monatlich) | Krankengeld (monatlich), wenn Sie in den alten Ländern wohnen (West) | Krankengeld (täglich), wenn Sie in den alten Ländern wohnen (West) | Krankengeld (monatlich), wenn Sie in den neuen Ländern wohnen (Ost) | Krankengeld (täglich), wenn Sie in den neuen Ländern wohnen (Ost) |
|---:|---:|---:|---:|---:|
| 500,00 | 385,87 | 16,67 | 385,87 | 16,67 |
| 550,00 | 424,46 | 14,15 | 424,46 | 14,15 |
| 600,00 | 463,05 | 15,43 | 463,05 | 15,43 |
| 650,00 | 501,63 | 16,72 | 501,63 | 16,72 |
| 700,00 | 540,22 | 18,01 | 540,22 | 18,01 |
| 750,00 | 578,81 | 19,29 | 578,81 | 19,29 |
| 800,00 | 617,39 | 20,58 | 617,39 | 20,58 |
| 850,00 | 655,98 | 21,87 | 655,98 | 21,87 |
| 900,00 | 694,57 | 23,15 | 694,57 | 23,15 |
| 950,00 | 733,15 | 24,44 | 733,15 | 24,44 |
| 1 000,00 | 771,74 | 25,72 | 771,74 | 25,72 |
| 1 050,00 | 810,33 | 27,01 | 810,33 | 27,01 |
| 1 100,00 | 848,92 | 28,30 | 848,92 | 28,30 |
| 1 150,00 | 887,50 | 29,58 | 887,50 | 29,58 |
| 1 200,00 | 926,09 | 30,87 | 926,09 | 30,87 |
| 1 250,00 | 964,68 | 32,16 | 964,68 | 32,16 |
| 1 300,00 | 1 003,26 | 33,44 | 1 003,26 | 33,44 |
| 1 350,00 | 1 041,85 | 34,73 | 1 041,85 | 34,73 |
| 1 400,00 | 1 080,44 | 36,01 | 1 080,44 | 36,01 |
| 1 450,00 | 1 119,03 | 37,30 | 1 119,03 | 37,30 |
| 1 500,00 | 1 157,61 | 38,59 | 1 157,61 | 38,59 |
| 1 550,00 | 1 196,20 | 39,87 | 1 196,20 | 39,87 |
| 1 600,00 | 1 234,79 | 41,16 | 1 234,79 | 41,16 |
| 1 650,00 | 1 273,37 | 42,45 | 1 273,37 | 42,45 |
| 1 700,00 | 1 311,96 | 43,73 | 1 311,96 | 43,73 |
| 1 750,00 | 1 350,55 | 45,02 | 1 350,55 | 45,02 |
| 1 800,00 | 1 389,14 | 46,30 | 1 389,14 | 46,30 |
| 1 850,00 | 1 427,72 | 47,59 | 1 427,72 | 47,59 |
| 1 900,00 | 1 466,31 | 48,88 | 1 466,31 | 48,88 |
| 1 950,00 | 1 504,00 | 50,16 | 1 504,90 | 50,16 |
| 2 000,00 | 1 543,48 | 51,45 | 1 543,48 | 51,45 |
| 2 050,00 | 1 582,07 | 52,74 | 1 582,07 | 52,74 |

## Arbeitnehmer

| Nettolohn (monatlich) | Krankengeld (monatlich), wenn Sie in den alten Ländern wohnen (West) | Krankengeld (täglich), wenn Sie in den alten Ländern wohnen (West) | Krankengeld (monatlich), wenn Sie in den neuen Ländern wohnen (Ost) | Krankengeld (täglich), wenn Sie in den neuen Ländern wohnen (Ost) |
|---|---|---|---|---|
| 2 100,00 | 1 620,66 | 54,02 | 1 620,66 | 54,02 |
| 2 150,00 | 1 659,25 | 55,31 | 1 659,25 | 55,31 |
| 2 200,00 | 1 697,83 | 56,59 | 1 697,83 | 56,59 |
| 2 250,00 | 1 736,42 | 57,88 | 1 736,42 | 57,88 |
| 2 300,00 | 1 775,01 | 59,17 | 1 775,01 | 59,17 |
| 2 350,00 | 1 813,59 | 60,45 | 1 813,59 | 60,45 |
| 2 400,00 | 1 852,18 | 61,74 | 1 852,18 | 61,74 |
| 2 450,00 | 1 890,77 | 63,03 | 1 890,77 | 63,03 |
| 2 500,00 | 1 929,36 | 64,31 | 1 929,36 | 64,31 |
| 2 550,00 | 1 967,94 | 65,60 | 1 967,94 | 65,60 |
| 2 600,00 | 2 006,53 | 66,88 | 2 006,53 | 66,88 |
| 2 650,00 | 2 045,12 | 68,17 | 2 045,12 | 68,17 |
| 2 700,00 | 2 083,70 | 69,46 | 2 083,70 | 69,46 |
| 2 750,00 | 2 122,29 | 70,74 | 2 122,29 | 70,74 |
| 2 800,00 | 2 160,88 | 72,03 | 2 160,88 | 72,03 |
| 2 850,00 | 2 199,46 | 73,32 | 2 199,46 | 73,32 |
| 2 900,00 | 2 238,05 | 74,60 | 2 238,05 | 74,60 |
| 2 950,00 | 2 276,64 | 75,89 | 2 276,64 | 75,89 |
| 3 000,00 | 2 315,23 | 77,17 | 2 315,23 | 77,17 |
| 3 050,00 | 2 353,81 | 78,46 | 2 353,81 | 78,46 |
| 3 100,00 | 2 392,40 | 79,75 | 2 392,40 | 79,75 |
| 3 150,00 | 2 430,99 | 81,03 | 2 430,99 | 81,03 |
| 3 200,00 | 2 469,57 | 82,32 | 2 469,57 | 82,32 |
| 3 250,00 | 2 508,16 | 83,61 | 2 508,16 | 83,61 |
| 3 300,00 | 2 546,75 | 84,89 | 2 546,75 | 84,89 |
| 3 350,00 | 2 585,34 | 86,18 | 2 585,34 | 86,18 |
| 3 400,00 | 2 623,92 | 87,46 | 2 623,92 | 87,46 |
| 3 450,00 | 2 662,51 | 88,75 | 2 662,51 | 88,75 |
| 3 500,00 | 2 701,10 | 90,04 | 2 701,10 | 90,04 |
| 3 550,00 | 2 739,68 | 91,32 | 2 739,68 | 91,32 |
| 3 600,00 | 2 778,27 | 92,61 | 2 778,27 | 92,61 |
| 3 650,00 | 2 816,86 | 93,90 | 2 816,86 | 93,90 |
| 3 700,00 | 2 855,45 | 95,18 | 2 855,45 | 95,18 |
| 3 750,00 | 2 894,03 | 96,47 | 2 894,03 | 96,47 |
| 3 800,00 | 2 932,62 | 97,75 | 2 932,62 | 97,75 |
| 3 850,00 | 2 971,21 | 99,04 | 2 971,21 | 99,04 |

## Arbeitnehmer

| Nettolohn (monatlich) | Krankengeld (monatlich), wenn Sie in den alten Ländern wohnen (West) | Krankengeld (täglich), wenn Sie in den alten Ländern wohnen (West) | Krankengeld (monatlich), wenn Sie in den neuen Ländern wohnen (Ost) | Krankengeld (täglich), wenn Sie in den neuen Ländern wohnen (Ost) |
|---|---|---|---|---|
| 3 900,00 | 3 009,79 | 100,33 | 3 009,79 | 100,33 |
| 3 950,00 | 3 048,38 | 101,61 | 3 048,38 | 101,61 |
| 4 000,00 | 3 086,97 | 102,90 | 3 086,97 | 102,90 |
| 4 050,00 | 3 125,56 | 104,19 | 3 125,56 | 104,19 |
| **4 083,23** | **3 151,20** | **105,04** | **3 151,20** | **105,04** |
| 4 100,00 | 3 164,14 | 105,47 | 3 151,20 | 105,04 |
| 4 150,00 | 3 202,73 | 106,76 | 3 151,20 | 105,04 |
| 4 200,00 | 3 241,32 | 108,04 | 3 151,20 | 105,04 |
| 4 250,00 | 3 279,90 | 109,33 | 3 151,20 | 105,04 |
| 4 300,00 | 3 318,49 | 110,62 | 3 151,20 | 105,04 |
| 4 350,00 | 3 357,08 | 111,90 | 3 151,20 | 105,04 |
| 4 400,00 | 3 395,67 | 113,19 | 3 151,20 | 105,04 |
| 4 450,00 | 3 434,25 | 114,48 | 3 151,20 | 105,04 |
| 4 500,00 | 3 472,84 | 115,76 | 3 151,20 | 105,04 |
| 4 550,00 | 3 511,43 | 117,05 | 3 151,20 | 105,04 |
| 4 600,00 | 3 550,01 | 118,33 | 3 151,20 | 105,04 |
| 4 600,00 | 3 550,01 | 118,33 | 3 151,20 | 105,04 |
| 4 650,00 | 3 588,60 | 119,62 | 3 151,20 | 105,04 |
| 4 700,00 | 3 627,19 | 120,91 | 3 151,20 | 105,04 |
| 4 750,00 | 3 665,77 | 122,19 | 3 151,20 | 105,04 |
| 4 800,00 | 3 704,36 | 123,48 | 3 151,20 | 105,04 |
| 4 850,00 | 3 742,95 | 124,76 | 3 151,20 | 105,04 |
| 4 900,00 | 3 781,54 | 126,05 | 3 151,20 | 105,04 |
| 5 100,00 | 3 781,54 | 126,05 | 3 151,20 | 105,04 |
| 5 300,00 | 3 781,54 | 126,05 | 3 151,20 | 105,04 |
| 5 500,00 | 3 781,54 | 126,05 | 3 151,20 | 105,04 |
| 5 700,00 | 3 781,54 | 126,05 | 3 151,20 | 105,04 |
| 5 900,00 | 3 781,54 | 126,05 | 3 691,20 | 105,04 |
| 6 100,00 | 3 781,54 | 126,05 | 3 151,20 | 105,04 |
| 6 300,00 | 3 781,54 | 126,05 | 3 151,20 | 105,04 |
| 6 500,00 | 3 781,54 | 126,05 | 3 151,20 | 105,04 |
| 6 700,00 | 3 781,54 | 126,05 | 3 151,20 | 105,04 |
| 10 000,00 | 3 781,54 | 126,05 | 3 151,20 | 105,04 |
| 20 000,00 | 3 781,54 | 126,05 | 3 151,20 | 105,04 |

**5.44.2** | **Freiwillig Versicherte
(renten-, pflege- u. arbeitslosenversichert)**

| Brutto-Bemessungsgrundlage der Beiträge (monatlich) | Krankengeld (monatlich), wenn Sie in den alten Ländern wohnen (West) | Krankengeld (täglich), wenn Sie in den alten Ländern wohnen (West) | Krankengeld (monatlich), wenn Sie in den neuen Ländern wohnen (Ost) | Krankengeld (täglich), wenn Sie in den neuen Ländern wohnen (Ost) |
|---|---|---|---|---|
| 500,00 | 300,12 | 10,00 | 300,12 | 10,00 |
| 550,00 | 330,13 | 11,00 | 330,13 | 11,00 |
| 600,00 | 360,15 | 12,00 | 360,15 | 12,00 |
| 650,00 | 390,16 | 13,01 | 390,16 | 13,01 |
| 700,00 | 420,17 | 14,01 | 420,17 | 14,01 |
| 750,00 | 450,18 | 15,01 | 450,18 | 15,01 |
| 800,00 | 480,20 | 16,01 | 480,20 | 16,01 |
| 850,00 | 510,21 | 17,01 | 510,21 | 17,01 |
| 900,00 | 540,22 | 18,01 | 540,22 | 18,01 |
| 950,00 | 570,23 | 19,01 | 570,23 | 19,01 |
| 1 000,00 | 600,24 | 20,01 | 600,24 | 20,01 |
| 1 050,00 | 630,26 | 21,01 | 630,26 | 21,01 |
| 1 100,00 | 660,27 | 22,01 | 660,27 | 22,01 |
| 1 150,00 | 690,28 | 23,01 | 690,28 | 23,01 |
| 1 200,00 | 720,29 | 24,01 | 720,29 | 24,01 |
| 1 250,00 | 750,00 | 25,01 | 750,00 | 25,01 |
| 1 300,00 | 780,32 | 26,01 | 780,32 | 26,01 |
| 1 350,00 | 810,33 | 27,01 | 810,33 | 27,01 |
| 1 400,00 | 840,34 | 28,01 | 840,34 | 28,01 |
| 1 450,00 | 870,35 | 29,01 | 870,35 | 29,01 |
| 1 500,00 | 900,37 | 30,01 | 900,37 | 30,01 |
| 1 550,00 | 930,38 | 31,01 | 930,38 | 31,01 |
| 1 600,00 | 960,39 | 32,01 | 960,39 | 32,01 |
| 1 650,00 | 990,40 | 33,01 | 990,40 | 33,01 |
| 1 700,00 | 1 020,41 | 34,01 | 1 020,41 | 34,01 |
| 1 750,00 | 1 050,43 | 35,01 | 1 050,43 | 35,01 |
| 1 800,00 | 1 080,44 | 36,01 | 1 080,44 | 36,01 |
| 1 850,00 | 1 110,45 | 37,02 | 1 110,45 | 37,02 |
| 1 900,00 | 1 140,46 | 38,02 | 1 140,46 | 38,02 |
| 1 950,00 | 1 170,48 | 39,02 | 1 170,48 | 39,02 |
| 2 000,00 | 1 200,49 | 40,02 | 1 200,49 | 40,02 |

## Freiwillig Versicherte
(renten-, pflege- u. arbeitslosenversichert)

| Brutto-Be-messungs-grundlage der Beiträge (monatlich) | Krankengeld (monatlich), wenn Sie in den alten Ländern wohnen (West) | Krankengeld (täglich), wenn Sie in den alten Ländern wohnen (West) | Krankengeld (monatlich), wenn Sie in den neuen Ländern wohnen (Ost) | Krankengeld (täglich), wenn Sie in den neuen Ländern wohnen (Ost) |
|---|---|---|---|---|
| 2 050,00 | 1 230,50 | 41,02 | 1 230,50 | 41,02 |
| 2 100,00 | 1 260,51 | 42,02 | 1 260,51 | 42,02 |
| 2 150,00 | 1 290,52 | 43,02 | 1 290,52 | 43,02 |
| 2 200,00 | 1 320,54 | 44,02 | 1 320,54 | 44,02 |
| 2 250,00 | 1 350,55 | 45,02 | 1 350,55 | 45,02 |
| 2 300,00 | 1 380,56 | 46,02 | 1 380,56 | 46,02 |
| 2 350,00 | 1 410,57 | 47,02 | 1 410,57 | 47,02 |
| 2 400,00 | 1 440,59 | 48,02 | 1 440,59 | 48,02 |
| 2 450,00 | 1 470,60 | 49,02 | 1 470,60 | 49,02 |
| 2 500,00 | 1 500,61 | 50,02 | 1 500,61 | 50,02 |
| 2 550,00 | 1 530,62 | 51,02 | 1 530,62 | 51,02 |
| 2 600,00 | 1 560,63 | 52,02 | 1 560,63 | 52,02 |
| 2 650,00 | 1 590,65 | 53,02 | 1 590,65 | 53,02 |
| 2 700,00 | 1 620,66 | 54,02 | 1 620,66 | 54,02 |
| 2 750,00 | 1 650,67 | 55,02 | 1 650,67 | 55,02 |
| 2 800,00 | 1 680,68 | 56,02 | 1 680,68 | 56,02 |
| 2 850,00 | 1 710,70 | 57,02 | 1 710,70 | 57,02 |
| 2 900,00 | 1 740,71 | 58,02 | 1 740,71 | 58,02 |
| 2 950,00 | 1 770,72 | 59,02 | 1 770,72 | 59,02 |
| 3 000,00 | 1 800,73 | 60,02 | 1 800,73 | 60,02 |
| 3 050,00 | 1 830,74 | 61,02 | 1 830,74 | 61,02 |
| 3 100,00 | 1 860,76 | 62,03 | 1 860,76 | 62,03 |
| 3 150,00 | 1 890,77 | 63,03 | 1 890,77 | 63,03 |
| 3 200,00 | 1 920,78 | 64,03 | 1 920,78 | 64,03 |
| 3 250,00 | 1 950,79 | 65,03 | 1 950,79 | 65,03 |
| 3 300,00 | 1 980,80 | 66,03 | 1 980,80 | 66,03 |
| 3 350,00 | 2 010,82 | 67,03 | 2 010,82 | 67,03 |
| 3 400,00 | 2 040,83 | 68,03 | 2 040,83 | 68,03 |
| 3 450,00 | 2 070,84 | 69,03 | 2 070,84 | 69,03 |
| 3 500,00 | 2 100,85 | 70,03 | 2 100,85 | 70,03 |
| 3 550,00 | 2 130,87 | 71,03 | 2 130,87 | 71,03 |
| 3 600,00 | 2 160,88 | 72,03 | 2 160,88 | 72,03 |
| 3 650,00 | 2 190,89 | 73,03 | 2 190,89 | 73,03 |
| 3 700,00 | 2 220,90 | 74,03 | 2 220,90 | 74,03 |
| 3 750,00 | 2 250,91 | 75,03 | 2 250,91 | 75,03 |

## Freiwillig Versicherte
## (renten-, pflege- u. arbeitslosenversichert)

| Brutto-Be-messungs-grundlage der Beiträge (monatlich) | Krankengeld (monatlich), wenn Sie in den alten Ländern wohnen (West) | Krankengeld (täglich), wenn Sie in den alten Ländern wohnen (West) | Krankengeld (monatlich), wenn Sie in den neuen Ländern wohnen (Ost) | Krankengeld (täglich), wenn Sie in den neuen Ländern wohnen (Ost) |
|---|---|---|---|---|
| 3 800,00 | 2 280,93 | 76,03 | 2 280,93 | 76,03 |
| 3 850,00 | 2 310,94 | 77,03 | 2 310,94 | 77,03 |
| 3 900,00 | 2 340,95 | 78,03 | 2 340,95 | 78,03 |
| 3 950,00 | 2 370,96 | 79,03 | 2 370,96 | 79,03 |
| 4 000,00 | 2 400,98 | 80,03 | 2 400,98 | 80,03 |
| 4 050,00 | 2 430,99 | 81,03 | 2 430,99 | 81,03 |
| 4 100,00 | 2 461,00 | 82,03 | 2 461,00 | 82,03 |
| 4 150,00 | 2 491,01 | 83,03 | 2 491,01 | 83,03 |
| 4 200,00 | 2 521,02 | 84,03 | 2 521,02 | 84,03 |
| 4 250,00 | 2 551,04 | 85,03 | 2 551,04 | 85,03 |
| 4 300,00 | 2 581,05 | 86,03 | 2 581,05 | 86,03 |
| 4 350,00 | 2 611,06 | 87,04 | 2 611,06 | 87,04 |
| 4 400,00 | 2 641,07 | 88,04 | 2 641,07 | 88,04 |
| 4 450,00 | 2 671,09 | 89,04 | 2 671,09 | 89,04 |
| 4 500,00 | 2 701,10 | 90,04 | 2 701,10 | 90,04 |
| 4 550,00 | 2 731,11 | 91,04 | 2 731,11 | 91,04 |
| 4 600,00 | 2 761,12 | 92,04 | 2 761,12 | 92,04 |
| 4 650,00 | 2 791,13 | 93,04 | 2 791,13 | 93,04 |
| 4 700,00 | 2 821,15 | 94,04 | 2 821,15 | 94,04 |
| 4 750,00 | 2 851,16 | 95,04 | 2 851,16 | 95,04 |
| 4 800,00 | 2 881,17 | 96,04 | 2 881,17 | 96,04 |
| 4 850,00 | 2 911,18 | 97,04 | 2 911,18 | 97,04 |
| 4 900,00 | 2 941,20 | 98,04 | 2 941,20 | 98,04 |
| 4 950,00 | 2 971,21 | 99,04 | 2 971,21 | 99,04 |
| 5 000,00 | 3 001,22 | 100,04 | 3 001,22 | 100,04 |
| 5 050,00 | 3 031,23 | 101,04 | 3 031,23 | 101,04 |
| 5 100,00 | 3 061,24 | 102,04 | 3 061,24 | 102,04 |
| 5 150,00 | 3 091,26 | 103,04 | 3 091,26 | 103,04 |
| 5 200,00 | 3 121,27 | 104,04 | 3 121,27 | 104,04 |
| **5 250,00** | **3 151,28** | **105,04** | **3 151,28** | **105,04** |
| 5 300,00 | 3 181,29 | 106,04 | 3 151,28 | 105,04 |
| 5 325,00 | 3 196,30 | 106,54 | 3 151,28 | 105,54 |
| 5 350,00 | 3 211,30 | 107,04 | 3 151,28 | 105,04 |
| 5 400,00 | 3 241,32 | 108,04 | 3 151,28 | 105,04 |
| 5 450,00 | 3 271,33 | 109,04 | 3 151,28 | 105,04 |

## Freiwillig Versicherte
(renten-, pflege- u. arbeitslosenversichert)

| Brutto-Bemessungsgrundlage der Beiträge (monatlich) | Krankengeld (monatlich), wenn Sie in den alten Ländern wohnen (West) | Krankengeld (täglich), wenn Sie in den alten Ländern wohnen (West) | Krankengeld (monatlich), wenn Sie in den neuen Ländern wohnen (Ost) | Krankengeld (täglich), wenn Sie in den neuen Ländern wohnen (Ost) |
|---|---|---|---|---|
| 5 500,00 | 3 301,34 | 110,04 | 3 151,28 | 105,04 |
| 5 550,00 | 3 331,35 | 111,05 | 3 151,28 | 105,04 |
| 5 600,00 | 3 361,37 | 112,05 | 3 151,28 | 105,04 |
| 5 650,00 | 3 391,38 | 113,05 | 3 151,28 | 105,04 |
| 5 700,00 | 3 421,39 | 114,05 | 3 151,28 | 105,04 |
| 5 750,00 | 3 451,40 | 115,05 | 3 151,28 | 105,04 |
| 5 800,00 | 3 481,41 | 116,05 | 3 151,28 | 105,04 |
| 5 850,00 | 3 511,43 | 117,05 | 3 151,28 | 105,04 |
| 5 900,00 | 3 541,44 | 118,05 | 3 151,28 | 105,04 |
| 5 950,00 | 3 571,45 | 119,05 | 3 151,28 | 105,04 |
| 6 000,00 | 3 601,46 | 120,05 | 3 151,28 | 105,04 |
| 6 050,00 | 3 631,48 | 121,05 | 3 151,28 | 105,04 |
| 6 100,00 | 3 661,49 | 122,05 | 3 151,28 | 105,04 |
| 6 150,00 | 3 691,50 | 123,05 | 3 151,28 | 105,04 |
| 6 200,00 | 3 721,51 | 124,05 | 3 151,28 | 105,04 |
| 6 250,00 | 3 751,52 | 125,05 | 3 151,28 | 105,04 |
| **6 300,00** | **3 781,54** | **126,05** | **3 151,28** | **105,04** |
| 6 350,00 | 3 781,54 | 126,05 | 3 151,28 | 105,04 |
| 6 400,00 | 3 781,54 | 126,05 | 3 151,28 | 105,04 |
| 6 450,00 | 3 781,54 | 126,05 | 3 151,28 | 105,04 |
| 6 500,00 | 3 781,54 | 126,05 | 3 421,39 | 105,04 |
| 6 550,00 | 3 781,54 | 126,05 | 3 151,28 | 105,04 |
| 6 600,00 | 3 781,54 | 126,05 | 3 151,28 | 105,04 |
| 6 800,00 | 3 781,54 | 126,05 | 3 151,28 | 105,04 |
| 7 000,00 | 3 781,54 | 126,05 | 3 151,28 | 105,04 |
| 7 200,00 | 3 781,54 | 126,05 | 3 151,28 | 105,04 |
| 7 400,00 | 3 781,54 | 126,05 | 3 151,28 | 105,04 |
| 10 000,00 | 3 781,54 | 126,05 | 3 151,28 | 105,04 |
| 20 000,00 | 3 781,54 | 126,05 | 3 151,28 | 105,04 |

**TIPS UND TRICKS**

### 5.44.3 Freiwillig Versicherte (nicht renten-, pflege- u. arbeitslosenversichert)

| Brutto-Bemessungsgrundlage der Beiträge (monatlich) | Krankengeld (monatlich), wenn Sie in den alten Ländern wohnen (West) | Krankengeld (täglich), wenn Sie in den alten Ländern wohnen (West) | Krankengeld (monatlich), wenn Sie in den neuen Ländern wohnen (Ost) | Krankengeld (täglich), wenn Sie in den neuen Ländern wohnen (Ost) |
|---|---|---|---|---|
| 500,00 | 350,00 | 11,67 | 350,00 | 11,67 |
| 550,00 | 385,00 | 12,83 | 385,00 | 12,83 |
| 600,00 | 420,00 | 14,00 | 420,00 | 14,00 |
| 650,00 | 455,00 | 15,17 | 455,00 | 15,17 |
| 700,00 | 490,00 | 16,33 | 490,00 | 16,33 |
| 750,00 | 525,00 | 17,50 | 525,00 | 17,50 |
| 800,00 | 560,00 | 18,67 | 560,00 | 18,67 |
| 850,00 | 595,00 | 19,83 | 595,00 | 19,83 |
| 900,00 | 630,00 | 21,00 | 630,00 | 21,00 |
| 950,00 | 665,00 | 22,17 | 665,00 | 22,17 |
| 1 000,00 | 700,00 | 23,33 | 700,00 | 23,33 |
| 1 050,00 | 735,00 | 24,50 | 735,00 | 24,50 |
| 1 100,00 | 770,00 | 25,67 | 770,00 | 25,67 |
| 1 150,00 | 805,00 | 26,83 | 805,00 | 26,83 |
| 1 200,00 | 840,00 | 28,00 | 840,00 | 28,00 |
| 1 250,00 | 875,00 | 29,17 | 875,00 | 29,17 |
| 1 300,00 | 910,00 | 30,33 | 910,00 | 30,33 |
| 1 350,00 | 945,00 | 31,50 | 945,00 | 31,50 |
| 1 400,00 | 980,00 | 32,67 | 980,00 | 32,67 |
| 1 450,00 | 1 015,00 | 33,83 | 1 015,00 | 33,83 |
| 1 500,00 | 1 050,00 | 35,00 | 1 050,00 | 35,00 |
| 1 550,00 | 1 085,00 | 36,17 | 1 085,00 | 36,17 |
| 1 600,00 | 1 120,00 | 37,33 | 1 120,00 | 37,33 |
| 1 650,00 | 1 155,00 | 38,50 | 1 155,00 | 38,50 |
| 1 700,00 | 1 190,00 | 39,67 | 1 190,00 | 39,67 |
| 1 750,00 | 1 225,00 | 40,83 | 1 225,00 | 40,83 |
| 1 800,00 | 1 260,00 | 42,00 | 1 260,00 | 42,00 |
| 1 850,00 | 1 295,00 | 43,17 | 1 295,00 | 43,17 |
| 1 900,00 | 1 330,00 | 44,33 | 1 330,00 | 44,33 |
| 1 950,00 | 1 365,00 | 45,50 | 1 365,00 | 45,50 |
| 2 000,00 | 1 400,00 | 46,67 | 1 400,00 | 46,67 |

# Freiwillig Versicherte
## (nicht renten-, pflege- u. arbeitslosenversichert)

| Brutto-Bemessungsgrundlage der Beiträge (monatlich) | Krankengeld (monatlich), wenn Sie in den alten Ländern wohnen (West) | Krankengeld (täglich), wenn Sie in den alten Ländern wohnen (West) | Krankengeld (monatlich), wenn Sie in den neuen Ländern wohnen (Ost) | Krankengeld (täglich), wenn Sie in den neuen Ländern wohnen (Ost) |
|---|---|---|---|---|
| 2 050,00 | 1 435,00 | 47,83 | 1 435,00 | 47,83 |
| 2 100,00 | 1 470,00 | 49,00 | 1 470,00 | 49,00 |
| 2 150,00 | 1 505,00 | 50,17 | 1 505,00 | 50,17 |
| 2 200,00 | 1 540,00 | 51,33 | 1 540,00 | 51,33 |
| 2 250,00 | 1 575,00 | 52,50 | 1 575,00 | 52,50 |
| 2 300,00 | 1 610,00 | 53,67 | 1 610,00 | 53,67 |
| 2 350,00 | 1 645,00 | 54,83 | 1 645,00 | 54,83 |
| 2 400,00 | 1 680,00 | 56,00 | 1 680,00 | 56,00 |
| 2 450,00 | 1 715,00 | 57,17 | 1 715,00 | 57,17 |
| 2 500,00 | 1 750,00 | 58,33 | 1 750,00 | 58,33 |
| 2 550,00 | 1 785,00 | 59,50 | 1 785,00 | 59,50 |
| 2 600,00 | 1 820,00 | 60,67 | 1 820,00 | 60,67 |
| 2 650,00 | 1 855,00 | 61,83 | 1 855,00 | 61,83 |
| 2 700,00 | 1 890,00 | 63,00 | 1 890,00 | 63,00 |
| 2 750,00 | 1 925,00 | 64,17 | 1 925,00 | 64,17 |
| 2 800,00 | 1 960,00 | 65,33 | 1 960,00 | 65,33 |
| 2 850,00 | 1 995,00 | 66,50 | 1 995,00 | 66,50 |
| 2 900,00 | 2 030,00 | 67,67 | 2 030,00 | 67,67 |
| 2 950,00 | 2 065,00 | 68,83 | 2 065,00 | 68,83 |
| 3 000,00 | 2 100,00 | 70,00 | 2 100,00 | 70,00 |
| 3 050,00 | 2 135,00 | 71,17 | 2 135,00 | 71,17 |
| 3 100,00 | 2 170,00 | 72,33 | 2 170,00 | 72,33 |
| 3 150,00 | 2 205,00 | 73,50 | 2 205,00 | 73,50 |
| 3 200,00 | 2 240,00 | 74,67 | 2 240,00 | 74,67 |
| 3 250,00 | 2 275,00 | 75,83 | 2 275,00 | 75,83 |
| 3 300,00 | 2 310,00 | 77,00 | 2 310,00 | 77,00 |
| 3 350,00 | 2 345,00 | 78,17 | 2 345,00 | 78,17 |
| 3 400,00 | 2 380,00 | 79,33 | 2 380,00 | 79,33 |
| 3 450,00 | 2 415,00 | 80,50 | 2 415,00 | 80,50 |
| 3 500,00 | 2 450,00 | 81,67 | 2 450,00 | 81,67 |
| 3 550,00 | 2 485,00 | 82,83 | 2 485,00 | 82,83 |
| 3 600,00 | 2 520,00 | 84,00 | 2 520,00 | 84,00 |
| 3 650,00 | 2 555,00 | 85,17 | 2 555,00 | 85,17 |
| 3 700,00 | 2 590,00 | 86,33 | 2 590,00 | 86,33 |
| 3 750,00 | 2 625,00 | 87,50 | 2 625,00 | 87,50 |

## Freiwillig Versicherte
### (nicht renten-, pflege- u. arbeitslosenversichert)

| Brutto-Bemessungs-grundlage der Beiträge (monatlich) | Krankengeld (monatlich), wenn Sie in den alten Ländern wohnen (West) | Krankengeld (täglich), wenn Sie in den alten Ländern wohnen (West) | Krankengeld (monatlich), wenn Sie in den neuen Ländern wohnen (Ost) | Krankengeld (täglich), wenn Sie in den neuen Ländern wohnen (Ost) |
|---|---|---|---|---|
| 3 800,00 | 2 660,00 | 88,67 | 2 660,00 | 88,67 |
| 3 850,00 | 2 695,00 | 89,83 | 2 695,00 | 89,83 |
| 3 900,00 | 2 730,00 | 91,00 | 2 730,00 | 91,00 |
| 3 950,00 | 2 765,00 | 92,17 | 2 765,00 | 92,17 |
| 4 000,00 | 2 800,00 | 93,33 | 2 800,00 | 93,33 |
| 4 050,00 | 2 835,00 | 94,50 | 2 835,00 | 94,50 |
| 4 100,00 | 2 870,00 | 95,67 | 2 870,00 | 95,67 |
| 4 150,00 | 2 905,00 | 96,83 | 2 905,00 | 96,83 |
| 4 200,00 | 2 940,00 | 98,00 | 2 940,00 | 98,00 |
| 4 250,00 | 2 975,00 | 99,17 | 2 975,00 | 99,17 |
| 4 300,00 | 3 010,00 | 100,33 | 3 010,00 | 100,33 |
| 4 350,00 | 3 045,00 | 101,50 | 3 045,00 | 101,50 |
| 4 400,00 | 3 080,00 | 102,67 | 3 080,00 | 102,67 |
| 4 450,00 | 3 115,00 | 103,83 | 3 115,00 | 103,83 |
| 4 500,00 | 3 150,00 | 105,00 | 3 150,00 | 105,00 |
| 4 550,00 | 3 185,00 | 106,17 | 3 185,00 | 106,17 |
| 4 600,00 | 3 220,00 | 107,33 | 3 220,00 | 107,33 |
| 4 650,00 | 3 255,00 | 108,50 | 3 255,00 | 108,50 |
| 4 700,00 | 3 290,00 | 109,67 | 3 290,00 | 109,67 |
| 4 750,00 | 3 325,00 | 110,83 | 3 325,00 | 110,83 |
| 4 800,00 | 3 360,00 | 112,00 | 3 360,00 | 112,00 |
| 4 850,00 | 3 395,00 | 113,17 | 3 395,00 | 113,17 |
| 4 900,00 | 3 430,00 | 114,33 | 3 430,00 | 114,33 |
| 4 950,00 | 3 465,00 | 115,50 | 3 465,00 | 115,50 |
| 5 000,00 | 3 500,00 | 116,67 | 3 500,00 | 116,67 |
| 5 050,00 | 3 535,00 | 117,83 | 3 535,00 | 117,83 |
| 5 100,00 | 3 570,00 | 119,00 | 3 570,00 | 119,00 |
| 5 150,00 | 3 605,00 | 120,17 | 3 605,00 | 120,17 |
| 5 200,00 | 3 640,00 | 121,33 | 3 640,00 | 121,33 |
| **5 250,00** | **3 675,00** | **122,50** | **3 675,00** | **122,50** |
| 5 325,00 | 3 727,50 | 124,25 | 3 675,00 | 122,50 |
| 5 300,00 | 3 710,00 | 123,67 | 3 675,00 | 122,50 |
| 5 350,00 | 3 745,00 | 124,83 | 3 675,00 | 122,50 |
| 5 400,00 | 3 780,00 | 126,00 | 3 675,00 | 122,50 |
| 5 450,00 | 3 815,00 | 127,17 | 3 675,00 | 122,50 |

| Freiwillig Versicherte (nicht renten-, pflege- u. arbeitslosenversichert) | | | | |
|---|---|---|---|---|
| Brutto-Bemessungsgrundlage der Beiträge (monatlich) | Krankengeld (monatlich), wenn Sie in den alten Ländern wohnen (West) | Krankengeld (täglich), wenn Sie in den alten Ländern wohnen (West) | Krankengeld (monatlich), wenn Sie in den neuen Ländern wohnen (Ost) | Krankengeld (täglich), wenn Sie in den neuen Ländern wohnen (Ost) |
| 5 500,00 | 3 850,00 | 128,33 | 3 675,00 | 122,50 |
| 5 550,00 | 3 885,00 | 129,50 | 3 675,00 | 122,50 |
| 5 600,00 | 3 920,00 | 130,67 | 3 675,00 | 122,50 |
| 5 650,00 | 3 955,00 | 131,83 | 3 675,00 | 122,50 |
| 5 700,00 | 3 990,00 | 133,00 | 3 675,00 | 122,50 |
| 5 750,00 | 4 025,00 | 134,17 | 3 675,00 | 122,50 |
| 5 800,00 | 4 060,00 | 135,33 | 3 675,00 | 122,50 |
| 5 850,00 | 4 095,00 | 136,50 | 3 675,00 | 122,50 |
| 5 900,00 | 4 130,00 | 137,67 | 3 675,00 | 122,50 |
| 5 950,00 | 4 165,00 | 138,83 | 3 675,00 | 122,50 |
| 6 000,00 | 4 200,00 | 140,00 | 3 675,00 | 122,50 |
| 6 050,00 | 4 235,00 | 141,17 | 3 675,00 | 122,50 |
| 6 100,00 | 4 270,00 | 142,33 | 3 675,00 | 122,50 |
| 6 150,00 | 4 305,00 | 143,50 | 3 675,00 | 122,50 |
| 6 200,00 | 4 340,00 | 144,67 | 3 675,00 | 122,50 |
| **6 300,00** | **4 410,00** | **147,00** | **3 675,00** | **122,50** |
| 6 600,00 | 4 410,00 | 147,00 | 3 675,00 | 122,50 |
| 6 800,00 | 4 410,00 | 147,00 | 3 675,00 | 122,50 |
| 7 000,00 | 4 410,00 | 147,00 | 3 675,00 | 122,50 |
| 8 000,00 | 4 410,00 | 147,00 | 3 675,00 | 122,50 |
| 10 000,00 | 4 410,00 | 147,00 | 3 675,00 | 122,50 |
| 20 000,00 | 4 410,00 | 147,00 | 3 675,00 | 122,50 |

**In welchen Abständen erhalte ich das Krankengeld gezahlt?**
Das Krankengeld erhalten Sie für jeden Tag der Krankheit 5.45
gezahlt. Sind Sie einen ganzen Monat krank/arbeitsunfähig,
erhalten Sie das Krankengeld für 30 Tage gezahlt. Dies gilt
auch, wenn der Monat (wie z. B. im Februar 1997) nur 28
Tage hat.

**TIPS UND TRICKS**

* Die Abstände, in denen Sie das Krankengeld gezahlt bekommen, können Sie individuell mit Ihrer Kasse absprechen.
* Oftmals dauert die Einholung aller Unterlagen (z. B. »Verdienstbescheinigung« des Arbeitgebers) sowie die Berechnung des Krankengeldes durch die Kasse einige Zeit. Wenn sich diese Zeit unerträglich lange hinzieht, können Sie bei Ihrer Kasse einen Vorschuß beantragen.

**Wie lange haben Sie einen Krankengeldanspruch?**
5.46 Sofern Sie wegen derselben Krankheit arbeitsunfähig sind, haben Sie für 78 Wochen (eineinhalb Jahre) innerhalb von drei Jahren Anspruch auf Krankengeld.

**Krankengeld und Rente**
5.47 Der zeitlich deckungsgleiche Bezug von mehreren Leistungen (z. B. Krankengeld und Rente) ist nicht vorgesehen. So haben Sie keinen Anspruch auf Krankengeld, wenn Sie eine Erwerbsunfähigkeitsrente, Altersrente, Vorruhestandsgeld, Ruhegehalt (oder vergleichbare Renten) beziehen.
Erhalten Sie nach dem Eintritt Ihres Krankengeldbezugs Berufsunfähigkeitsrente, Erwerbsunfähigkeitsrente, Teilrente wegen Alters (oder vergleichbare Renten), wird Ihr Krankengeld um den Betrag der vorstehenden Leistung gekürzt.

**TIPS UND TRICKS** Das Krankengeld ersetzt nahezu Ihren bisherigen Lohn. Es ist insofern finanziell lukrativer, bei Krankheit das Krankengeld anstatt eine Rente zu beziehen! Ihre Kasse hat die Möglichkeit, Sie innerhalb einer Frist von 10 Wochen aufzufordern, einen Kurantrag oder einen Antrag auf eine Altersrente zu stellen. Stellen Sie – nach Aufforderung – diesen Antrag nicht, entfällt Ihr Anspruch auf Krankengeld mit Ablauf der Frist.

Wird der Antrag später gestellt, lebt Ihr Anspruch auf Krankengeld mit dem Tag der Antragstellung wieder auf.

## Krankenhausbehandlung

**Was beinhaltet die Krankenhausbehandlung?** 5.48

Die Krankenhausbehandlung wird vollstationär, teilstationär, vor- und nachstationär sowie ambulant erbracht.

Für die ersten 14 Tage der Krankenhausbehandlung haben Sie innerhalb eines Kalenderjahres einen Eigenanteil von täglich 17,00 DM (West) und 14,00 DM (Ost) an das Krankenhaus zu zahlen. Eine Kostenbefreiung ist nicht möglich, da diese Kosten die »häusliche Ersparnis« (z. B. keine Kosten für Nahrungsmittel und Strom) darstellen.

**TIPS UND TRICKS**

* Sofern Sie jünger als 18 Jahre sind, müssen Sie keinen Eigenanteil zahlen.
* Der Eigenanteil ist höchstens für 14 Tage je Kalenderjahr zu zahlen. Wenn Sie einmal im Kalenderjahr den Eigenanteil für 14 Tage entrichtet haben, sind alle weiteren Krankenhausbehandlungen im diesem Jahr frei von weiteren Eigenanteilen.
* Sofern Sie sich über einen Jahreswechsel in Krankenhausbehandlung befinden, gilt folgende Regelung: Ist die Zuzahlungsdauer noch nicht erschöpft (z. B. 9 Tage = 23. 12.–31. 12. 97), haben Sie im neuen Jahr nur noch für die fehlende Zeit einen Eigenanteil zu zahlen (z. B. 5 Tage = 1. 1.– 5. 1. 98). Wird im neuen Kalenderjahr erneut Krankenhausbehandlung erforderlich, so wird der bereits gezahlte Eigenanteil (in unserem Beispiel 5 Tage) angerechnet.

* Bei Erhöhungen der Beiträge muß Ihre Kasse auch die Eigenanteile erhöhen. Unter Umständen sind deshalb bei Ihrer Kasse höhere Eigenanteile fällig (an den 14 Tagen ändert sich nichts). Damit werden Sie doppelt bestraft: Sie zahlen höhere Beiträge und höhere Eigenanteile. Sie können dies vermeiden, wenn Sie Ihr sofortiges Kündigungsrecht nutzen und eine andere Kasse wählen (näheres hierzu ⇨ 9).

**Wie erhalten Sie die Krankenhausbehandlung?**
Ihr Arzt weist Sie in das Krankenhaus ein. Er empfiehlt Ihnen auch ein für die Behandlung geeignetes Krankenhaus. In Notfällen können Sie ohne Einweisung in das Krankenhaus gehen. Eine vorherige Antragstellung bei der Kasse ist nicht erforderlich. Das Krankenhaus rechnet die Behandlung mit Ihrer Kasse ab.

**TIPS UND TRICKS**

* Sollten Sie die Behandlung in einem bestimmten – z. B. auswärtigen – Krankenhaus wünschen, empfehlen wir die vorherige Absprache mit Ihrem Arzt und Ihrer Kasse.
* Im Zusammenhang mit einer Krankenhausbehandlung können Sie Fahrkosten geltend machen. Näheres hierzu erfahren Sie beim Thema Fahrkosten (⇨ 5.21).

**Haben Sie Anspruch auf Krankenhausbehandlung?**
Wenn Sie folgende Fragen mit »Ja« beantworten können, haben Sie Anspruch auf Krankenhausbehandlung.

## CHECK-LISTE ✓

| Haben Sie Anspruch auf Krankenhausbehandlung? |
|---|
| ⇨ Sind Sie versichert? |
| ⇨ Wurden Sie von Ihrem Arzt in das Krankenhaus eingewiesen? Oder liegt ein Notfall vor? |

**Erläuterungen:**
*Sind Sie versichert?*
Diese Frage können Sie in der Regel mit »Ja« beantworten. Im Teil III geben wir Ihnen zu diesem Thema weitere Informationen.

*Wurden Sie von Ihrem Arzt in das Krankenhaus eingewiesen? Oder liegt ein Notfall vor?*
Sie benötigen eine Einweisung Ihres Arztes für das Krankenhaus, es sei denn, es liegt ein Notfall vor.

## Kuren

**Inhalt der Leistung** 5.49
Kuren werden unterschieden in Badekuren und stationäre Kuren. Für Mütter gibt es daneben weitere Kuren (⇨ 5.68).
Bei Badekuren können Sie sich den Kurort frei wählen. Ihre Kasse übernimmt die Anwendungen des Kurarztes sowie für Unterkunft, Verpflegung, Kurtaxe und die Kosten für An- und Abreise Zuschüsse bis zu 15,00 DM täglich.
Stationäre Kuren verbringen Sie in einer Vertragseinrichtung Ihrer Kasse. Der stationäre Aufenthalt beinhaltet Unterkunft und Verpflegung sowie die erforderlichen Anwendungen. Zu stationären Kuren müssen Sie eine Eigenbeteiligung in Höhe von 25,00 DM (West) und 20,00 DM (Ost) zahlen.

Die Kuren dauern mindestens drei Wochen. In besonderen Fällen kann die Kur verlängert werden.

**TIPS UND TRICKS**

* Wenn Sie noch nicht älter als 18 Jahre sind, müssen Sie o. a. Eigenanteile nicht zahlen.
* Von den Eigenanteilen können Sie sich befreien lassen. Näheres hierzu erfahren Sie beim Thema »*Befreiung von Eigenanteilen*« (⇨ 5.13)
* Sofern die Kur im Rahmen einer Anschlußrehabilitation (Kur im Anschluß an eine Krankenhausbehandlung) abläuft, müssen Sie einen Eigenanteil nur in Höhe von 17,00 (West) und 14,00 DM (Ost) leisten.
* Der Eigenanteil für die Krankenhausbehandlung wird bei Anschlußrehabilitationen angerechnet. Sie müssen somit für höchstens 14 Tage je 17,00 DM (14,00 DM Ost) zahlen.
* Im Zusammenhang mit einer Kur können Sie evtl. Fahrkosten geltend machen. Näheres hierzu erfahren Sie beim Thema Fahrkosten (⇨ 5.21).
* Neben Badekuren zahlen einige Kassen auch »Kompaktkuren« (Kur in einer Gruppe – 15 Personen – mit gleicher Erkrankung). Kompaktkuren werden in bestimmten anerkannten Kurheimen erbracht. Bitte informieren Sie sich bei Ihrer Kasse, ob sie Kompaktkuren bezahlt.

**Wie erhalten Sie die Kur?**
Sie müssen die Kur bei Ihrer Kasse beantragen. Hierfür ist ein Attest Ihres Arztes der Kasse vorzulegen.

**Haben Sie Anspruch auf Kuren?**
Wenn Sie folgende Fragen mit »Ja« beantworten können, haben Sie einen Anspruch auf Kuren.

**CHECK-LISTE ✓**

| Haben Sie Anspruch auf Kuren? |
|---|
| ⇨ Sind Sie versichert? |
| ⇨ Wurde die Notwendigkeit der Kur von Ihrem Arzt bestätigt? |
| ⇨ Leistet keine andere Versicherung die Kur? |
| ⇨ Haben Sie in den letzten vier Jahren keine Kur bekommen? |

**Erläuterungen:**
*Sind Sie versichert?*
Diese Frage können Sie in der Regel mit »Ja« beantworten. Im Teil III geben wir Ihnen zu diesem Thema weitere Informationen.

*Wurde die Notwendigkeit der Kur von Ihrem Arzt bestätigt?*
Ihr Arzt bestätigt Ihnen die Notwendigkeit der Kur. In dem Attest schlägt er auch die Art der Kur (Badekur/stationäre Kur) vor. Ihre Kasse legt das Attest zur weiteren Prüfung dann ihrem Beratungsgremium, dem Medizinischen Dienst, vor. Dieser prüft nach Aktenlage oder einer Untersuchung den Kurantrag und empfiehlt auch eine Kureinrichtung.

*Leistet keine andere Versicherung die Kur?*
Die Kuren werden von der Kasse nur gezahlt, wenn keine andere Versicherung die Kur übernimmt. Arbeitnehmer können die Kur von der Rentenversicherung erhalten. Zahlt die Rentenversicherung die Kur nicht, übernimmt Ihre Kasse die Kosten der Kur.

*Haben Sie in den letzten vier Jahren keine Kur bekommen?*
Sie haben grundsätzlich nur alle vier Jahre Anspruch auf eine Kur. Dies gilt, gleichgültig, wer die Kur finanziert hat und um welche Art von Kur es sich gehandelt hat.

**TIPS UND TRICKS** Aus medizinischen Gründen ist eine Kur vor dem Ablauf der vier Jahre möglich. Bitte lassen Sie sich dies von Ihrem Arzt bestätigen.

## Künstliche Befruchtung

**5.50 Was beinhaltet die Leistung?**
Die künstliche Befruchtung dient zur Herbeiführung einer Schwangerschaft.

**Wie erhalten Sie eine künstliche Befruchtung?**
Die künstliche Befruchtung führen Ärzte durch, die hierzu eine besondere Erlaubnis haben.

**Haben Sie Anspruch auf eine künstliche Befruchtung?**
Wenn Sie folgende Fragen mit »Ja« beantworten können, haben Sie einen Anspruch auf eine künstliche Befruchtung.

## CHECK-LISTE ✓

| Haben Sie Anspruch auf eine künstliche Befruchtung? |
|---|
| ⇨ Sind Sie versichert? |
| ⇨ Ist die künstliche Befruchtung medizinisch notwendig? |
| ⇨ Besteht eine hinreichende Aussicht, daß die Maßnahme Erfolg hat? |
| ⇨ Sind Sie verheiratet? |
| ⇨ Werden ausschließlich Ei- und Samenzellen der Ehegatten verwendet? |
| ⇨ Haben Sie sich vor der Behandlung von einem Arzt, der die Behandlung nicht durchführt, unterrichten lassen? |

**Erläuterungen:**

*Sind Sie versichert?*
Diese Frage können Sie in der Regel mit »Ja« beantworten. Im Teil III geben wir Ihnen zu diesem Thema weitere Informationen.

*Ist die künstliche Befruchtung medizinisch notwendig?*
Die Notwendigkeit der künstlichen Befruchtung wird von einem Arzt, der die künstliche Befruchtung nicht durchführt, festgestellt. Der Arzt überweist Sie dann zur künstlichen Befruchtung in eine spezielle Einrichtung.

*Besteht eine hinreichende Aussicht, daß die Maßnahme Erfolg hat?*
Eine hinreichende Aussicht besteht in der Regel nicht mehr, wenn die Maßnahme viermal ohne Erfolg durchgeführt worden ist.

*Sind Sie verheiratet?*
Die künstliche Befruchtung wird nur für verheiratete Ehepaare bezahlt.

*Werden ausschließlich Ei- und Samenzellen der Ehegatten verwendet?*
Für die künstliche Befruchtung dürfen ausschließlich Ei- und Samenzellen der Ehegatten verwendet werden.

*Haben Sie sich vor der Behandlung von einem Arzt, der die Behandlung nicht durchführt, unterrichten lassen?*
Vor der Durchführung der Maßnahmen muß das Ehepaar sich von einem Arzt, der die Behandlung nicht selbst durchführt, über eine solche Behandlung unter Berücksichtigung ihrer medizinischen und psychosozialen Gesichtspunkte unterrichten lassen.

## Leistungen zur Rehabilitation

**5.51 Was beinhalten Leistungen zur Rehabilitation?**
Die Leistungen zur Rehabilitation umfassen alle Maßnahmen, mit denen die Folgen einer Krankheit, eines Unfalls oder einer angeborenen Behinderung möglichst beseitigt oder zumindest gelindert werden. Die jeweiligen Leistungen sind darauf ausgerichtet, den Versicherten trotz Behinderung oder drohender Behinderung in die Lage zu versetzen, möglichst vollwertig und selbständig einen Beruf oder Erwerb auszuüben oder ihn möglichst auf Dauer in Arbeit, Beruf und Gesellschaft einzugliedern.
Die Leistungen zur Rehabilitation (wie Kuren) werden jeweils unter den Stichworten behandelt.

Als *ergänzende Leistungen zur Rehabilitation* kann Ihnen die Kasse Leistungen erbringen, die erforderlich sind, um das Ziel der Rehabilitation zu erreichen. Sollten Sie demnach eine Leistung in diesem Kapitel nicht finden, bezahlt die Kasse diese vielleicht als ergänzende Leistung. Wenn Sie an weiteren Informationen zu diesem Thema interessiert sind, lesen Sie in ⇨ 5.70 nach.

**Wie erhalten Sie die Leistungen zur Rehabilitation?**
Leistungen zur Rehabilitation müssen Sie zunächst bei Ihrer Kasse beantragen. Ihr Arzt stellt Ihnen hierfür ein entsprechendes Attest aus.

**Haben Sie Anspruch auf Leistungen zur Rehabilitation?**
Bitte lesen Sie die entsprechenden Voraussetzungen bei den jeweiligen Themen, z. B. *»Kuren«* und *»ergänzende Leistungen zur Rehabilitation«* nach.

## Leistungserbringung im Ausland (z. B. Urlaub)

**Inhalt der Leistung** 5.52
Die Kostenübernahme einer Behandlung im Ausland ist in folgenden Ausnahmefällen von Ihrer Kasse möglich:

| Sachverhalt | Kostenübernahme durch Ihre Kasse? |
|---|---|
| Erkrankung während einer privaten Reise | Grundsätzlich erhalten Sie keine Kosten erstattet. Aus »Kulanz« erstatten Ihnen einige Kassen kleinere Beträge (ca. 200,00 DM) ohne weitere Prüfung. |
| Erkrankung während einer privaten Reise (nach: Belgien, Bosnien-Herzegowina, Dänemark, Finnland, Frankreich, Griechenland, Großbritannien, Irland, Island, Italien, Kroatien, Montenegro, Liechtenstein, Luxemburg, Mazedonien, Niederlande, Norwegen, Österreich, Portugal, Schweden, Schweiz, Serbien, Slowenien, Spanien, Türkei, Tunesien) | Grundsätzlich erhalten Sie die Behandlung über den Auslandskrankenschein (bitte vorher bei der Kasse anfordern). Wenn die ausländische Krankenversicherung den Behandlungsschein nicht anerkennt (was oft vorkommt), erhalten Sie bei kleineren Beträgen oftmals die vollen Kosten. Bei größeren Beträgen erhalten Sie oftmals die Kosten, die in Deutschland entstanden wären, erstattet. |
| Erkrankung während einer beruflichen Reise ins Ausland | Ihr Arbeitgeber erstattet Ihnen die vollen Kosten der Behandlung. Oftmals können Sie auch direkt mit Ihrer Kasse die Kosten abrechnen. |
| Sie wollten vor einer privaten Urlaubsreise eine Auslandskrankenversicherung abschließen. Diese hat Sie – z. B. aus Krankheitsgründen – nicht angenommen. | Wenn Sie vor der Reise Ihrer Kasse den Sachverhalt mitteilen, erhalten Sie die Kosten erstattet, die in Deutschland entstanden wären. |

| Sachverhalt | Kostenübernahme durch Ihre Kasse? |
| --- | --- |
| Eine spezielle Behandlung (z. B. schwierige Herzoperation) ist nur im Ausland möglich. | Sie erhalten die vollen Kosten (evtl. auch Fahrkosten und Unterkunft) von Ihrer Kasse erstattet. Bitte beantragen Sie die Behandlung vorher bei Ihrer Kasse. |
| Eine spezielle Behandlung ist zwar in Deutschland möglich, die Kapazitäten hier sind jedoch ausgeschöpft, und die Behandlung muß schnell erfolgen. | Sie erhalten die vollen Kosten (evt. auch Fahrkosten und Unterkunft) von Ihrer Kasse erstattet. Bitte beantragen Sie die Behandlung vorher bei Ihrer Kasse. |

**TIPS UND TRICKS** Wir empfehlen Ihnen bei einer Auslandsreise den Abschluß einer privaten Auslandskrankenversicherung. Damit sind Sie auch bei Krankheiten im Ausland angemessen versichert.

**Wie erhalten Sie die Leistung?**
Wie bereits erläutert, erfolgt die Leistungserbringung im Ausland nur im Ausnahmefall. Sie sollten, sofern dies noch möglich ist, Ihre Kasse frühzeitig einschalten.

## Wer ist der Medizinische Dienst?

5.53 Der Medizinische Dienst ist ein Beratungsgremium der Kassen. Er gibt den Kassen insbesondere folgende Entscheidungshilfen:
– Schaffung von Transparenz über das aktuelle medizinische Geschehen,
– Bewertung von Leistungen,
– Begutachtung von Personen,
– Beratung der Kassen sowie
– Sicherung der Qualität.

**Muß ich zum Medizinischen Dienst?**
Vor der Gewährung mancher Leistungen ist die Begutachtung durch den Medizinischen Dienst zwingend vorgeschrieben.

**TIPS UND TRICKS** Gehen Sie entspannt zum Begutachtungstermin. Schildern Sie den Ärzten Ihren genauen Gesundheitszustand. Es wurde die Erfahrung gemacht, daß einige Personen ihren Gesundheitszustand zu positiv dargestellt und deshalb die Leistung nicht bewilligt bekommen haben. Dies ist kein Aufruf, Ihren Gesundheitszustand übermäßig zu dramatisieren. Vielmehr sollten Sie Ihren Zustand offen und ehrlich schildern.

**Was kann ich tun, wenn ich mit der Entscheidung des Arztes nicht einverstanden bin?**

**TIPS UND TRICKS** Die Kasse ist an die Entscheidung des Medizinischen Dienstes nicht gebunden. Sofern die Leistung trotzdem abgelehnt wird, empfehlen wir Ihnen, Teil VI durchzulesen und mit Ihrer Kasse zu sprechen.

## Welche Mitwirkungspflichten habe ich?

Wenn Sie Leistungen bei Ihrer Krankenkasse beantragen oder erhalten, müssen Sie bei der Aufklärung des Sachverhaltes sowie bei der Leistungsinanspruchnahme mitwirken. Im einzelnen müssen Sie

a. alle erforderlichen Tatsachen angeben sowie Änderungen in den Verhältnissen mitteilen und entsprechende Unterlagen und Beweismittel vorlegen, soweit diese für eine Leistung erheblich sind;

b. auf Verlangen der Krankenkasse zu einer mündlichen Erörterung eines Antrags persönlich bei der Krankenkasse vorsprechen;

c. sich ärztlich und psychologisch untersuchen lassen, soweit dies für eine Leistung oder eine Entscheidung erforderlich ist, sowie
d. eine zumutbare medizinische Heilbehandlung durchführen lassen, wenn zu erwarten ist, daß Ihr Gesundheitszustand verbessert oder eine Verschlimmerung verhütet wird.

**Einschränkung der Mitwirkungspflichten:**
Die Mitwirkungspflichten bestehen nicht, soweit
a. ihre Erfüllung nicht in einem angemessenen Verhältnis zu der in Anspruch genommenen Sozialleistung oder ihrer Erstattung steht oder
b. ihre Erfüllung dem Betroffenen aus einem wichtigen Grund nicht zugemutet werden kann oder
c. der Leistungsträger sich durch einen geringeren Aufwand als der Antragsteller oder Leistungsberechtigte die erforderlichen Kenntnisse selbst beschaffen kann.

**Ablehnung von Behandlungen und Untersuchungen:**
Behandlungen und Untersuchungen können von Ihnen abgelehnt werden,
a. bei denen im Einzelfall ein Schaden für Leben oder Gesundheit nicht mit hoher Wahrscheinlichkeit ausgeschlossen werden kann,
b. die mit erheblichen Schmerzen verbunden sind oder
c. die einen erheblichen Eingriff in die körperliche Unversehrtheit bedeuten.

**Verweigerung von Angaben:**
Angaben können von Ihnen verweigert werden,
– die Ihnen oder Ihnen nahestehende Personen der Gefahr aussetzen würde, wegen einer Straftat oder einer Ordnungswidrigkeit verfolgt zu werden.

**Folgen fehlender Mitwirkung:**
Sofern Sie Ihre Mitwirkungspflichten nicht erfüllen und durch die fehlende Mitwirkung die Aufklärung des Sachverhalts erheblich erschwert wird, so können die Leistungen von Ihrer Kasse abgelehnt werden.

**TIPS UND TRICKS** Ihre Kasse muß Sie auf Ihre Mitwirkungspflichten schriftlich hinweisen. Sie muß Ihnen mitteilen, welche Folgen die fehlende Mitwirkung für Sie haben kann und innerhalb welcher Frist Sie die Mitwirkung nachholen können.

## Leistungen bei Mutterschaft

Sie erhalten ärztliche Betreuung, Arzneimittel, Entbindungs- **5.55** geld, häusliche Pflege, Haushaltshilfe, Hebammenhilfe, Heilmittel, Mutterschaftsgeld sowie Verbandsmittel bei Mutterschaft. Nachstehend erläutern wir Ihnen diese Begriffe:

## Ärztliche Betreuung bei Mutterschaft

**Was beinhaltet die ärztliche Betreuung bei Mutterschaft?**
Die ärztliche Betreuung wird von Vertragsärzten erbracht. Sie umfaßt während der Schwangerschaft sowie bei und nach der Entbindung die ärztliche Betreuung. Zur ärztlichen Betreuung gehören insbesondere:
– Untersuchungen zum Zwecke der Feststellung der Schwangerschaft,
– Untersuchungen und Beratung während der Schwangerschaft und zur Schwangerenvorsorge,
– frühzeitige Erkennung und besondere Überwachung von Risikoschwangerschaften,
– serologische Untersuchungen auf Infektionen sowie blut-

gruppenserologische Untersuchungen während der Schwangerschaft,
- blutgruppenserologische Untersuchungen nach der Geburt oder Fehlgeburt.

Ihr Arzt behandelt Sie kostenlos. Er rechnet die erbrachten Leistungen über die Krankenversichertenkarte mit der Krankenkasse ab *(Sachleistungsprinzip)*.

**TIPS UND TRICKS** Ihr Arzt steht im »Zentrum der Behandlung«. Er entscheidet, welche weiteren Leistungen (z. B. *Arzneimittel, Hilfsmittel, stationäre Entbindung...*) für die erfolgreiche Behandlung erforderlich sind. Zu seinem Aufgabengebiet gehören die Verschreibung dieser Leistungen sowie die Bescheinigung der *Arbeitsunfähigkeit*.

**Wie erhalten Sie die ärztliche Betreuung bei Mutterschaft?**
Sofern Sie die ärztliche Betreuung in Anspruch nehmen, haben Sie dem Arzt vor Beginn der Behandlung Ihre Krankenversichertenkarte auszuhändigen. In dringenden Fällen können Sie die Krankenversichertenkarte auch nachreichen.

**Haben Sie Anspruch auf ärztliche Betreuung bei Mutterschaft?**
Wenn Sie folgende Fragen mit »Ja« beantworten können, haben Sie einen Anspruch auf ärztliche Betreuung.

**CHECKLISTE ✓**

| Haben Sie Anspruch auf ärztliche Betreuung bei Mutterschaft? | |
|---|---|
| ⇨ | Sind Sie versichert? |
| ⇨ | Werden Sie wegen Schwangerschaft sowie bei und nach der Entbindung behandelt? |
| ⇨ | Sind Sie in Behandlung bei einem (Vertrags-)Arzt? |

**Erläuterungen:**
*Sind Sie versichert?*
Diese Frage können Sie in der Regel mit »Ja« beantworten. Im Teil III geben wir Ihnen zu diesem Thema weitere Informationen.

*Werden Sie wegen Schwangerschaft sowie bei und nach der Entbindung behandelt?*
Bei allen anderen Indikationen haben Sie Anspruch auf ärztliche Behandlung (⇨ 5.12).

*Sind Sie in Behandlung bei einem (Vertrags-)Arzt?*
Nahezu alle Ärzte (ca. 95%) haben Verträge mit den Krankenkassen geschlossen. Sie behandeln als Vertragsärzte die Versicherten der Krankenkasse. Unter diesen Ärzten können Sie sich einen Arzt Ihres Vertrauens frei auswählen.

**TIPS UND TRICKS**

* Auch zwischen den Quartalen ist der Wechsel zu einem anderen Arzt möglich. Um Doppeluntersuchungen zu vermeiden, ist es zweckmäßig, Kopien der Berichte des bisherigen Arztes zum neuen Arzt mitzunehmen.
* Fachärzte können direkt konsultiert werden. Eine Überweisung des Hausarztes ist hierfür nicht erforderlich, oftmals jedoch sinnvoll.
* Die Kasse kann die Kosten eines Nicht-Vertragsarztes grundsätzlich nie übernehmen. Sollten Sie die Behandlung bei einem Nicht-Vertragsarzt wünschen, empfehlen wir die vorherige Antragstellung bei der Kasse mit der Angabe von Gründen.

# Arzneimittel (Medikamente) bei Mutterschaft

### 5.56 Was beinhaltet die Leistung?
Im Zusammenhang mit der Entbindung oder bei Schwangerschaftsbeschwerden haben Sie Anspruch auf Medikamente.

**TIPS UND TRICKS** Rezeptgebühren wie bei Medikamenten bei anderen Indikationen (⇨ 5.7) gibt es bei diesen Medikamenten nicht.

**Wie erhalten Sie Medikamente bei Mutterschaft?**
Die ärztliche Betreuung umfaßt auch die Verschreibung von Medikamenten. Der Arzt entscheidet, welches Medikament Sie erhalten, und verschreibt dieses dann auf einem *Rezept*. Die Abgabe des Medikaments erfolgt in Apotheken. Ein gesonderter Antrag ist bei der Krankenkasse nicht erforderlich. Der Arzt und die Apotheken rechnen die erbrachte Leistung mit der Krankenkasse ab.

**TIPS UND TRICKS**

* Sie erkennen anhand des ausgestellten Rezeptes, wer die Kosten des Medikaments bezahlt. Im Regelfall erhalten Sie ein »Kassen«-Rezept, bei dem Sie das Medikament kostenlos von der Apotheke erhalten. Sofern Sie das Medikament auf einem »Privat«-Rezept verordnet bekommen, müssen Sie es in der Apotheke bezahlen.
* Selbstverständlich können Sie auch Ihren Arzt fragen, warum Sie das Medikament nicht zu Lasten der Kasse verschrieben bekommen.
* Einige Versicherte haben in jüngster Zeit die Erfahrung gemacht, daß ihr Arzt zurückhaltender bei der Verordnung von Arzneimitteln geworden ist. Dies könnte daran liegen, daß Ihr Arzt – sofern er ein bestimmtes Verord-

nungsvolumen überschreitet – für die Mehrkosten *haftet* (d. h., ihm wird etwas von seiner Vergütung abgezogen). Aus medizinischer Sicht können wir dieses Phänomen nicht beurteilen. Es ist jedoch so, daß Ihr Arzt Ihnen *alle* notwendigen Arzneimittel verschreiben *muß*. Wenn Sie in eine ähnliche Situation kommen, sollten Sie sich vielleicht überlegen, ob Ihr Arzt mehr an seinem wirtschaftlichen Nutzen als an Ihrer Gesundheit interessiert ist. Dann wäre evtl. ein Arztwechsel – und es gibt ja bekanntlich nur wenig Gebiete, in denen ein Ärztemangel vorliegt – angezeigt. Oftmals reicht hier aber auch ein klärendes Gespräch mit Ihrem Arzt aus.

**Haben Sie einen Anspruch auf Medikamente bei Mutterschaft?**
Wenn Sie folgende Fragen mit »Ja« beantworten können, haben Sie einen Anspruch auf Medikamente.

**CHECK-LISTE** ✓

| Haben Sie einen Anspruch auf Medikamente bei Mutterschaft? |
|---|
| ⇨ Sind Sie versichert? |
| ⇨ Wurde das Medikament von einem Arzt verordnet? |
| ⇨ Wird das Medikament wegen Schwangerschaftsbeschwerden oder in Zusammenhang mit der Entbindung verschrieben? |

**Erläuterungen:**
*Sind Sie versichert?*
Diese Frage können Sie in der Regel mit »Ja« beantworten. Im Teil III geben wir Ihnen zu diesem Thema weitere Informationen.

*Wurde das Medikament von einem Arzt verordnet?*
Die ärztliche Behandlung umfaßt auch die Verschreibung von Medikamenten. Sie erhalten das Medikament von der Apotheke kostenlos, sofern ein Vertragsarzt Ihnen das Medikament auf einem »Kassen«-Rezept verordnet hat. Verordnete Medikamente von anderen Personen (z. B. *Heilpraktiker*) werden grundsätzlich von Ihrer Kasse nicht erstattet.

*Wird das Medikament wegen Schwangerschaftsbeschwerden oder in Zusammenhang mit der Entbindung verschrieben?*
Bei allen anderen Indikationen haben Sie Anspruch auf Medikamente im Rahmen des Abschnittes ⇨ 5.7. Im übrigen gelten die Ausführungen, die bei ⇨ 5.7 über Medikamente gemacht wurden.

## Entbindungsgeld bei Mutterschaft

**5.57 Was beinhaltet die Leistung?**
Sie erhalten von Ihrer Kasse nach der Entbindung ein Entbindungsgeld von 150,00 DM. Dies gilt nur, wenn Sie kein Mutterschaftsgeld erhalten. Lesen Sie hierzu bitte ⇨ 5.63.

**Wie erhalten Sie Entbindungsgeld?**
Sie benötigen für das Entbindungsgeld die Geburtsurkunde Ihres Kindes. Legen Sie diese bei Ihrer Kasse vor.

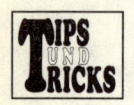

**TIPS UND TRICKS** Vergessen Sie nicht, sich um die Versicherung Ihres Kindes zu kümmern. Weitere Informationen zur Familienversicherung finden Sie im Kapitel 7.

**Haben Sie Anspruch auf Entbindungsgeld?**
Wenn Sie folgende Fragen mit »Ja« beantworten können, haben Sie einen Anspruch auf Entbindungsgeld.

**CHECK-LISTE** ✓

| Haben Sie Anspruch auf Entbindungsgeld? |
|---|
| ⇨ Sind Sie am Tag der Entbindung versichert? |

## Häusliche Pflege bei Mutterschaft

**Was beinhaltet die häusliche Pflege bei Mutterschaft?** 5.58
Sie erhalten häusliche Pflege (vgl. auch ⇨ 5.27) bei Schwangerschaft und Mutterschaft. Sie ist darauf ausgerichtet, daß Sie zu Hause bleiben können.

**TIPS UND TRICKS** Eine zeitliche Begrenzung der häuslichen Pflege bei Mutterschaft ist nicht vorgesehen.

**Wie erhalten Sie die häusliche Pflege bei Mutterschaft?**
Sie erhalten von Ihrem Arzt ein Attest, in dem er die Notwendigkeit der häuslichen Pflege bestätigt. Mit diesem Attest beantragen Sie die häusliche Pflege bei der Kasse. Diese stellt Ihnen dann eine Pflegekraft zur Verfügung.

**TIPS UND TRICKS**

* Kann Ihnen die Kasse keine Pflegekraft stellen, sind Sie berechtigt, sich selbst eine Ersatzkraft zu beschaffen. Diese erhalten Sie bei den Wohlfahrtsverbänden (z. B. Caritas oder Arbeiterwohlfahrt).
* Sie können sich auch selbst eine Ersatzkraft beschaffen, wenn besondere Gründe vorliegen (z. B. legen Sie Wert auf die Pflege durch eine Person Ihres Vertrauens). Bitte teilen Sie die Gründe Ihrer Kasse mit.
* Für selbstbeschaffte Pflegekräfte, die mit Ihnen bis zum

zweiten Grad verwandt oder verschwägert sind (z. B. Kinder, Großeltern, Enkelkinder und Geschwister von Ihnen sowie Stiefeltern, Stiefkinder, Schwiegereltern, Schwiegersohn/Schwiegertochter, Schwager/Schwägerin, Großeltern des Ehegatten) erhalten Sie die Kosten für Verdienstausfall und Fahrkosten erstattet. Die Kasse hat hierbei bestimmte Höchstbeträge (109,00 DM West, 91,00 DM Ost je Tag/im Jahr 1998) zu beachten.

* Für selbstbeschaffte Pflegekräfte, die mit Ihnen nicht verwandt oder verschwägert sind, gehören grundsätzlich alle Kosten, die Ihnen durch die Selbstbeschaffung der Ersatzkraft entstehen, zu den erstattungsfähigen Aufwendungen. Auch hier gilt der Höchstbetrag von 109,00 DM (91,00 DM Ost) je Tag.

**Haben Sie Anspruch auf häusliche Pflege bei Mutterschaft?**
Wenn Sie folgende Fragen mit »Ja« beantworten können, haben Sie einen Anspruch auf häusliche Pflege bei Mutterschaft.

**CHECK-LISTE ✓**

| Haben Sie Anspruch auf häusliche Pflege bei Mutterschaft? |
|---|
| ⇨ Sind Sie versichert? |
| ⇨ Waren Sie bei Ihrem Arzt, und hat er Ihnen die Notwendigkeit der häuslichen Pflege bestätigt? |
| ⇨ Ist die Pflege wegen Schwangerschaft oder Entbindung erforderlich? |
| ⇨ Kann keine weitere in Ihrer Wohnung lebende Person die Pflege übernehmen? |
| ⇨ Haben Sie einen Antrag gestellt? |

**Erläuterungen:**
*Sind Sie versichert?*
Diese Frage können Sie in der Regel mit »Ja« beantworten. Im Teil III geben wir Ihnen zu diesem Thema weitere Informationen.

*Waren Sie bei Ihrem Arzt, und er hat Ihnen die Notwendigkeit der häuslichen Pflege bestätigt?*
Ihr Arzt bestätigt Ihnen auf einem Antragsformular die Notwendigkeit der häuslichen Pflege. Dies kann er in den in der nächsten Frage behandelten Tatbeständen machen.

*Ist die Pflege wegen Schwangerschaft oder Entbindung erforderlich?*
Voraussetzung ist ferner, daß die Pflege wegen Schwangerschaft oder Entbindung erforderlich ist. Bei allen anderen Indikationen können Sie häusliche Krankenpflege (⇨ 5.27) erhalten.

*Kann keine weitere in Ihrer Wohnung lebende Person die Pflege übernehmen?*

**TIPS UND TRICKS**

* Sie haben Anspruch auf eine *qualifizierte* Pflegekraft. Insofern werden Sie diese Frage mit »Ja« beantworten können.
* Selbst für den Fall, daß in Ihrer Wohnung eine qualifizierte Pflegekraft lebt, können Sie bei Hinderungsgründen auf eine andere Pflegekraft zurückgreifen. Auf den Grund der Hinderung kommt es nicht an. Es gelten berufliche, schulische sowie altersmäßige und körperliche Gründe.

*Haben Sie einen Antrag gestellt?*
Wir empfehlen Ihnen, einen Antrag bei Ihrer Kasse zu stellen.

## Haushaltshilfe bei Mutterschaft

**5.59 Was beinhaltet die Haushaltshilfe bei Mutterschaft?**
Sie erhalten eine Haushaltshilfe, sofern Sie wegen Schwangerschaft und Entbindung Ihren Haushalt nicht weiterführen können. Die Haushaltshilfe umfaßt die Dienstleistungen, die zur Weiterführung des Haushalts notwendig sind, z. B. Beschaffung und Zubereitung der Mahlzeiten, Pflege der Kleidung und der Wohnräume sowie die Betreuung und Beaufsichtigung der Kinder.

**TIPS UND TRICKS** Das Vorhandensein eines Kindes ist nicht erforderlich.

**Wie erhalten Sie Haushaltshilfe bei Mutterschaft?**
Die Haushaltshilfe beantragen Sie bei der Kasse, damit diese Ihnen eine Ersatzkraft zur Verfügung stellen kann.

**TIPS UND TRICKS**

* Kann Ihnen die Kasse keine Ersatzkraft stellen, sind Sie berechtigt, sich selbst eine Ersatzkraft zu beschaffen. Diese erhalten Sie bei den Wohlfahrtsverbänden (z. B. Arbeiterwohlfahrt und Caritas).
* Sie können sich auch selbst eine Ersatzkraft beschaffen, wenn besondere Gründe vorliegen. Wenn Sie Wert auf die Weiterführung Ihres Haushalts durch eine Person

Ihres Vertrauens legen, liegt ein besonderer Grund vor. Bitte teilen Sie die Gründe Ihrer Kasse mit.

* Für selbstbeschaffte Ersatzkräfte, die mit Ihnen bis zum zweiten Grad verwandt oder verschwägert sind (z. B. Kinder, Großeltern, Enkelkinder und Geschwister von Ihnen sowie Stiefeltern, Stiefkinder, Schwiegereltern, Schwiegersohn/Schwiegertochter, Schwager/Schwägerin, Großeltern des Ehegatten) erhalten Sie die Kosten für Verdienstausfall und Fahrkosten erstattet. Die Kasse hat hierbei Höchstbeträge (109,00 DM West, 91,00 DM Ost je Tag/im Jahr 1998) zu beachten.
* Für selbstbeschaffte Ersatzkräfte, die mit Ihnen nicht verwandt oder verschwägert sind, gehören grundsätzlich alle Kosten, die Ihnen durch die Selbstbeschaffung der Ersatzkraft entstehen, zu den erstattungsfähigen Aufwendungen. Auch hier gilt der Höchstbetrag von 109,00 West, 91,00 Ost je Tag.

**Haben Sie Anspruch auf Haushaltshilfe bei Mutterschaft?**
Wenn Sie folgende Fragen mit »Ja« beantworten können, haben Sie einen Anspruch auf Haushaltshilfe bei Mutterschaft.

**CHECK-LISTE ✓**

| Haben Sie Anspruch auf Haushaltshilfe bei Mutterschaft? | |
|---|---|
| ⇨ | Sind Sie versichert? |
| ⇨ | Haben Sie bisher den Haushalt geführt? |
| ⇨ | Ist Ihnen durch einen der folgenden Gründe die Weiterführung des Haushalts nicht möglich? |
| ⇨ | Kann keine andere Person den Haushalt weiterführen? |
| ⇨ | Haben Sie einen Antrag gestellt? |

**Erläuterungen:**

*Sind Sie versichert?*
Diese Frage können Sie in der Regel mit »Ja« beantworten. Im Teil III geben wir Ihnen zu diesem Thema weitere Informationen.

*Haben Sie bisher den Haushalt geführt?*
Voraussetzung für den Anspruch auf Haushaltshilfe ist, daß Sie über einen Haushalt verfügen, dessen Weiterführung erforderlich ist. Der Anspruch besteht nicht, sofern die wesentlichen Haushaltsarbeiten durch den Ehegatten, eine Hausangestellte oder von anderen Angehörigen verrichtet werden.

*Ist Ihnen durch einen der folgenden Gründe die Weiterführung des Haushalts nicht möglich?*
Sie können Ihren Haushalt wegen Schwangerschaft oder Entbindung nicht weiterführen. Sofern Sie Ihren Haushalt wegen einer anderen Krankheit nicht weiterführen können, können Sie im Rahmen des Abschnittes ⇨ 5.26 eine Haushaltshilfe beanspruchen.

*Kann keine andere Person den Haushalt weiterführen?*
Voraussetzung ist ferner, daß keine andere Person den Haushalt weiterführen kann.

**TIPS UND TRICKS** Auf den Grund der Hinderung kommt es nicht an. Es gelten berufliche, schulische sowie altersmäßige und körperliche Gründe der Verhinderung.

*Haben Sie einen Antrag gestellt?*
Wir empfehlen Ihnen, einen Antrag bei Ihrer Kasse zu stellen.

# Hebammenhilfe

**Was beinhaltet die Hebammenhilfe?** 5.60
Sie erhalten während der Schwangerschaft sowie bei und nach der Entbindung Beratung und Hilfe durch eine Hebamme. Zur Hebammenhilfe gehören auch ärztlich verordnete gymnastische Übungen, Entspannungsübungen und Übungen der Atemtechnik.

**TIPS UND TRICKS** Zur Hebammenhilfe gehören auch Geburtsvorbereitungskurse.

**Wie erhalten Sie Hebammenhilfe?**
Hebammenhilfe erhalten Sie bei einer Hebamme Ihres Vertrauens. Die Hebamme rechnet die erbrachten Leistungen direkt mit Ihrer Kasse ab. Sie darf Ihnen keine zusätzlichen Kosten in Rechnung stellen.

**Haben Sie Anspruch auf Hebammenhilfe?**
Wenn Sie folgende Fragen mit »Ja« beantworten können, haben Sie einen Anspruch auf Hebammenhilfe.

**CHECKLISTE** ✓

| Haben Sie Anspruch auf Hebammenhilfe? |
| --- |
| ⇨ Sind Sie versichert? |
| ⇨ Sind Sie schwanger oder haben Sie entbunden? |

## Heilmittel bei Mutterschaft

**Was beinhaltet die Leistung?**

5.61 Im Zusammenhang mit der Entbindung oder bei Schwangerschaftsbeschwerden erhalten Sie Heilmittel. Unter Heilmitteln werden persönliche medizinische »Dienstleistungen«, die überwiegend von außen auf den Körper einwirken, verstanden. Hierzu zählen z. B. Massagen, Bäder und Krankengymnastik.

> **TIPS UND TRICKS** Eigenanteile gibt es für Heilmittel bei Mutterschaft nicht.

**Wie erhalten Sie Heilmittel bei Mutterschaft?**
Die Heilmittel verschreibt Ihnen Ihr Arzt. Mit diesem Rezept können Sie zu einem Leistungsanbieter (z. B. Masseur Ihres Vertrauens) gehen, der die Behandlung übernimmt. Der Leistungserbringer rechnet dann mit Ihrer Kasse ab.

**Haben Sie Anspruch auf Heilmittel bei Mutterschaft?**
Wenn Sie folgende Fragen mit »Ja« beantworten können, haben Sie einen Anspruch auf Heilmittel bei Mutterschaft.

**CHECKLISTE** ✓

| Haben Sie Anspruch auf Heilmittel bei Mutterschaft? ||
|---|---|
| ⇨ | Sind Sie versichert? |
| ⇨ | Wird das Heilmittel wegen Schwangerschaftsbeschwerden oder im Zusammenhang mit der Entbindung von Ihrem Arzt verschrieben? |

**Erläuterungen:**
*Sind Sie versichert?*
Diese Frage können Sie in der Regel mit »Ja« beantworten. Im Teil III geben wir Ihnen zu diesem Thema weitere Informationen.

*Wird das Heilmittel wegen Schwangerschaftsbeschwerden oder im Zusammenhang mit der Entbindung von Ihrem Arzt verschrieben?*
Bei allen anderen Indikationen haben Sie Anspruch auf Heilmittel im Rahmen des Abschnittes ⇨ 5.29. Im übrigen gelten die Ausführungen, die in ⇨ 5.7 über Medikamente gemacht wurden.

## Hilfsmittel bei Mutterschaft

**Was beinhaltet die Leistung?** 5.62
Sie erhalten im Zusammenhang mit der Entbindung oder bei Schwangerschaftsbeschwerden Hilfsmittel.

**Wie erhalten Sie Hilfsmittel bei Mutterschaft?**
Ihr Arzt verschreibt Ihnen das für Sie notwendige Hilfsmittel. Das Hilfsmittel erhalten Sie kostenlos beim Leistungserbringer (z. B. im Sanitätshaus). Der Leistungserbringer rechnet die erbrachte Leistung direkt mit der Kasse ab.
Hilfsmittel, die für den täglichen Gebrauch auch von Gesunden benötigt werden, werden von Ihrer Kasse nicht übernommen.

**Haben Sie Anspruch auf Hilfsmittel bei Mutterschaft?**
Wenn Sie folgende Fragen mit »Ja« beantworten können, haben Sie einen Anspruch auf Hilfsmittel bei Mutterschaft.

**CHECK-LISTE** ✓

| Haben Sie Anspruch auf Hilfsmittel bei Mutterschaft? |
|---|
| ⇨ Sind Sie versichert? |
| ⇨ Verschreibt Ihnen Ihr Arzt das Hilfsmittel? |

**Erläuterungen:**
*Sind Sie versichert?*
Diese Frage können Sie in der Regel mit »Ja« beantworten. Im Teil III geben wir Ihnen zu diesem Thema weitere Informationen.

*Verschreibt Ihnen Ihr Arzt das Hilfsmittel?*
Ihr Arzt kann Ihnen alle notwendigen Hilfsmittel verschreiben. Ausgeschlossene Hilfsmittel darf er Ihnen nicht verschreiben. Bei allen anderen Indikationen haben Sie Anspruch auf Hilfsmittel im Rahmen ⇨ 5.31.

## Mutterschaftsgeld

**5.63 Was beinhaltet die Leistung?**
Für schwangere Frauen besteht sechs Wochen vor dem Entbindungstag und acht Wochen nach der Entbindung (Schutzfrist) ein Arbeitsverbot. Bei Mehrlingsgeburten gilt das Beschäftigungsverbot zwölf Wochen nach der Geburt. Gleiches gilt für Frühgeburten. Sie erhalten in dieser Zeit keine Lohnfortzahlung, sondern Mutterschaftsgeld.

**TIPS UND TRICKS**

* Wenn Sie Anspruch auf Mutterschaftsgeld haben, erhalten Sie ergänzend dazu von Ihrem Arbeitgeber einen

Zuschuß. Dieser Zuschuß gleicht den Unterschiedsbetrag zwischen Mutterschaftsgeld (max. 750,00 DM) und Ihrem Nettoentgelt aus.
* Bei Frühgeburten verlängert sich Ihr Anspruch auf Mutterschaftsgeld von zwölf Wochen nach der Geburt um den Zeitraum, den Sie wegen der Frühgeburt kein Mutterschaftsgeld erhalten haben.

**Wie erhalten Sie Mutterschaftsgeld?**
Für den Antrag auf Mutterschaftsgeld erhalten Sie von Ihrem Arzt – frühestens sieben Wochen vor der Geburt – eine ärztliche Bescheinigung über den mutmaßlichen Tag der Entbindung. Nach dieser Bescheinigung richtet sich das Beschäftigungsverbot und der Zeitraum, in dem Ihre Kasse Mutterschaftsgeld zahlt. Wenn Sie entbunden haben, reichen Sie bitte die für die Kasse vorgesehene Geburtsurkunde (kostenfrei) ein. Ihre Kasse wird dann die weiteren Zahlungen veranlassen.

Bitte vergessen Sie nicht, sich um die Versicherung Ihres Kindes zu kümmern. Sollte Sie die Kasse diesbezüglich nicht ansprechen, sollten Sie selber aktiv werden (Anruf genügt). Übrigens: Kinder von Personen, die Mutterschaftsgeld erhalten, haben oftmals einen Anspruch auf Familienversicherung. Weitere Informationen zur Familienversicherung finden Sie im Kapitel 7.

**Haben Sie Anspruch auf Mutterschaftsgeld?**
Wenn Sie folgende Fragen mit »Ja« beantworten können, haben Sie einen Anspruch auf Mutterschaftsgeld.

## CHECK-LISTE ✓

| **Haben Sie Anspruch auf Mutterschaftsgeld?** |
|---|
| ⇨ Sind Sie versichert? |
| ⇨ Haben Sie Anspruch auf Krankengeld? Oder erhalten Sie von Ihrem Arbeitgeber während des Arbeitsverbots keinen Lohn gezahlt? |
| ⇨ Waren Sie in den letzten 10 Monaten vor der Entbindung Mitglied einer Kasse oder als Arbeitnehmer beschäftigt? |

**Erläuterungen:**
*Sind Sie versichert?*
Diese Frage können Sie in der Regel mit »Ja« beantworten. Im Teil III geben wir Ihnen zu diesem Thema weitere Informationen.

*Haben Sie Anspruch auf Krankengeld? Oder erhalten Sie von Ihrem Arbeitgeber während des Arbeitsverbots keinen Lohn gezahlt?*
Alle Arbeitnehmer haben Anspruch auf Krankengeld und erfüllen o. g. Voraussetzung. Zu den Personen, die während des Arbeitsverbots keinen Lohn erhalten, gehören z. B. Studentinnen und freiwillig Versicherte, die in einem krankenversicherungsfreien Arbeitsverhältnis stehen.

*Waren Sie in den letzten 10 Monaten vor der Entbindung Mitglied einer Kasse oder als Arbeitnehmer beschäftigt?*
In der Regel können Sie diese Frage mit »Ja« beantworten.

*In welcher Höhe erhalten Sie das Mutterschaftsgeld?*
**5.64** Die Höhe des Mutterschaftsgeldes gestaltet sich nach folgenden zwei Grundsätzen:

a. Bei Arbeitnehmerinnen beträgt das Mutterschaftsgeld täglich max. 25,00 DM (750,00 DM monatlich). Sofern Sie mit Ihrem Nettolohn diesen Betrag übersteigen, beträgt das Mutterschaftsgeld also lediglich 25,00 DM.
b. Nicht-Arbeitnehmerinnen erhalten das Mutterschaftsgeld in Höhe des Krankengeldes (⇨ 5.38).

**TIPS UND TRICKS** Wenn Sie Anspruch auf Mutterschaftsgeld haben, erhalten Sie von Ihrem Arbeitgeber ergänzend einen Zuschuß. Dieser Zuschuß gleicht den Unterschiedsbetrag zwischen Mutterschaftsgeld und Ihrem Nettolohn aus. 5.64.1

### Für welchen Zeitraum erhalten Sie Mutterschaftsgeld?
Das Mutterschaftsgeld wird für sechs Wochen vor und für acht Wochen nach der Entbindung sowie den Entbindungstag gezahlt. 5.65

**TIPS UND TRICKS**

* Bei Mehrlings- oder Frühgeburten wird das Mutterschaftsgeld für zwölf Wochen nach der Entbindung gezahlt.
* Ihr Arzt stellt Ihnen frühestens sieben Wochen vor der Entbindung eine Bescheinigung über den mutmaßlichen Tag der Entbindung aus. Wenn Sie diese Bescheinigung vor der Entbindung bei Ihrer Kasse einreichen, berechnet die Kasse die o. a. Zeiten nach dem in der Bescheinigung genannten Termin. Entbinden Sie später, wird vom tatsächlichen Tag der Entbindung im Anschluß acht Wochen Mutterschaftsgeld gezahlt. Damit verlängert sich evtl. der Zeitraum des Mutterschaftsgeldbezuges.
* Bei Frühgeburten verlängert sich Ihr Anspruch auf Mutterschaftsgeld von 12 Wochen nach der Geburt um den

Zeitraum, den Sie wegen der Frühgeburt kein Mutterschaftsgeld erhalten haben.

## Stationäre Entbindung bei Mutterschaft

**5.66 Was beinhaltet die Leistung?**
Sie erhalten bei Entbindung stationäre Behandlung in einem Krankenhaus. Die stationäre Entbindung umfaßt auch den Anspruch auf Unterkunft, Pflege und Verpflegung.

**TIPS UND TRICKS** Einen Eigenanteil müssen Sie für die Zeit der stationären Entbindung nicht zahlen.

**Wie erhalten Sie eine stationäre Entbindung bei Mutterschaft?**
Für die stationäre Entbindung erhalten Sie von Ihrem Arzt eine Einweisung in das Krankenhaus. Er empfiehlt Ihnen auch das für die Behandlung geeignete Krankenhaus. In Notfällen können Sie auch ohne Einweisung in das Krankenhaus gehen. Eine vorherige Antragstellung ist vor der Krankenhausbehandlung nicht erforderlich. Das Krankenhaus setzt sich direkt mit Ihrer Kasse in Verbindung und rechnet die Behandlung mit ihr ab.

**TIPS UND TRICKS**

* Sollten Sie die Behandlung in einem bestimmten – z. B. auswärtigen – Krankenhaus wünschen, empfehlen wir die vorherige Absprache mit Ihrem Arzt und Ihrer Kasse.
* Im Zusammenhang mit der stationären Entbindung können Sie Fahrkosten geltend machen. Näheres hierzu erfahren Sie beim Thema *Fahrkosten* ⇨ 5.21.

**Haben Sie Anspruch auf eine stationäre Entbindung?**
Wenn Sie folgende Fragen mit »Ja« beantworten können, haben Sie einen Anspruch auf stationäre Entbindung.

**CHECK-LISTE** ✓

| Haben Sie Anspruch auf eine stationäre Entbindung? |
| --- |
| ⇨ Sind Sie versichert? |
| ⇨ Wurden Sie von Ihrem Arzt in das Krankenhaus zur Entbindung eingewiesen? (Oder liegt ein Notfall vor?) |

**Erläuterungen:**
*Sind Sie versichert?*
Diese Frage können Sie in der Regel mit »Ja« beantworten. Im Teil III geben wir Ihnen zu diesem Thema weitere Informationen.

*Wurden Sie von Ihrem Arzt in das Krankenhaus zur Entbindung eingewiesen? (Oder liegt ein Notfall vor?)*
Sie benötigen grundsätzlich eine Einweisung Ihres Arztes, es sei denn, es liegt ein Notfall vor.

## Verbandsmittel bei Mutterschaft

**Was beinhaltet die Leistung?** 5.67
Im Zusammenhang mit der Entbindung oder bei Schwangerschaftsbeschwerden erhalten Sie Verbandsmittel.

**TIPS UND TRICKS** Rezeptgebühren gibt es für Verbandsmittel bei Mutterschaft nicht.

**Wie erhalten Sie Verbandsmittel bei Mutterschaft?**
Die ärztliche Betreuung umfaßt auch die Verschreibung von Verbandsmitteln. Der Arzt entscheidet, welches Verbandsmittel Sie erhalten, und verschreibt dieses dann auf einem Rezept. Die Abgabe des Verbandsmittels erfolgt in Apotheken. Ein gesonderter Antrag ist bei der Krankenkasse nicht erforderlich. Der Arzt und die Apotheken rechnen die erbrachte Leistung mit der Krankenkasse ab.

**TIPS UND TRICKS** Sie erkennen anhand des ausgestellten Rezeptes, wer die Kosten des Verbandsmittels bezahlt. Im Regelfall erhalten Sie ein »Kassen«-Rezept, bei dem Sie das Verbandsmittel kostenlos von der Apotheke erhalten. Sofern Sie das Verbandsmittel auf einem »Privat«-Rezept verordnet bekommen, müssen Sie es in der Apotheke bezahlen. Selbstverständlich können Sie Ihren Arzt fragen, warum Sie das Verbandsmittel nicht zu Lasten der Kasse verschrieben bekommen haben.

**Haben Sie einen Anspruch auf Verbandsmittel bei Mutterschaft?**
Wenn Sie folgende Fragen mit »Ja« beantworten können, haben Sie einen Anspruch auf Verbandsmittel bei Mutterschaft.

**CHECKLISTE** ✓

| Haben Sie einen Anspruch auf Verbandsmittel bei Mutterschaft? ||
|---|---|
| ⇨ | Sind Sie versichert? |
| ⇨ | Wurde das Verbandsmittel von einem Arzt verordnet? |
| ⇨ | Wird das Verbandsmittel wegen Schwangerschaftsbeschwerden oder in Zusammenhang mit der Entbindung verschrieben? |

**Erläuterungen:**
*Sind Sie versichert?*
Diese Frage können Sie in der Regel mit »Ja« beantworten. Im Teil III geben wir Ihnen zu diesem Thema weitere Informationen.

*Wurde das Verbandsmittel von einem Arzt verordnet?*
Wie schon erwähnt, umfaßt die ärztliche Behandlung auch die Verschreibung von Verbandsmittel. Sie erhalten das Verbandsmittel von der Apotheke kostenlos, sofern ein (Vertrags-)Arzt Ihnen das Verbandsmittel auf einem »Kassen«-Rezept verordnet hat.

*Wird das Medikament wegen Schwangerschaftsbeschwerden oder in Zusammenhang mit der Entbindung verschrieben?*
Bei allen anderen Indikationen haben Sie Anspruch auf Verbandsmittel im Rahmen des ⇨ 5.76.


## Mütterkuren (Mutter-Kind-Kuren)

**Was beinhaltet die Leistung?** 5.68
Mütterkuren sind speziell auf die Gesundheitsprobleme von Müttern ausgerichtet. Sie dienen der seelischen und körperlichen Regeneration sowie der Unterstützung bei der Bewältigung schwieriger Lebenssituationen.
Während der Mutterkur haben Sie einen Eigenanteil in Höhe von täglich 17,00 DM (14,00 DM Ost) zu zahlen.

**TIPS UND TRICKS**

* Mütter, die jünger als achtzehn sind, müssen keinen Eigenanteil zahlen.

* Informationen zu Mütterkuren erhalten Sie bei den Beratungs- und Vermittlungsstellen der Wohlfahrtsverbände (z. B. Arbeiterwohlfahrt, Deutsches Rotes Kreuz, Caritas, Diakonisches Werk) sowie bei Ihrer Kasse.
* Im Zusammenhang mit einer Mütterkur können Sie evtl. *Fahrkosten* (⇨ 5.21) geltend machen.

**Wie erhalten Sie Mütterkuren?**
Bei den Beratungs- und Vermittlungsstellen der Wohlfahrtsverbände liegen Formulare (Atteste) für die Beantragung einer Mütterkur aus. Ihr Arzt füllt das Attest aus und bescheinigt Ihnen darauf die Kurbedürftigkeit. Die Kur ist bei Ihrer Kasse zu beantragen.

**Haben Sie Anspruch auf Mütterkuren?**
Wenn Sie folgende Fragen mit »Ja« beantworten können, haben Sie einen Anspruch auf Mütterkuren.

**CHECK-LISTE** ✓

| Haben Sie Anspruch auf Mütterkuren? |
|---|
| ⇨ Sind Sie versichert? |
| ⇨ Hat Ihnen Ihr Arzt die Kurbedürftigkeit bestätigt? |
| ⇨ Hat Ihre Kasse in ihrer Satzung die Übernahme der Mütterkuren vorgesehen? |
| ⇨ Haben Sie die Mütterkur bei Ihrer Kasse beantragt? |

**Erläuterungen:**
*Sind Sie versichert?*
Diese Frage können Sie in der Regel mit »Ja« beantworten. Im Teil III geben wir Ihnen zu diesem Thema weitere Informationen.

*Hat Ihnen Ihr Arzt die Kurbedürftigkeit bestätigt?*
Die Kurbedürftigkeit bescheinigt Ihnen Ihr Arzt auf einem Attest.

*Hat Ihre Kasse in ihrer Satzung die Übernahme der Mütterkuren vorgesehen?*
Die Mütterkur wird von Ihrer Krankenkasse voll oder teilweise finanziert. Bitte fragen Sie bei Ihrer Kasse an, ob sie eine entsprechende Übernahme vorgesehen hat. Ist dies nicht der Fall, helfen Ihnen die Beratungs- und Vermittlungsstellen der Wohlfahrtsverbände dabei, wie die (Rest)kosten aufgebracht werden können.

**TIPS UND TRICKS** Bitte informieren Sie sich rechtzeitig bei Ihrer Kasse, in welcher Höhe sie die Kosten für eine Mütterkur übernimmt. Ansonsten wäre vielleicht der Wechsel Ihrer Kasse zu einer leistungsstärkeren angezeigt. Wie kann ich die Kasse wechseln? Näheres hierzu erfahren Sie im Teil VI.

*Haben Sie die Mütterkur bei Ihrer Kasse beantragt?*
Mütterkuren sind bei Ihrer Kasse vorher zu beantragen. Bitte legen Sie hierfür das ärztliche Attest vor.

**TIPS UND TRICKS** Vor der Stellung des Kurantrags empfehlen wir Ihnen, das Kapitel über die Antragstellung zu lesen.

### Rechtsschutz

Ihre Kasse kann Sie bei der Verfolgung von Schadensersatzansprüchen aus Behandlungsfehlern, die bei der Inanspruchnahme von Leistungen entstanden sind, unterstützen. Die Übernahme von Anwalts- und Gerichtskosten ist nicht vorgesehen.

5.69

**TIPS UND TRICKS** Die Kontaktanschrift der Selbsthilfegruppe für silikongeschädigte Frauen lautet: Selbsthilfegruppe Silikongeschädigter Frauen e. V., Fürstenberger Str. 215, 60323 Frankfurt (Tel. 0 69/5 97 14 03).

## Rehabilitationsleistungen, ergänzende

**5.70 Was beinhalten ergänzende Leistungen zur Rehabilitation?**
Als ergänzende Leistungen zur Rehabilitation erbringt Ihre Kasse alle Leistungen, die erforderlich sind, um das Ziel der Rehabilitation zu erreichen und zu sichern. Was muß ich mir unter dem Begriff »alle Leistungen« vorstellen? Nun: Ihre Kasse kann z. B. bei der Operation eines Kindes im Ausland die Fahrkosten und die Unterkunft im Ausland zahlen.

**TIPS UND TRICKS** Sollten Sie eine bestimmte Leistung in diesem Buch nicht finden, leistet die Kasse diese vielleicht als ergänzende Leistung zur Rehabilitation. Die Leistung müssen Sie bei Ihrer Kasse beantragen. Ihr Arzt stellt Ihnen hierfür entsprechende Atteste aus.

## Satzungsleistungen

**5.71** Ihre Kasse kann in ihrer Satzung weitere Leistungen beschließen und anbieten. So kann sie z. B. die Inhalte der Kostenerstattung, die Höhe der Kurzuschüsse, die Inhalte der Haushaltshilfe und häuslichen Krankenpflege ... festlegen.

**TIPS UND TRICKS** Bitte fragen Sie bei Ihrer Kasse nach, ob und welche zusätzlichen Leistungen sie in der Satzung beschlossen hat. Die Satzung liegt oftmals in Ihrer Kasse zur Einsicht aus.

# Schwangerschaftsabbruch

**Was beinhaltet die Leistung?** 5.72
Ihre Kasse übernimmt die Kosten für einen Schwangerschaftsabbruch in bestimmten Fällen. Die Leistung beinhaltet insbesondere die Beratung über die Erhaltung und den Abbruch der Schwangerschaft sowie die Untersuchung und Begutachtung zur Feststellung der Voraussetzungen für einen nicht rechtswidrigen Schwangerschaftsabbruch durch einen Arzt. Soweit der Schwangerschaftsabbruch im Rahmen der in ⇨ 5.72.2 genannten Beratungslösung (Fall 2) vorgenommen wird, werden von Ihrer Kasse nur eingeschränkt Leistungen gezahlt. In der Regel werden von der Kasse die Leistungen übernommen, die notwendig sind:

– um die Gesundheit des Ungeborenen zu schützen, falls es nicht zum Abbruch kommt,
– um die Gesundheit der Kinder aus weiteren Schwangerschaften zu schützen oder
– um die Gesundheit der Mutter zu schützen, insbesondere um zu erwartenden Komplikationen aus dem Abbruch der Schwangerschaft vorzubeugen oder eingetretene Komplikationen zu beseitigen.

**Wie erhalten Sie die Leistung?**
Der Schwangerschaftsabbruch wird in einer hierfür vorgesehenen Einrichtung von einem Arzt vorgenommen.

**Haben Sie Anspruch auf die Leistung?**
Wenn Sie folgende Fragen mit »Ja« beantworten können, haben Sie einen Anspruch auf die Leistung.

**CHECK-LISTE** ✓

| | Haben Sie Anspruch auf die Leistung? |
|---|---|
| ⇨ | Sind Sie versichert? |
| ⇨ | Handelt es sich um einen nicht rechtswidrigen (Fall 1 ⇨ 5.72.1) oder einen rechtswidrigen, aber nicht strafbaren (Fall 2 ⇨ 5.72.2) Schwangeschaftsabbruch? |
| ⇨ | Wurde die Leistung bei Ihrer Kasse beantragt? |

**Erläuterungen:**
*Sind Sie versichert?*
Diese Frage können Sie in der Regel mit »Ja« beantworten. Im Teil III geben wir Ihnen zu diesem Thema weitere Informationen.

*Handelt es sich um einen nicht rechtswidrigen (Fall 1) oder einen rechtswidrigen, aber nicht strafbaren (Fall 2) Schwangerschaftsabbruch?*

**5.72.1** Ein nicht rechtswidriger Schwangerschaftsabbruch (Fall 1) liegt vor, sofern
   a. der Abbruch aufgrund einer medizinischen (Schwangerschaftsabbruch bei erheblicher Gefahr für die Gesundheit der Schwangeren oder des Kindes) oder
   b. kriminologischen Indikation (Schwangerschaftsabbruch bei einer vorangegangenen Vergewaltigung) erfolgt.

**5.72.2** Ein rechtswidriger, aber nicht strafbarer Schwangerschaftsabbruch (Fall 2) liegt bei der sogenannten Beraterlösung vor.

*Wurde die Leistung bei Ihrer Kasse beantragt?*
Die Leistung muß vorher bei Ihrer Kasse beantragt werden. Die erforderlichen Unterlagen erhalten Sie bei Ihrem Arzt.

# Sterbegeld

**Was beinhaltet das Sterbegeld?** 5.73
Das Sterbegeld beinhaltet bei Tod eines Versicherten einen Zuschuß zu den Bestattungskosten (Sterbegeld). Das Sterbegeld beträgt beim Tod eines (Haupt-)Versicherten 2100,00 DM und eines Familienversicherten 1050,00 DM.

**Wie erhalten Sie Sterbegeld?**
Das Sterbegeld müssen Sie bei der Kasse des Verstorbenen beantragen. Hierzu legen Sie der Kasse die Sterbeurkunde sowie einige Rechnungen der Beerdigung (oder andere Nachweise) vor.

Das o. g. Sterbegeld deckt nur einen Teil der Bestattungskosten. Aus diesem Grund reicht einigen Kassen auch eine schriftliche Erklärung, daß die Bestattungskosten (über 2100,00 DM) voll von Ihnen übernommen werden, aus.

**Haben Sie Anspruch auf Sterbegeld?**
Wenn Sie folgende Fragen mit »Ja« beantworten können, haben Sie einen Anspruch auf Sterbegeld.

| Haben Sie Anspruch auf Sterbegeld? |
| --- |
| ⇨ War der Verstorbene am 1. 1. 89 und am Todestag versichert? |
| ⇨ Tragen Sie die Kosten der Beerdigung (über 2100,00 DM)? |
| ⇨ Haben Sie das Sterbegeld bei der Kasse des Verstorbenen beantragt? |

## Sterilisation

**5.74 Was beinhaltet die Leistung?**
Die Leistungen zur Sterilisation beinhalten insbesondere die Untersuchung und Begutachtung zur Feststellung der Voraussetzungen für eine Sterilisation sowie deren Durchführung.

**Wie erhalten Sie die Leistung?**
Die Sterilisation wird von einem Arzt vorgenommen. Sie ist vorher bei der Kasse zu beantragen.

**Haben Sie Anspruch auf Sterilisation?**
Wenn Sie folgende Fragen mit »Ja« beantworten können, haben Sie einen Anspruch auf Sterilisation.

**CHECK-LISTE ✓**

| Haben Sie Anspruch auf Sterilisation? |
| --- |
| ⇨ Sind Sie versichert? |
| ⇨ Wird die Sterilisation freiwillig durchgeführt? |

## Suchtbehandlung (z. B. Methadon, Alkohol)

**5.75 Was beinhaltet die Leistung?**
Eine Sucht liegt vor, wenn der Abhängige unfähig zur Abstinenz ist, die Selbstkontrolle verliert sowie beim periodischen Auftreten von beiden Symptomen. Für die Behandlung von Alkohol-, Medikamenten- und Drogenabhängigen ist insbesondere die Kasse sowie der Rentenversicherungsträger zuständig. Der Entzug im klassischen Sinne besteht aus der Entzugsbehandlung (bezahlt von der Kasse) sowie der Entwöhnungsbehandlung (bezahlt vom Rentenversicherungsträger).

> Bei Drogenabhängigkeit kann vorübergehend auch eine Substitution der Drogen durch Methadon durch die Kasse übernommen werden.

**Wie erhalten Sie die Leistung?**
Bei der Behandlung von Abhängigkeitskranken arbeiten Ärzte, Suchtberatungsstellen, Rentenversicherungsträger und Krankenkassen eng zusammen. Die Leistung ist bei der Kasse zu beantragen. Voraussetzung für eine erfolgreiche Behandlung ist die Einsicht und Motivation des Erkrankten.

> **TIPS UND TRICKS** Örtliche Suchtberatungsstellen geben Ihnen ebenfalls Auskunft über die Möglichkeiten der Suchtbehandlung.

**Haben Sie Anspruch auf Suchtbehandlung?**
Wenn Sie folgende Fragen mit »Ja« beantworten können, haben Sie einen Anspruch auf Suchtbehandlung.

**CHECKLISTE ✓**

| Haben Sie Anspruch auf Suchtbehandlung? |
| --- |
| ⇨ Sind Sie versichert? |
| ⇨ Sehen Sie die Notwendigkeit der Suchtbehandlung ein? |
| ⇨ Hat Ihnen Ihr Arzt die Notwendigkeit der Suchtbehandlung bestätigt? |
| ⇨ Wurde die Suchtbehandlung bei Ihrer Kasse beantragt? |

## Verbandsmittel

### 5.76 Was beinhaltet die Leistung?

Verbandsmittel erhalten Sie grundsätzlich kostenlos in Ihrer Apotheke. Wenn Sie älter als achtzehn Jahre sind, müssen Sie bei Verbandsmitteln Rezeptgebühren an die Apotheke leisten. Die Höhe der Rezeptgebühr beträgt je Verbandsmittel 9,00 DM.

**TIPS UND TRICKS** Von den Rezeptgebühren können Sie sich, wenn Sie ein geringes Einkommen oder sehr viele Rezeptgebühren leisten müssen, befreien lassen. Wie das geht? Hierzu geben wir Ihnen in ⇨ 5.13 (Befreiung von Eigenanteilen) einige Hinweise.

### Wie erhalten Sie Verbandsmittel?

Die ärztliche Betreuung umfaßt auch die Verschreibung von Verbandsmitteln. Der Arzt entscheidet, welches Verbandsmittel Sie erhalten, und verschreibt dieses dann auf einem *Rezept*. Die Abgabe des Verbandsmittels erfolgt in Apotheken. Ein gesonderter Antrag ist bei der Krankenkasse nicht erforderlich. Der Arzt und die Apotheken rechnen die erbrachte Leistung mit der Krankenkasse ab.

**TIPS UND TRICKS** Sie erkennen anhand des ausgestellten Rezeptes, wer die Kosten des Verbandsmittels bezahlt. Im Regelfall erhalten Sie ein »Kassen«-Rezept, mit dem Sie das Verbandsmittel kostenlos von der Apotheke erhalten. Sofern Sie das Verbandsmittel auf einem »Privat«-Rezept verordnet bekommen, müssen Sie es in der Apotheke bezahlen. Selbstverständlich können Sie Ihren Arzt fragen, warum Sie das Verbandsmittel nicht zu Lasten der Kasse verschrieben bekommen haben.

**Haben Sie einen Anspruch auf Verbandsmittel?**
Wenn Sie folgende Fragen mit »Ja« beantworten können, haben Sie einen Anspruch auf Verbandsmittel.

**CHECK-LISTE** ✓

| Haben Sie einen Anspruch auf Verbandsmittel? |
| --- |
| ⇨ Sind Sie versichert? |
| ⇨ Wurde Ihnen das Verbandsmittel von einem (Vertrags-)Arzt verschrieben? |
| ⇨ Ist für das Verbandsmittel ein Höchstbetrag festgelegt worden? |

**Erläuterungen:**
*Sind Sie versichert?*
Diese Frage können Sie in der Regel mit »Ja« beantworten. Im Teil III geben wir Ihnen zu diesem Thema weitere Informationen.

*Wurde Ihnen das Verbandsmittel von einem (Vertrags-)Arzt verschrieben?*
Die ärztliche Behandlung umfaßt die Verschreibung von Verbandsmitteln. Sie erhalten das Verbandsmittel von der Apotheke kostenlos, sofern ein (Vertrags-)Arzt Ihnen das Verbandsmittel auf einem »Kassen«-Rezept verschrieben hat.

*Ist für das Verbandsmittel ein Höchstbetrag festgelegt worden?*
Für Verbandsmittel erfolgt die Übernahme der Kosten Ihrer Kasse grundsätzlich vollständig. Für viele Verbandsmittel wurden jedoch Höchstbeträge festgesetzt. Für diese Verbandsmittel trägt Ihre Krankenkasse die Kosten nur bis zur Höhe dieses Höchstbetrages.

**TIPS UND TRICKS** Ihr Arzt weiß, welche Verbandsmittel von Ihrer Krankenkasse voll übernommen werden. Sofern das von Ihnen gewünschte Verbandsmittel den Höchstbetrag überschreitet, kann er Ihnen *gleichwertige* Alternativen aufzeigen.

## Zahnärztliche Behandlung

**5.77 Was beinhaltet die zahnärztliche Behandlung?**
Die zahnärztliche Behandlung wird von Zahnärzten erbracht. Sie umfaßt die Tätigkeit des Zahnarztes im gleichen Umfang wie bei der ärztlichen Behandlung. Lediglich zielt die zahnärztliche Behandlung auf Zahn-, Mund- und Kieferkrankheiten ab. Bestandteil der zahnärztlichen Behandlung ist die kieferorthopädische Behandlung (⇨ 5.34) sowie die Versorgung mit Zahnersatz (⇨ 5.78).

**TIPS UND TRICKS** Ihr Arzt entscheidet, welche weiteren Leistungen für eine erfolgreiche Behandlung erforderlich sind.

**Wie erhalten Sie die zahnärztliche Behandlung?**
Vor dem Beginn der zahnärztlichen Behandlung haben Sie dem Arzt Ihre *Krankenversichertenkarte* auszuhändigen. In dringenden Fällen können Sie die Krankenversichertenkarte auch nachreichen. Ihr Arzt rechnet dann die erbrachten Leistungen mit Ihrer Kasse ab. Ein Antrag ist nicht erforderlich.

**Haben Sie Anspruch auf zahnärztliche Behandlung?**
Wenn Sie folgende Fragen mit »Ja« beantworten können, haben Sie einen Anspruch auf zahnärztliche Behandlung.

## CHECKLISTE ✓

| **Haben Sie einen Anspruch auf zahnärztliche Behandlung?** |
|---|
| ⇨ Sind Sie versichert? |
| ⇨ Sind Sie bei einem (Vertrags-)Zahnarzt in Behandlung? |

**Erläuterungen:**
*Sind Sie versichert?*
Diese Frage können Sie in der Regel mit »Ja« beantworten. Im Teil III geben wir Ihnen zu diesem Thema weitere Informationen.

*Sind Sie in Behandlung bei einem (Vertrags-)Zahnarzt?*
Nahezu alle Zahnärzte (ca. 95%) haben Verträge mit den Krankenkassen geschlossen. Unter diesen Zahnärzten können Sie sich einen Arzt Ihres Vertrauens frei auswählen.

## TIPS UND TRICKS

* Wie erkennen Sie, ob ein Zahnarzt ein Vertragsarzt ist? Zum einen können Sie bei der Terminvereinbarung die Sprechstundenhilfe fragen, ob Ihr Arzt von Ihrer Kasse zugelassen ist. Zum anderen haben die Ärzte auf dem Türschild Hinweise (z. B. – alle Kassen –) angebracht.
* Auch zwischen den Quartalen ist für Sie der Wechsel zu einem anderen Zahnarzt möglich. Um Doppeluntersuchungen zu vermeiden, ist es zweckmäßig, Kopien der Berichte des bisherigen Zahnarztes zum neuen Arzt mitzunehmen.

# Zahnersatz

### 5.78 Was beinhaltet die Leistung?

Ab 1. 1. 98 erhalten Sie (voraussichtlich) einen Festzuschuß zum Zahnersatz. Die Festzuschüsse werden für Kronen, Totalprothesen, Zahnersatz, Brücken und Kombinationsleistungen gebildet. Die Höhe des Festzuschusses legt Ihre Kasse fest. Der Festzuschuß erhöht sich um 20%, wenn Sie Ihre Zähne gepflegt und in den letzten fünf Jahren die Vorsorgeuntersuchungen (⇨ 5.33) regelmäßig in Anspruch genommen haben. Der Festzuschuß erhöht sich um weitere 10%, wenn Sie Ihre Zähne gepflegt und seit 1. 1. 89 die o. a. Untersuchungen regelmäßig in Anspruch genommen haben. Bis 31. 12. 97 erhalten Sie – in der Regel – 55% der Kosten des Zahnersatzes.

### Wie erhalten Sie die Leistung?

Den Festzuschuß beantragen Sie bei Ihrer Kasse. Ihre Krankenkasse zahlt den Festzuschuß direkt an Sie. Die Abrechnung der zahnärztlichen Leistung erfolgt unmittelbar zwischen Ihrem Zahnarzt und Ihnen. Sie werden beim Zahnarzt als »Privatpatient« behandelt. Das bedeutet, daß Sie die jeweiligen Behandlungen mit Ihrem Zahnarzt vertraglich vereinbaren.

**Tips und Tricks**

* In der Presse wird immer wieder die Befürchtung geäußert, daß durch die Neuregelung der Zahnersatz für viele teurer wird. Bitte prüfen Sie bei Ihrem Zahnarzt genau die geplante Behandlung und die Kosten.
* Haben Sie Zweifel, inwieweit die veranschlagten Kosten gerechtfertigt sind, dann sprechen Sie mit Ihrer Kasse oder lassen sich von einem anderen Zahnarzt einen Kostenvoranschlag machen.
* Weitere Kostenvoranschläge kosten Sie übrigens nichts.

**Haben Sie Anspruch auf einen Festzuschuß zum Zahnersatz?**
Wenn Sie folgende Fragen mit »Ja« beantworten können, haben Sie einen Anspruch auf einen Festzuschuß zum Zahnersatz.

**CHECK-LISTE** ✓

| **Haben Sie Anspruch auf einen Festzuschuß zum Zahnersatz?** |
| --- |
| ⇨ Sind Sie versichert? |
| ⇨ Sind Sie vor dem 31. 2. 1978 geboren? |
| ⇨ Haben Sie den Festzuschuß bei Ihrer Kasse beantragt? |

**Erläuterungen:**
*Sind Sie versichert?*
Diese Frage können Sie in der Regel mit »Ja« beantworten. Im Teil III geben wir Ihnen zu diesem Thema weitere Informationen.

*Sind Sie vor dem 31. 12. 1978 geboren?*
Sie erhalten einen Festzuschuß zum Zahnersatz, wenn Sie **vor** dem 31. 12. 1978 geboren sind.

**TIPS UND TRICKS**

Sind Sie **nach** dem 31. 12. 1978 geboren, erhalten Sie einen Festzuschuß zum Zahnersatz, wenn Sie
– aufgrund eines Unfalles,
– durch eine schwere, nicht vermeidbare Erkrankung des Kausystems,

- durch eine schwere Allgemeinerkrankung oder deren Folgen oder
- zur Behandlung einer schweren Allgemeinerkrankung oder deren Folgen

einen Zahnersatz benötigen.

*Haben Sie den Festzuschuß bei Ihrer Kasse beantragt?*
Den Festzuschuß beantragen Sie bei Ihrer Kasse. Ihr Zahnarzt gibt Ihnen hierfür die erforderlichen Unterlagen.

## Zusammentreffen von Leistungen

**5.79** Das deutsche Sozialsystem ist eines der fortschrittlichsten der Welt. Es gibt ein »soziales Netz«, durch das niemand hindurchfallen soll. Die verschiedenen Lebensbereiche (z. B. Alter und Krankheit) sichern verschiedene Versicherungsträger ab. Dies hat zur Folge, daß Sie oftmals bei mehreren Versicherungen Anspruch auf Leistungen haben (Näheres hierzu vgl. z. B. ⇨ 5.47, *Krankengeld und Rente*).

Der zeitgleiche Bezug von Sozialleistungen ist vom Gesetzgeber nicht gewollt. Er hat vielfältige Regelungen getroffen, damit Sie jeweils nur eine Leistung erhalten.

**TIPS UND TRICKS**

* Erkundigen Sie sich vorher, welche Leistungen Ihnen von welcher Versicherung zustehen. In einigen Fällen (z. B. bei Krankengeld) kann sich dies positiv auswirken.
* Wer hat nicht schon einmal davon gehört, daß eine Versicherung zunächst erst einmal die Zuständigkeit prüfen müsse! Bis zur endgültigen Verständigung der Versicherungen können dabei Wochen (Monate?) verstreichen.

Fordern Sie in diesem Fall von den Versicherungsträgern eine schnelle Bearbeitung sowie einen Vorschuß.

## Zuzahlungen (Eigenanteile) auf einen Blick

| Leistung | Zuzahlung | | Befreiungs-möglichkeiten |
|---|---|---|---|
| | West | Ost | |
| Arzneimittel | DM 9,00, 11,00 und 13,00 je Medikament; gestaffelt nach Packungsgröße (jedoch nicht mehr als die Kosten des Mittels) | DM 9,00, 11,00 und 13,00 je Medikament; gestaffelt nach Packungsgröße (jedoch nicht mehr als die Kosten des Mittels) | Sozialklausel (⇨ 5.14) Überforderungsklausel (⇨ 5.15) Kinder (unter 18 Jahre) |
| Fahrkosten (von und zur Krankenbehandlung) | 25,00 DM je Fahrt | 25,00 DM je Fahrt | Sozialklausel (⇨ 5.14) Überforderungsklausel (⇨ 5.15) |
| Fahrkosten (zur ambulanten Behandlung) | 25,00 DM je Fahrt | 25,00 DM je Fahrt | Sozialklausel (⇨ 5.14) Überforderungsklausel (⇨ 5.15) |
| Fahrkosten (Transport in Rettungsfahrzeugen oder Krankenwagen) | 25,00 DM je Fahrt | 25,00 DM je Fahrt | Sozialklausel (⇨ 5.14) Überforderungsklausel (⇨ 5.15) |
| Heilmittel (z. B. Bäder u. Massagen) | 15% der Kosten | 15% der Kosten | Sozialklausel (⇨ 5.14) Überforderungsklausel (⇨ 5.15) Kinder (unter 18 Jahre) |
| Kieferorthopädische Behandlung | 20% der Kosten (bei mehreren Kindern, die sich zur gleichen Zeit in kieferorthopädischer Behandlung befinden, 10% der Kosten) | 20% der Kosten (bei mehreren Kindern, die sich zur gleichen Zeit in Behandlung befinden, 10% der Kosten) | Keine Befreiungsmöglichkeit (Eigenanteil wird am Ende der erfolgreichen Behandlung erstattet) |

**580**

| Leistung | Zuzahlung | | Befreiungs-möglichkeiten |
|---|---|---|---|
| | West | Ost | |
| Krankenhausbehandlung (ab 18 Jahre) | DM 17,00 je Kalendertag (für höchstens 14 Tage) | DM 14,00 je Kalendertag (für höchstens 14 Tage) | Kinder (unter 18 Jahre) |
| stationäre Vorsorge- und Rehabilitationskuren | DM 25,00 je Kalendertag (Ausnahme: Mutter-Kind-Kuren, Anschlußrehabilitation) | DM 20,00 je Kalendertag (Ausnahme: Mutter-Kind-Kuren, Anschlußrehabilitation) | Sozialklausel (⇨ 5.14) Kinder (unter 18 Jahre) |
| Zahnersatz | Festzuschuß | Festzuschuß | Sozialklausel (⇨ 5.14) gleitende Überforderungsklausel (⇨ 5.15) |
| Verbandsmittel | einheitlich DM 9,00 je Verordnung (jedoch nicht mehr als die Kosten des Mittels) | einheitlich DM 9,00 je Verordnung (jedoch nicht mehr als die Kosten des Mittels) | Sozialklausel (⇨ 5.14) Überforderungsklausel (⇨ 5.15) Kinder (unter 18 Jahre) |

# Teil III:
# Versicherter
# Personenkreis

# 6 Pflichtversicherte Personen

## Allgemeines

Ein Großteil der Bevölkerung in Deutschland ist bei einer 6.1
gesetzlichen Krankenkasse pflichtversichert. Nur wenige Berufsstände wie z. B. Beamte, Richter, Geistliche oder Selbständige sind von dieser Pflichtversicherung ausgenommen. Der Schutzgedanke bei Einführung der gesetzlichen Krankenversicherung war so groß, daß man es nicht dem einzelnen überlassen wollte, ob er sich für den Krankheitsfall versichert. Daher wurde die Zugehörigkeit zu einer Krankenkasse für fast jedermann zur Pflicht. Diese Pflicht besteht auch heute noch, wenngleich innerhalb der Krankenversicherungspflicht zwischen unterschiedlichen Krankenkassen gewählt werden kann. Näheres hierzu können Sie in Kapitel 9 nachlesen.

## Vor- und Nachteile einer Pflichtversicherung

Der große Gedanke der Pflichtversicherung »Schutz bei 6.2
Krankheit für alle« ist auch der große Vorteil der Pflichtversicherung. Die Versicherten brauchen sich selbst um fast nichts zu kümmern. Die Beiträge zur Krankenversicherung werden vom Arbeitgeber einbehalten und an die Krankenkasse weitergeleitet. Leistungen, die durch diese Beiträge finanziert werden, erhält der Versicherte im Krankheitsfall. Also eine verordnete Solidargemeinschaft.
Und genau dies wird dann zum Nachteil, wenn die Wünsche und Belange des einzelnen nicht berücksichtigt werden können. Einheitlicher Beitrag, zumindest prozentual am Einkommen orientiert, und einheitliche Leistungen lassen keinen Spielraum für individuelle Ansprüche. Damit dieser

Nachteil ausgeglichen wird, wurden Vorschriften über Vorschriften erlassen. Diese Vorschriften bringen aber ein System mit sich, das voller Winkel und Verstecke ist. Die Gerechtigkeit, die wir uns wünschen, konnte damit bisher noch nicht vollständig erreicht werden.

## Arbeitnehmer

Arbeiter, Angestellte und Auszubildende werden als Arbeitnehmer bezeichnet. Diese Arbeitnehmer sind krankenversichert, wenn sie gegen Arbeitsentgelt (Lohn oder Gehalt) beschäftigt sind. Arbeitnehmer mit hohem Einkommen sind jedoch von dieser Pflicht ausgenommen. Sollte Ihr Verdienst 1998 die Grenze von 75 600,00 DM (im Westen) bzw. 63 000,00 DM (im Osten) überschreiten, so empfehlen wir Ihnen, ⇨ 10.5 zu lesen.

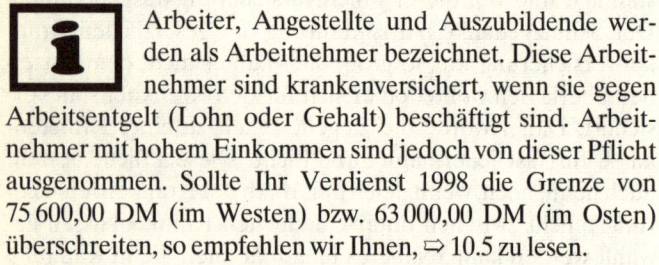

6.3 Wenn Sie die nachstehenden Fragen **alle** mit »Ja« beantworten, so sind Sie als Arbeitnehmer krankenversichert.

**CHECK-LISTE** ✓

| Sind Sie als Arbeitnehmer versicherungspflichtig in der Krankenversicherung? | |
|---|---|
| ⇨ | Sind Sie Arbeiter, Angestellter oder Auszubildender? |
| ⇨ | Erhalten Sie für Ihre Arbeit Lohn oder Gehalt (Fachsprache: Arbeitsentgelt)? |
| ⇨ | Sind Sie abhängig beschäftigt, sind Sie weisungsgebunden (d. h., verrichten Sie Ihre Arbeit nicht selbständig)? |
| ⇨ | Ist Ihr Verdienst 1998 niedriger als 75 600,00 DM (West) bzw. 63 000,0 DM (Ost)? |
| ⇨ | Arbeiten Sie in Deutschland? |

**Tips und Tricks**

* Auf zwei wichtige Ausnahmen weisen wir noch hin. Sollten Sie nur einen sehr geringen Lohn (unter 620,00 DM) erhalten, so lesen Sie bitte ⇨ 10.3. Wenn Sie nur für eine kurze Zeit beschäftigt sind, so empfehlen wir Ihnen, ⇨ 10.4. zu lesen.
* Viele privatversicherte Arbeitnehmer möchten, wenn sie älter werden, wieder zurück in die GKV. Wir haben diesem wichtigen Thema ein eigenes Kapitel (⇨ 8.5) gewidmet.
* Bei der Beurteilung der Krankenversicherungspflicht entscheidet die Krankenkasse ausschließlich nach den tatsächlichen Verhältnissen und nicht nach getroffenen Vereinbarungen zwischen dem Arbeitgeber und dem Arbeitnehmer. Wenn also jemand nur dem »Papier« nach beschäftigt ist, so besteht keine Versicherungspflicht. In solchen Fällen entfällt der Versicherungsschutz sogar rückwirkend.
* Eine abhängige Beschäftigung liegt nur vor, wenn der Arbeitnehmer weisungsgebunden ist. Das heißt, der Arbeitgeber bestimmt über Art, Ort und Zeit der Arbeit. Auch leitende Angestellte, die nur teilweise weisungsgebunden sind, stehen in einem versicherungspflichtigen Beschäftigungsverhältnis, sofern bestimmte Einkommensgrenzen nicht überschritten werden (siehe auch ⇨ 10.5). Besteht jedoch keine Weisungsgebundenheit, so besteht keine Pflicht zur Krankenversicherung. Unter Umständen kann eine freiwillige Versicherung in Frage kommen. Lesen Sie hierzu Kapitel 8.

## Arbeitslose

Beziehen Sie Arbeitslosengeld (ALG) oder Arbeitslosenhilfe **6.4**
(ALHI), so sind Sie krankenversichert.
Wenn Sie die nachstehenden Fragen **alle** mit »Ja« beantworten, so sind Sie als Arbeitsloser krankenversichert.

## CHECK-LISTE ✓

| **Sind Sie versicherungspflichtig in der Krankenversicherung?** |
|---|
| ⇨ Sind Sie arbeitslos und beim Arbeitsamt gemeldet? |
| ⇨ Erhalten Sie Arbeitslosengeld oder Arbeitslosenhilfe? |
| ⇨ Wohnen Sie in Deutschland? |

## TIPS UND TRICKS

* Sobald Sie Arbeitslosengeld oder Arbeitslosenhilfe beziehen, meldet Sie das Arbeitsamt bei Ihrer Krankenkasse an. Die Krankenkasse wählen Sie bereits bei der Antragsstellung für das Arbeitslosengeld bzw. die Arbeitslosenhilfe. Näheres zum Wahlrecht erfahren Sie in Kapitel 9.
* Endet das Arbeitslosengeld oder die Arbeitslosenhilfe, so endet auch Ihr Krankenversicherungsschutz. Prüfen Sie dann bitte, ob die Möglichkeit einer Mitversicherung bei einem Angehörigen besteht (Kapitel 7) oder ob Sie sich freiwillig versichern können (Kapitel 8).

### Behinderte

**6.5** Behinderte, die in anerkannten Behindertenwerkstätten, in Anstalten, in Heimen oder in gleichartigen Einrichtungen beschäftigt sind, sind krankenversichert, wenn sie regelmäßig mindestens 1/5 der Leistung eines voll erwerbsfähig Beschäftigten erbringen. Die Behinderung muß von Dauer sein, d. h. mindestens seit sechs Monaten bestehen.

Behinderte, die wie Arbeitnehmer beschäftigt sind (⇨ 6.3), sind nicht nach den folgenden Ausführungen krankenversichert. Vielmehr gilt bei diesem Personenkreis das Schema unter ⇨ 6.3 zu prüfen.

## Behinderte in Heimen

Wenn Sie die nachstehenden Fragen **alle** mit »Ja« beantworten, so sind Sie krankenversichert.

**CHECK-LISTE** ✓

| **Sind Sie als Behinderter versicherungspflichtig in der Krankenversicherung?** |
| --- |
| ⇨ Haben Sie eine anerkannte Behinderung (die Anerkennung erfolgt in der Regel durch das Versorgungsamt)? |
| ⇨ Sind Sie in einem anerkannten Behindertenheim beschäftigt? |
| ⇨ Befinden Sie sich **nicht** in einer Tagesförderungsstätte? |
| ⇨ Entspricht Ihre Arbeitsleistung mindestens $1/5$ eines voll erwerbsfähig Beschäftigten? |
| ⇨ Kommt eine Versicherung nach ⇨ 6.3 nicht in Frage? |

**TIPS UND TRICKS**

* Die gesetzliche Krankenversicherung hat für den Behinderten einen wichtigen Vorteil. Ein Leistungsausschluß erfolgt nicht bei der gesetzlichen Krankenversicherung. Der Behinderte kann somit alle Leistungen, insbesondere auch für seine vorhandene Behinderung, von der Krankenkasse erhalten.
* Ist nicht eindeutig klar, ob der Behinderte $1/5$ der Arbeitsleistung eines voll erwerbsfähig Beschäftigten erbringt, lassen Sie dies durch die Heimleitung abklären. Die Versicherungspflicht besteht übrigens auch schon in der Eingangsstufe und der Trainingsphase des Behinderten.

**Beispiel Gerhard Lechner**
Gerhard Lechner ist 20 Jahre alt. Er ist mongoloid und geistig und körperlich behindert. Seit dem 1. 4. 1997 ist er in einer anerkannten Caritas-Werkstatt beschäftigt. Seine Arbeitsleistung beträgt rund 30% eines voll erwerbsfähig Beschäftigten.
Somit ist Gerhard Lechner ab dem 1. 4. 1997 krankenversichert.

## Behinderte in Einrichtungen der Jugendhilfe

Krankenversicherungspflicht besteht auch für Personen, die in Einrichtungen der Jugendhilfe für eine Erwerbstätigkeit befähigt werden sollen. Dies kann z. B. eine Ausbildung für behinderte Jugendliche sein. Gleiches gilt für Teilnehmer an einer berufsfördernden Maßnahme, wie sie z. B. in Berufsbildungswerken durchgeführt werden.
Wenn Sie die nachstehenden Fragen **alle** mit »Ja« beantworten, so sind Sie krankenversichert.

**CHECK-LISTE** ✓

| **Sind Sie als Behinderter versicherungspflichtig in der Krankenversicherung?** |   |
|---|---|
| ⇨ | Sind Sie in einer Einrichtung der Jugendhilfe? |
| ⇨ | Sollen Sie hier auf eine Erwerbstätigkeit vorbereitet werden? Oder nehmen Sie an einer berufsfördernden Maßnahme teil? |
| ⇨ | Kommt eine Versicherung nach ⇨ 6.3 nicht in Frage? |

Die Behinderung muß bei diesen Personen nicht von Dauer sein. Es wird auch nicht geprüft, ob die Arbeitsleistung ⅕ der

Leistung eines voll erwerbsfähig Beschäftigten entspricht (siehe vorherigen Abschnitt).

**TIPS UND TRICKS**

* Ein Leistungsausschluß erfolgt nicht bei der gesetzlichen Krankenversicherung, so daß der Teilnehmer einer solchen Maßnahme alle Leistungen der gesetzlichen Krankenversicherung erhält.
* Auch Behinderte können zwischen den einzelnen Krankenkassen wählen. Näheres hierzu finden Sie in Kapitel 9.

## Rentner

Wie geht es mit meiner Krankenversicherung weiter, wenn **6.6** ich nicht mehr arbeite und Rente beziehe? Eine beliebte Frage, auf die wir in diesem Kapitel antworten.
Rentner, aber auch Rentenantragsteller, sind krankenversichert, wenn sie eine bestimmte Vorversicherungszeit in der gesetzlichen Krankenversicherung während ihres Erwerbslebens nachweisen.
Ausgangspunkt für die Berechnung der Vorversicherungszeit ist der erste Tag, an dem Sie beschäftigt oder selbständig waren. Ein weiteres wichtiges Datum ist der Tag der Rentenantragstellung. Mit diesen beiden Daten ist es Ihnen leicht möglich, die zweite Hälfte Ihres Erwerbslebens zu ermitteln, denn nur dieser Zeitraum ist für die Vorversicherungszeit von Bedeutung.

**Beispiel Anton Hansen**
Herr Anton Hansen, geb. am 14. 9. 1932, beantragt bei der LVA Altersrente am 8. 9. 1997. Sein erster Arbeitstag war der 1. 7. 1947, an diesem Tag begann er seine Schuhmacherlehre.

Wir bilden nun die zweite Hälfte des Erwerbslebens:

a. Die gesamte Zeit des Erwerbslebens bis zum Rentenantrag dauert vom 1. 7. 1947 bis zum 8. 9. 1997, diese Zeit umfaßt

|   | Tage | Monate | Jahre |
|---|---|---|---|
|   | 8 | 2 | 50 |
| b. davon die Hälfte entspricht | 4 | 1 | 25 |
| c. Tag der erstmaligen Aufnahme einer Tätigkeit ist der | 1. | 7. | 47 |
| d. die unter b. und c. ermittelten Zahlen werden zusammengezählt | 5. | 8. | 72 |

Für Anton Hansen umfaßt die zweite Hälfte seines Erwerbslebens den Zeitraum vom 5. 8. 1972 bis 4. 8. 1997 (maßgebliche Zeit für die weitere Prüfung = Rahmenzeit).
Innerhalb der ermittelten Rahmenzeit müssen Sie mindestens 90% bei einer gesetzlichen Krankenkasse krankenversichert gewesen sein. Für die Ermittlung der 90% soll Ihnen nachstehende Tabelle behilflich sein. Um es noch einmal zu verdeutlichen: Wie Herr Hansen vom 1. 7. 1947 bis 4. 8. 1972 versichert war, interessiert überhaupt nicht.

**Fortsetzung des Beispiels Anton Hansen**
Herr Hansen muß in der Zeit vom 5. 8. 1972 bis 8. 9. 1997 mindestens 90% krankenversichert gewesen sein. Der Zeitraum umfaßt also 4 Tage, 1 Monat und 25 Jahre (siehe Punkt b. des obigen Berechnungsschemas). Laut Tabelle entsprechen 90% 22 Jahren, 7 Monaten und 4 Tagen.

# Tabelle zur Ermittlung der 90%-Versicherungszeit

| Jahre | 90% | | | Monate | 90% | | Tage | 90% |
|---|---|---|---|---|---|---|---|---|
| | Jahre | Monate | Tage | | Monate | Tage | | Tage |
| 1 Jahr | | 10 | 29 | 1 Monat | | 27 | 1 Tag | 1 |
| 2 Jahre | 1 | 9 | 22 | 2 Monate | 1 | 24 | 2 Tage | 2 |
| 3 Jahre | 2 | 8 | 16 | 3 Monate | 2 | 21 | 3 Tage | 3 |
| 4 Jahre | 3 | 7 | 9 | 4 Monate | 3 | 18 | 4 Tage | 4 |
| 5 Jahre | 4 | 6 | 3 | 5 Monate | 4 | 15 | 5 Tage | 5 |
| 6 Jahre | 5 | 4 | 26 | 6 Monate | 5 | 12 | 6 Tage | 6 |
| 7 Jahre | 6 | 3 | 20 | 7 Monate | 6 | 9 | 7 Tage | 7 |
| 8 Jahre | 7 | 2 | 13 | 8 Monate | 7 | 6 | 8 Tage | 8 |
| 9 Jahre | 8 | 1 | 7 | 9 Monate | 8 | 3 | 9 Tage | 9 |
| 10 Jahre | 9 | 0 | 0 | 10 Monate | 9 | 0 | 10 Tage | 9 |
| 11 Jahre | 9 | 10 | 29 | 11 Monate | 9 | 27 | 11 Tage | 10 |
| 12 Jahre | 10 | 9 | 22 | 12 Monate | 10 | 24 | 12 Tage | 11 |
| 13 Jahre | 11 | 8 | 16 | | | | 13 Tage | 12 |
| 14 Jahre | 12 | 7 | 9 | | | | 14 Tage | 13 |
| 15 Jahre | 13 | 6 | 3 | | | | 15 Tage | 14 |
| 16 Jahre | 14 | 4 | 26 | | | | 16 Tage | 15 |
| 17 Jahre | 15 | 3 | 20 | | | | 17 Tage | 16 |
| 18 Jahre | 16 | 2 | 13 | | | | 18 Tage | 17 |
| 19 Jahre | 17 | 1 | 7 | | | | 19 Tage | 18 |
| 20 Jahre | 18 | 0 | 0 | | | | 20 Tage | 18 |
| 21 Jahre | 18 | 10 | 29 | | | | 21 Tage | 19 |
| 22 Jahre | 19 | 9 | 22 | | | | 22 Tage | 20 |
| 23 Jahre | 20 | 8 | 16 | | | | 23 Tage | 21 |
| 24 Jahre | 21 | 7 | 9 | | | | 24 Tage | 22 |
| 25 Jahre | 22 | 6 | 3 | | | | 25 Tage | 23 |
| | | | | | | | 26 Tage | 24 |
| | | | | | | | 27 Tage | 25 |
| | | | | | | | 28 Tage | 26 |
| | | | | | | | 29 Tage | 27 |
| | | | | | | | 30 Tage | 27 |

## Wie handhaben wir die Tabelle im Beispiel Anton Hansen?

Es gilt folgende Ableseweise:

|    | Zeiten | hiervon 90% | Jahre | Monate | Tage |
|----|--------|-------------|-------|--------|------|
| a. | 25 Jahre | entsprechen | 22 | 6 | 3 |
| b. | 1 Monat | entspricht | | | 27 |
| c. | 4 Tage | entsprechen | | | 4 |
|    |        | zusammengezählt | 22 | 6 | 34 |
| d. | 30 Tage entsprechen einem Monat (12 Monte entsprechen einem Jahr), also | | 22 | 7 | 4 |

Wenn Sie **alle** der nachstehenden Fragen mit »Ja« beantworten, so sind Sie als Rentner krankenversichert.

**CHECK-LISTE** ✓

| Sind Sie versicherungspflichtig in der Krankenversicherung? |
|---|
| ⇨ Haben Sie einen Rentenantrag bei einer gesetzlichen Rentenversicherung (LVA der BfA) gestellt? |
| ⇨ Erfüllen Sie die Voraussetzungen für den Bezug einer Rente (davon gehen Sie bei Rentenantragsstellung immer aus)? |
| ⇨ Waren Sie 90% der zweiten Hälfte Ihres Erwerbslebens bei einer gesetzlichen Krankenkasse versichert (vergleiche Beispiel Anton Hansen)? |
| ⇨ Kommt eine Versicherung nach ⇨ 6.3 oder ⇨ 6.4 nicht in Frage (die Krankenversicherung als Arbeitnehmer oder Arbeitsloser ist vorrangig)? |

**TIPS UND TRICKS**

* Zur Krankenversicherung zählen auch Zeiten, in denen Sie familienversichert waren.
* Versicherungszeiten vor dem 1. 1. 1991, die Sie in der ehemaligen DDR nachweisen können, gelten als Pflichtversicherungszeiten.
* Bei Hinterbliebenenrente (für Witwen, Witwer oder Waisen) können die Voraussetzungen entweder vom Antragsteller oder vom Verstorbenen erfüllt werden.
* Bei der Rentenantragsstellung geben Sie die Krankenkassen an, bei denen Sie ab dem 1. 1. 1970 versichert waren. Gelegentlich werden diese Angaben von den Krankenkassen genau geprüft, insbesondere dann, wenn die Zeiten nur lückenhaft dargestellt wurden.
* Für die Dauer des Rentenverfahrens, bis also über Ihre Rente entschieden ist, sind Sie bereits krankenversichert, wenn Sie die Voraussetzungen wie oben beschrieben erfüllen. Sie gehören dann der Krankenversicherung der Rentenantragsteller an. Falls Ihnen keine Rente bewilligt wird, endet diese Versicherung mit dem Tage der Rentenablehnung.
* Welche Beiträge ein Rentner oder Rentenantragsteller zu zahlen hat, können Sie in Kapitel 11 nachlesen.

## Studenten

Studenten sind in der Familienversicherung bis zum 25. Lebensjahr kostenfrei mitversichert. Die Familienversicherung verlängert sich gegebenenfalls um die Zeit des abgeleisteten Grundwehrdienstes, wobei nur der gesetzliche Wehrdienst berücksichtigt wird. Zivildienst dauert in der Regel länger als der Wehrdienst. Dennoch wird auch bei Zivildienstleistenden nur die gesetzliche Wehrpflichtzeit bei der Alters-

6.7

beschränkung für Familienversicherte herangezogen. Näheres hierzu können Sie im nächsten Kapitel (Kapitel 7) nachlesen.

Besteht eine Familienversicherung nicht oder ist diese beendet, so wird der Student selbst krankenversichert. Wieder wollen wir anhand des bekannten Schemas die Versicherungspflicht prüfen.

Wenn Sie die nachstehenden Fragen **alle** mit »Ja« beantworten so sind Sie als Student krankenversichert.

**CHECKLISTE ✓**

| Sind Sie versicherungspflichtig in der Krankenversicherung? |  |
|---|---|
| ⇨ | Sind Sie eingeschriebener Student? |
| ⇨ | Ist die Hochschule, an der Sie studieren, eine staatliche oder staatlich anerkannte Hochschule, Fachhochschule oder Universität? |
| ⇨ | Kommt eine Familienversicherung (nach Kapitel 7) für Sie *nicht* in Betracht? |

Die Krankenversicherung als Student endet einen Monat nach Ablauf des Semesters, für das der Student sich zuletzt eingeschrieben hat. Die Krankenversicherung für die Studenten besteht höchstens 14 Fachsemester lang. Außerdem sind Personen, die älter als 30 Jahre sind, nicht oder nicht mehr versicherungspflichtig, es sei denn, Art der Ausbildung oder familiäre bzw. persönliche Gründe haben dies erfordert.

- Endet die studentische Krankenversicherung, so haben Sie die Möglichkeit, sich freiwillig zu versichern. Lesen Sie hierzu bitte Kapitel 8. Die Krankenversicherung der Studenten beinhaltet wesentlich günstigere Beiträge als eine freiwillige Versicherung.
- Fachsemester, die Sie im Ausland belegt haben, werden nur dann berücksichtigt, wenn Sie auch während des Auslandsstudiums bei einer deutschen Hochschule eingeschrieben sind.
- Studenten haben auch die Möglichkeit, sich innerhalb von drei Monaten nach Beginn der Versicherungspflicht als Student von dieser Pflicht befreien zu lassen. Diese Befreiungsmöglichkeit ist für Personen geschaffen worden, die sich lieber privat versichern wollen. Die Befreiung kann während des gesamten Studiums nicht widerrufen werden.
- Vor der Entscheidung einer Befreiung von der studentischen Krankenversicherung empfehlen wir Ihnen, die Vor- und Nachteile einer privaten Krankenversicherung genau zu prüfen. Wir möchten Sie dabei auf ⇨ 8.3 verweisen.

# 7 Familienversicherung

## Allgemeines

**7.1** Die gesetzlichen Krankenkassen bieten Versicherungsschutz für die ganze Familie. Ohne zusätzlichen Beitrag sind der Ehegatte und die Kinder krankenversichert.

Die Familienversicherung ist ein großer Vorteil der gesetzlichen Krankenversicherung gegenüber der privaten Krankenversicherung (PKV). Die PKV verlangt für jeden Versicherten einen Beitrag zur Krankenversicherung. Mehr zu diesem Thema erfahren Sie in ⇨ 8.3.

Familienversicherte haben eigene Leistungsansprüche. Der Anspruch aus einer eigenständigen Versicherung (nach Kapitel 6 oder 8) ist vorrangig.

## Wer hat Anspruch auf Familienversicherung?

**7.2** Ansprüche aus der Familienversicherung bestehen für folgende Personengruppen:
- für den Ehegatten,
- für Kinder, hierzu gehören alle ehelichen Kinder und nichtehelichen Kinder sowie die als Kind angenommenen Kinder,
- für Stiefkinder und Enkel, wenn Sie für mehr als die Hälfte des Unterhalts dieser Kinder aufkommen,
- für Pflegekinder, wenn sie in häuslicher Gemeinschaft mit den Pflegeeltern leben,
- für Adoptionspflegekinder, wenn die zur Annahme erforderliche Einwilligung der Eltern erteilt wurde.

Diese Auflistung ist abschließend, so daß andere Angehörige nicht zur Familienversicherung gehören. Damit Sie selbst die weiteren Voraussetzungen für die Familienversicherung prüfen können, beachten Sie nachstehendes Schema.

Wenn Sie **alle** Fragen mit »Ja« beantworten, so sind Sie familienversichert.

**CHECK-LISTE** ✓

| Sind Sie familienversichert? |
|---|
| ⇨ Gehören Sie zu einer der vorgenannten Personengruppen? |
| ⇨ Wohnen Sie in Deutschland oder leben Sie gewöhnlich in Deutschland? |
| ⇨ Kommt eine Versicherung nach Kapitel 6 oder 8 nicht in Frage (die eigenständige Versicherung ist vorrangig)? |
| ⇨ Haben Sie sich nicht von der Krankenversicherung befreien lassen? |
| ⇨ Arbeiten Sie nicht mehr als 20 Stunden pro Woche selbständig? |
| ⇨ Haben Sie kein Einkommen, das höher als 620,00 DM (im Westen) bzw. 520,00 DM (im Osten) ist? |

Die Familienversicherung ist nicht von einem Antrag abhängig. Klären Sie aber die Familienversicherung mit Ihrer Krankenkasse ab.

**TIPS UND TRICKS**

\* Die Familienversicherung wird in regelmäßigen Abständen von den Krankenkassen überprüft. Auch bei Leistungsanträgen des Familienangehörigen wird die Familienversicherung überprüft. Stellt die Krankenkasse fest, daß keine Familienversicherung gegeben ist, so besteht

auch kein Anspruch auf Leistungen. Wenn Sie also die Voraussetzungen für die Familienversicherung nicht oder nicht mehr erfüllen, melden Sie dies Ihrer Krankenkasse unverzüglich.
* Die genannten Einkommensgrenzen können gelegentlich vom Familienangehörigen überschritten werden, wobei man unter »gelegentlich« einen Zeitraum von zwei Monaten versteht. Sollte der Familienangehörige eine Beschäftigung aufnehmen, die von vornherein auf zwei Monate beschränkt ist, so bleibt die Familienversicherung bestehen (siehe auch Kapitel 10).
* Nach dem Ende einer Familienversicherung ist eine freiwillige Krankenversicherung möglich. Näheres hierzu können Sie in Kapitel 8 nachlesen.
* Kommt die Familienversicherung bei mehreren Krankenkassen in Betracht, so besteht die Wahlmöglichkeit zwischen den einzelnen Krankenkassen. Dieses Wahlrecht hat nicht der Angehörige, sondern der Hauptversicherte (gemeint ist der Beitragszahler). In der Praxis kann auch der Familienangehörige die Krankenkasse in Absprache mit dem Hauptversicherten wählen.

**Beispiel Eveline Gschwind**
Die 22jährige Studentin Eveline Gschwind heiratet am 17. 9. 1997. Bisher war sie mit ihrem Vater Maximilian Gschwind bei der Krankenkasse A als Familienangehörige mitversichert. Ihre Mutter ist ebenfalls berufstätig und aufgrund dieser Beschäftigung bei der Krankenkasse B versichert. Ihr Ehemann Siegfried Tobler ist als Lehrer berufstätig und bei der Krankenkasse C versichert.
Bis zum 16. 9. 1997 hatte Eveline Gschwind bereits die Wahlmöglichkeit zwischen der Krankenkasse A und B, ab 17. 9. 1997 erfüllt sie auch die Voraussetzungen, um bei ihrem Ehemann mitversichert zu werden. Sie kann somit ab 17. 9. 1997 unter drei Krankenkassen wählen.

**TIPS UND TRICKS** Wenn Sie sich einen Überblick über die verschiedenen Krankenkassen verschaffen wollen, so lesen Sie einfach Kapitel 9. Auch die Kurzübersicht in Kapitel 15 kann Ihnen bei der Entscheidungsfindung helfen.

**i** Wir bleiben ein Leben lang Kinder unserer Eltern. Die Familienversicherung der Kinder wurde daher an bestimmte Altersgrenzen gebunden. Nachstehendes Schema verdeutlicht die verschiedenen Möglichkeiten, wann ein Kind familienversichert ist.

Wenn Sie nur **eine** der nachstehenden Fragen mit »Ja« beantworten können, so sind Sie ein Kind im Sinne der Familienversicherung.

**CHECKLISTE ✓**

| Sind Sie ein Kind im Sinne der Familienversicherung? |
| --- |
| ⇨ Sind Sie noch keine 18 Jahre alt? |
| ⇨ Sind Sie zwar älter als 18 Jahre, aber noch keine 25 Jahre alt und befinden sich in Schul-, Hochschul- oder Fachschulausbildung? |
| ⇨ Sind Sie zwar älter als 25 Jahre, haben aber die gesetzliche Dienstpflicht (Wehr- oder Zivildienst) abgeleistet und befinden sich in Schul-, Hochschul- oder Fachschulausbildung? Die Familienversicherung besteht dann bis 25 Jahre plus gesetzlich abgeleistete Dienstpflicht. |
| ⇨ Sind Sie zwar älter als 18 Jahre, aber noch keine 23 Jahre alt und sind arbeitslos (also beim Arbeitsamt als Arbeitsloser gemeldet)? |
| ⇨ Sind Sie zwar älter als 18 Jahre, aufgrund einer Behinderung jedoch außerstande, sich selbst zu unterhalten? Dann gilt keine Altersbegrenzung, wenn die Behinderung bereits als familienversichertes Kind bestanden hat. |

## Besonderheit bei hohem Einkommen

Wenn nur ein Elternteil der gesetzlichen Krankenversicherung angehört, der andere Elternteil also privat krankenversichert ist, so besteht eine Familienversicherung für die gemeinsamen Kinder nur dann, wenn der privat Versicherte eine bestimmte Einkommensgrenze nicht übersteigt. Im Jahre 1998 wurde diese Einkommensgrenze mit 6300,00 DM (5250,00 DM im Osten) monatlich festgelegt.

**TIPS UND TRICKS**

* Prüfen Sie bei dem vorstehenden Fall, ob eine Familienversicherung für die ganze Familie nicht günstiger ist, als eine für jeden Angehörigen getrennt abgeschlossene private Versicherung. Der Weg von der PKV zurück in die gesetzliche Krankenversicherung wird in ⇨ 8.5 beschrieben.
* Trifft der vorstehende Sachverhalt auf Sie zu und erwarten Sie ein Kind, so können Sie Ihr Kind entweder freiwillig bei einer gesetzlichen Krankenkasse versichern oder bei der privaten Krankenversicherung eine Versicherung abschließen. In beiden Fällen gilt *kein* Leistungsausschluß wegen angeborener Krankheiten. Hierbei sind wichtige Fristen zu beachten. In der GKV haben Sie nach der Geburt drei Monate lang Zeit, die freiwillige Krankenversicherung zu beantragen. In der PKV gelten auch kürzere Fristen.

### Beispiel Familie Schmölz

Frau Cornelia Schmölz ist als Kunstdozentin privat krankenversichert. Sie hat ein monatliches Einkommen von 7800,00 DM. Ihr Ehemann Franz Schmölz ist als Schreiner Mitglied einer gesetzlichen Krankenkasse, er hat ein Einkommen von

4800,00 DM. Frau Schmölz ist schwanger, und der voraussichtliche Entbindungstag ist der 19. 10. 1998.
Für das Kind besteht keine kostenfreie Familienversicherung bei der Krankenkasse von Schreiner Schmölz. Vielmehr muß sich Familie Schmölz entscheiden, ob das Kind bei der gesetzlichen Krankenkasse oder bei einer privaten Krankenversicherung gegen den Krankheitsfall abgesichert werden soll.

**Fortsetzung des Beispiels der Familie Schmölz**
Nach der Geburt des Kindes (Wolfgang, 53 cm, 3780 gr.) beschließt die Mutter, ihre Stelle als Dozentin zumindest für ein bis zwei Jahre nicht auszuüben. Ab dem 1. 11. 1998 erzielt sie daher kein Einkommen mehr.
Ab 1. 11. 1998 sind die Voraussetzungen für eine Familienversicherung bei der Krankenkasse des Schreiners Schmölz für seine Ehefrau und für seinen Sohn erfüllt. Es besteht auch die Möglichkeit, die private Krankenversicherung zu kündigen. Mehr zu diesem Kündigungsrecht erfahren Sie in Kapitel 8.

# 8 Freiwillig Versicherte

## Allgemeines

**8.1** Neben der Pflichtversicherung wurde für verschiedene Personengruppen die Möglichkeit einer freiwilligen Krankenversicherung eingeräumt. Der Gedanke bei der Einführung dieser Regelung war, jedem die Chance zu geben, der gesetzlichen Krankenversicherung anzugehören. Wer sich einmal gegen die gesetzliche Krankenversicherung entschieden hat, wird es schwer haben, dieser Solidargemeinschaft wieder anzugehören. Dennoch gibt es von uns hierzu einige Tips & Tricks.

Ein wesentlicher Unterschied zwischen der Pflicht- und der freiwilligen Versicherung ist: Versicherungspflichtige Personen werden, sobald die gesetzlich vorgeschriebenen Voraussetzungen erfüllt sind, ohne ihr Zutun krankenversichert. Wer sich hingegen freiwillig versichert, muß selbst aktiv werden.

Leistungsunterschiede zwischen der Pflicht- und der freiwilligen Versicherung gibt es keine.

**8.2** Die verschiedenen Personengruppen, die sich freiwillig versichern können, sind im nachfolgenden Schema dargestellt. Zunächst haben wir immer die Personengruppe genannt und dann die Voraussetzungen dieser Personengruppe zusammengestellt. Wenn Sie in der jeweiligen Personengruppe **alle** Fragen mit »Ja« beantworten, dann haben Sie die Möglichkeit, sich freiwillig zu versichern.

## Personen, bei denen die Pflichtversicherung endet

**CHECK-LISTE** ✓

| Können Sie der freiwilligen Krankenversicherung beitreten? |
|---|
| ⇨ Sind Sie aus der Versicherungspflicht (Kapitel 6) ausgeschieden? |
| ⇨ Waren Sie in den letzten 5 Jahren vor dem Ausscheiden mindestens 24 Monate gesetzlich versichert? Oder waren Sie direkt vor dem Ausscheiden mindestens 12 Monate gesetzlich versichert? |
| ⇨ Haben Sie Ihren Antrag auf freiwillige Versicherung innerhalb von drei Monaten nach dem Ende der Versicherungspflicht gestellt? |

## Personen, bei denen die Familienversicherung endet

**CHECK-LISTE** ✓

| Können Sie der freiwilligen Krankenversicherung beitreten? |
|---|
| ⇨ Waren Sie bisher familienversichert (Kapitel 7) und endet diese Versicherung nun? Oder kommt die Familienversicherung für Ihr neugeborenes Kind nicht zustande, weil ein Ehepartner privat krankenversichert ist und er die Einkommensgrenze von monatlich 6300,00 DM bzw. 5250,00 DM übersteigt? |
| ⇨ Haben Sie Ihren Antrag auf freiwillige Versicherung innerhalb von drei Monaten nach dem Ende der Familienversicherung gestellt? |

**TIPS UND TRICKS:** Weitere Informationen über die Familienversicherung finden Sie in Kapitel 7.

## Personen, die erstmals eine Beschäftigung aufnehmen

**CHECKLISTE ✓**

| Können Sie der freiwilligen Versicherung beitreten? |
|---|
| ⇨ Nehmen Sie zum ersten Mal eine Beschäftigung auf? |
| ⇨ Sind Sie nicht krankenversicherungspflichtig, weil Ihr Einkommen die Versicherungspflichtgrenze von monatlich 6300,00 DM (West) bzw. 5250,00 DM (Ost) übersteigt (siehe ⇨ 10.5)? |
| ⇨ Haben Sie Ihren Antrag auf freiwillige Versicherung innerhalb von drei Monaten nach Beginn der Beschäftigung gestellt? |

## Schwerbehinderte

**CHECKLISTE ✓**

| Können Sie der freiwilligen Versicherung beitreten? |
|---|
| ⇨ Sind Sie anerkannt schwerbehindert (die Anerkennung erfolgt in der Regel durch das Versorgungsamt)? |
| ⇨ War ein Elternteil von Ihnen in den letzten 5 Jahren mindestens 3 Jahre gesetzlich krankenversichert? Oder konnte kein Elternteil diese Vorversicherung erfüllen, weil Ihre Eltern selbst schwerbehindert sind? |
| ⇨ Haben Sie Ihren Antrag auf freiwillige Versicherung innerhalb von drei Monaten nach Feststellung der Behinderung gestellt? |

**TIPS UND TRICKS** Für diese Personengruppe kann jede Krankenkasse eine Altersbeschränkung in ihrer Satzung vorsehen. Viele Krankenkassen haben diese Altersgrenze auf 50 Jahre festgesetzt, so daß Schwerbehinderte, die älter als 50 Jahre sind, keine Möglichkeit haben, sich freiwillig zu versichern.

## Arbeitnehmer, die nach einer Auslandsbeschäftigung nach Deutschland zurückkommen

**CHECKLISTE ✓**

| Können Sie der freiwilligen Versicherung beitreten? |
|---|
| ⇨ Waren Sie als Arbeitnehmer im Ausland beschäftigt, und endet diese Beschäftigung nun? |
| ⇨ Nehmen Sie innerhalb von zwei Monaten nach Rückkehr in das Inland wieder eine Beschäftigung auf? |
| ⇨ Ist die neue Beschäftigung in Deutschland versicherungsfrei (z. B. weil Ihr Einkommen über der Versicherungspflichtgrenze liegt)? |
| ⇨ Haben Sie Ihren Antrag auf freiwillige Versicherung innerhalb von drei Monaten nach Rückkehr in das Inland gestellt? |

**TIPS UND TRICKS**

* Bei allen Personengruppen ist die Antragsfrist von drei Monaten gleich. Wird diese Frist nicht eingehalten, so besteht keine Möglichkeit mehr, der freiwilligen Krankenversicherung beizutreten. Im übrigen ist der Antrag schriftlich zu stellen. An eine bestimmte Schriftform ist er aber nicht gebunden.

* Die freiwillige Versicherung endet, sobald eine Pflichtversicherung (siehe Kapitel 6) eintritt. Zuviel gezahlte Beiträge erhalten Sie unaufgefordert zurückerstattet.
* Die freiwillige Versicherung kann jederzeit durch schriftliche Kündigung beendet werden. Die Kündigung kann zum Ende des übernächsten Kalendermonats erfolgen, wobei ab dem Monat gerechnet wird, in dem der Austritt erklärt wird. Ihre Krankenkasse kann auch kürzere Kündigungsfristen vorsehen. Die Kündigungsfristen muß Ihre Krankenkasse Ihnen mitteilen.
* Die Krankenkasse hat die Möglichkeit, die freiwillige Versicherung zu beenden, wenn die fälligen Beiträge zwei Monate lang nicht bezahlt wurden. Sollten Sie also in finanziellen Schwierigkeiten sein und die Beiträge nicht zahlen können, so empfehlen wir Ihnen ein Gespräch mit der Krankenkasse. Diese verliert nur ungern Mitglieder und kann für Sie eine Lösung zur Beitragstilgung finden, damit Sie neben den finanziellen Sorgen nicht auch noch Ihren Krankenversicherungsschutz verlieren.

## Soll ich mich freiwillig oder privat versichern?

8.3 Dies ist eine schwierige Frage und kann nicht pauschal beantwortet werden. Sie müssen sich die Vor- und Nachteile sowohl der gesetzlichen Krankenversicherung als auch der privaten Krankenversicherung verdeutlichen. Erst dann ist für Sie eine individuelle Entscheidung möglich. Die wesentlichen Unterschiede der GKV zur PKV stellen wir nachfolgend in einer Übersicht dar.

Wir vergleichen nicht eine einzelne Krankenkasse mit einer bestimmten privaten Krankenversicherung, sondern stellen die Regelfälle beider Versicherungsarten dar. Es kann also durchaus möglich sein, daß eine private Krankenversicherung noch zusätzliche Leistungen anbietet. Überlegen Sie in Ruhe, welches für Sie die bessere Alternative ist, und erkundigen Sie sich umfassend.

| Die Fragen | Die Antworten der | |
| --- | --- | --- |
| | **PKV** | **GKV** |
| Welche Beiträge sind zu bezahlen? | Der Beitrag richtet sich nach Eintrittsalter, Geschlecht und Familienstand | Prozentual vom Einkommen, unabhängig von Alter, Geschlecht und Familienstand |
| Wird der Gesundheitszustand beim Beitritt berücksichtigt? | Ja, in bestimmten Fällen | Nein, auf keinen Fall |
| Zahlen Familienangehörige einen eigenen Beitrag? | Ja, jeder Versicherte muß einen Beitrag zahlen | Familienversicherte haben keine Beiträge zu zahlen |
| Wird ein Heilpraktiker bezahlt? | Ja, sofern vereinbart | Nein, siehe aber Kapitel 5 |
| Wird eine private Krankenbehandlung gezahlt? | Ja | Nur teilweise für freiwillig Versicherte |
| Was wird beim Zahnersatz bezahlt? | Zuschuß je nach Vereinbarung | Zwischen 50% und 70% je nach Vorsorgeuntersuchungen für die vor dem 1. 1. 1979 Geborenen |
| Werden Sprachheilbehandlung, Gehörübungen oder Arbeitstherapie bezahlt? | Nein | Ja, unter Umständen mit einer Eigenbeteiligung von 10% |
| Werden Rollstühle, Prothesen, orthopädische Schuhe bezahlt? | Ja, wenn vereinbart, ist aber nur sehr selten möglich; Prothesen werden meist voll bezahlt | Ja, eventuell nur bis zu bestimmten Festbeträgen |
| Wird eine Haushaltshilfe bezahlt? | Nein | Voll oder teilweise |
| Wird Krankengeld bei Krankheit eines Kindes bezahlt? | Nein | Ja, unter bestimmten Voraussetzungen |
| Wird eine Kur bezahlt? | Ja, falls zusätzlich vereinbart | Ja |
| Wann besteht Versicherungsschutz? | Nach Ablauf der Wartezeit, die zwischen 3 und 8 Monaten liegen kann | Besteht sofort |

| Die Fragen | Die Antworten der | |
|---|---|---|
| | **PKV** | **GKV** |
| Wird Sterbegeld bezahlt? | Ja, falls zusätzlich vereinbart | Ja, sofern eine Versicherung am 1. 1. 89 bestanden hat |
| Wird eine Behandlung im Ausland bezahlt? | Ja, oft weltweit | Ja, in Ländern, mit denen ein Abkommen besteht und in wenigen Ausnahmefällen |

**Tips und Tricks**

* Vergleichen Sie sehr sorgfältig die beiden Versicherungsarten. Private Krankenversicherungsvertreter sind meist sehr wortgewandt. Lassen Sie sich Zusagen schriftlich bestätigen. So haben Sie später keine Nachteile zu befürchten.
* Die gesetzlichen Krankenkassen dürfen im Aufnahmeantrag keine Fragen zu Ihrem derzeitigen Gesundheitszustand stellen. Dies gilt in gleicher Weise für die Familienversicherten. Die privaten Krankenversicherungen fragen generell im Beitrittsantrag nach Ihrem Gesundheitszustand. Beantworten Sie diese Fragen sehr korrekt und verschweigen Sie nichts, damit Sie bei einem späteren Leistungsanspruch keine Nachteile haben.

## Wo kann ich mich freiwillig versichern?

**8.4** Grundsätzlich haben Sie die freie Wahl zwischen den einzelnen Krankenkassen. Bestimmte gesetzliche Krankenkassen sind jedoch nur für ausgewählte Personenkreise zugänglich. Es wird unterschieden zwischen geöffneten und nicht geöffneten Krankenkassen. Die geöffneten Krankenkassen sind für jedermann zugänglich. Näheres ergibt sich bei einzelner Betrachtungsweise der verschiedenen Krankenkassen.

## Innungskrankenkassen (IKK)

Nicht alle Innungskrankenkassen sind geöffnet, d. h. für jedermann zugänglich. Nicht geöffnete Innungskrankenkassen können nur folgende Personengruppen (siehe ⇨ 8.2) aufnehmen:
- Personen, bei denen die Pflichtversicherung bei der IKK endet,
- Personen, bei denen die Familienversicherung bei der IKK endet,
- Personen, die erstmals eine Beschäftigung in einem zur IKK gehörenden Innungsbetrieb aufnehmen,
- Schwerbehinderte, deren Eltern die Vorversicherungszeit bei einer IKK erfüllen,
- Arbeitnehmer, die nach einer Auslandsbeschäftigung nach Deutschland zurückkommen und eine Beschäftigung bei einem zur IKK gehörenden Innungsbetrieb aufnehmen.

**TIPS UND TRICKS** Welche IKK geöffnet ist und welche nicht geöffnet ist, erfahren Sie von der jeweiligen IKK. Wir verweisen auf ⇨ 15.4.

## Betriebskrankenkassen (BKK)

Nicht alle Betriebskrankenkassen sind geöffnet, d. h. für jedermann zugänglich. Nicht geöffnete Betriebskrankenkassen können nur folgende Personengruppen (siehe ⇨ 8.2) aufnehmen:
- Personen, bei denen die Pflichtversicherung bei der BKK endet,
- Personen, bei denen die Familienversicherung bei der BKK endet,
- Personen, die erstmals eine Beschäftigung in einem zur BKK gehörenden Betrieb aufnehmen,

- Schwerbehinderte, deren Eltern die Vorversicherungszeit bei einer BKK erfüllen,
- Arbeitnehmer, die nach einer Auslandsbeschäftigung nach Deutschland zurückkommen und eine Beschäftigung bei einem zur BKK gehörenden Betrieb aufnehmen.

**TIPS UND TRICKS** Welche BKK geöffnet ist und welche nicht, erfahren Sie von der jeweiligen BKK oder vom jeweiligen BKK-Landesverband. Wir verweisen auf ⇨ 15.4.

## AOK und die Ersatzkrankenkassen

Die AOK und die Ersatzkassen sind kraft Gesetz geöffnet. Sie sind verpflichtet, jeden aufzunehmen, der die Voraussetzungen für die freiwillige Krankenversicherung erfüllt.

**TIPS UND TRICKS** Die aufnehmende Krankenkasse darf den Antrag zur freiwilligen Versicherung nicht ablehnen. Auch wenn Sie bei Antragsstellung erkrankt sind, darf eine solche Ablehnung oder gar ein Ausschluß einer Erkrankung nicht erfolgen.

## Sonstige Krankenkassen

Die Landwirtschaftliche Krankenkasse, die Bundesknappschaft, die Künstlersozialkasse oder die Seekasse sind derart berufsspezifische Krankenkassen, daß nur die dazugehörende Personengruppen Zugang haben. Gleichwohl gilt auch bei diesen Krankenkassen: Sind Sie einmal Mitglied, so können Sie dies auch immer bleiben.

> **i** Immer wieder ist bekannt geworden, daß einzelne Krankenkassen freiwillig Versicherte aufnahmen, obwohl hierfür keine Gesetzesgrundlage vorhanden war. Der Wettbewerb unter den einzelnen Krankenkassen führt dazu, daß gutverdienende Versicherte eine umworbene Versichertengruppe sind.

## Wie komme ich zurück in die GKV?

Die Voraussetzungen für die freiwillige Krankenversicherung haben wir in ⇨ 8.2 beschrieben. Wenn Sie diese Voraussetzungen erfüllen, so ist lediglich die Antragsfrist von drei Monaten zu beachten. Der Antrag muß schriftlich gestellt werden. So gesehen handelt es sich bei der freiwilligen Krankenversicherung um ein Bleiberecht.  8.5

Ausnahmen von den geregelten Voraussetzungen für die freiwillige Krankenversicherung sind nicht vorgesehen. Vielmehr sollte eine ablehnende Haltung gegenüber der GKV eine Dauerentscheidung bleiben. Wer sich also einmal für eine private Krankenversicherung entschieden hat, dem soll der Weg zurück in die gesetzliche Krankenversicherung verwehrt bleiben.

Trotz dieser sehr restriktiven Haltung kann ein Privatversicherter wieder in die GKV zurück, wenn bestimmte Lebenssituationen eintreten, die dies erfordern. Diese Fallkonstruktionen wollen wir nachstehend erläutern.

Tritt eine Pflichtversicherung ein, so gehören Sie wieder der gesetzlichen Krankenversicherung an. Die Pflichtversicherung muß nach den Tatbeständen des Kapitel 6 eintreten. Es bestehen also folgende Möglichkeiten:

- Beginn einer versicherungspflichtigen Beschäftigung (⇨ 6.3)
- Bezug von Arbeitslosengeld oder Arbeitslosenhilfe (⇨ 6.4)

- Eintritt einer Behinderung und Beschäftigung in einem anerkannten Behindertenheim (⇨ 6.5)
- Rentner, wobei die Zugangsvoraussetzungen mit der 90%-Regelung sehr begrenzt sind (⇨ 6.6)
- Beginn eines Studiums vor dem 30. Lebensjahr (⇨ 6.7)

**TIPS UND TRICKS**

* Sollten Sie aufgrund einer Pflichtversicherung einer gesetzlichen Krankenkasse angehören, so haben Sie ein außerordentliches Kündigungsrecht bei der bestehenden privaten Krankenversicherung. Melden Sie der PKV den Beginn der Pflichtversicherung bitte innerhalb eines Monats. Sie erhalten von Ihrer Krankenkasse hierfür eine Mitgliedschaftsbescheinigung.
* Das außerordentliche Kündigungsrecht gilt nicht für private Zusatzversicherungen, die unabhängig von einer Versicherungspflicht abgeschlossen wurden.
* Haben Sie die gesetzlich geregelten Voraussetzungen für die Pflichtversicherung nicht erfüllt, so können Sie diese auch bewußt herbeiführen. Mit einem Beispiel wollen wir dies verdeutlichen:

**Beispiel Emma Kluge**
Frau Emma Kluge, geb. am 20. 7. 1939, ist seit zwanzig Jahren privat krankenversichert, da sie aufgrund ihrer Beschäftigung als Buchhalterin ein sehr hohes Einkommen erzielte. Wegen der guten Verdienstmöglichkeiten in der Vergangenheit beschließt Frau Kluge, ihre derzeitige Beschäftigung nur noch halbtags auszuüben und sich somit langsam auf den Ruhestand vorzubereiten. Ihr Arbeitgeber ist damit einverstanden, und man kommt überein, daß ab 1. 1. 1998 sowohl die Arbeitszeit auf zwanzig Stunden als auch der Lohn auf 4000,00 DM halbiert werden.

Ab 1. 1. 1998 besteht somit für Frau Kluge Versicherungspflicht. Die private Krankenversicherung kann sie außerordentlich kündigen, und zwar zum 31. 12. 1997. Frau Kluge hat als Angestellte nun die Wahlmöglichkeit zwischen den verschiedenen Krankenkassen.

**Fortsetzung des Beispiels Emma Kluge**
Frau Kluge beantragt ab 1. 8. 1999 Altersruhegeld für Frauen bei der BfA. Diese Rente wird auch bewilligt. Ihre Beschäftigung gibt sie am 31. 7. 1999 vollständig auf.
Die Pflichtversicherung aufgrund der Beschäftigung (⇨ 6.3) endet mit dem 31. 7. 1999. Da Frau Kluge in der zweiten Hälfte ihres Erwerbsleben nicht 90% dieser Zeit bei einer gesetzlichen Krankenkasse pflichtversichert war, kommt die Pflichtversicherung als Rentner (⇨ 6.6) nicht zustande.
Frau Kluge hat aber die Möglichkeit, sich freiwillig weiter zu versichern. Der Antrag hierzu muß bis spätestens 31. 10. 1999 bei der Krankenkasse gestellt werden.

**Tips und Tricks**

* Wichtig ist, darauf zu achten, daß durch die Pflichtversicherung auch tatsächlich eine freiwillige Versicherung erwirkt wird. Bedenken Sie, daß eine Voraussetzung zur freiwilligen Weiterversicherung die Vorversicherungszeit von zwölf Monaten unmittelbar vor Ausscheiden aus der Pflichtversicherung ist. Die Pflichtversicherung muß also mindestens ein Jahr lang bestehen.
* Bei Eintritt der Versicherungspflicht gibt es allerdings auch noch verschiedene Befreiungsmöglichkeiten. Diese haben wir in ⇨ 8.6 zusammengefaßt. Im Fall von Frau Kluge hätte diese Möglichkeit bestanden, so daß sie auch weiterhin privat krankenversichert bleiben könnte.

Mit einem weiteren Beispiel möchten wir fortfahren.

**Beispiel Johannes Schlitz**
Johannes Schlitz ist seit über dreißig Jahren als Bankfachwirt privat krankenversichert, da sein Einkommen die jeweiligen Versicherungsgrenzen (siehe ⇨ 10.5) übersteigt.
Aufgrund seines ersparten Vermögens möchte Johannes Schlitz bereits mit 56 Jahren nicht mehr arbeiten. Er kündigt sein Beschäftigungsverhältnis zum 30. 6. 1997 und meldet sich arbeitslos. Das Arbeitsamt verhängt eine Sperrfrist für das Arbeitslosengeld von zwölf Wochen, da Herr Schlitz das Beschäftigungsverhältnis selbst gekündigt hat.
Ab der fünften Woche der Sperrfrist tritt dennoch Versicherungspflicht in der Krankenversicherung ein. Herr Schlitz hat die Möglichkeit, zwischen verschiedenen Krankenkassen zu wählen. Auch Herr Schlitz hat die Möglichkeit, seine private Krankenversicherung außerordentlich zu kündigen.

**TIPS UND TRICKS** Von einer privaten Krankenversicherung führt der Weg zurück zur gesetzlichen Krankenversicherung nur über die Pflichtversicherung. Da die Voraussetzungen für die freiwillige Krankenversicherung eng begrenzt sind, kann ein Wechsel von der PKV in eine freiwillige Versicherung bei unveränderter Beschäftigungsart praktisch nie vorkommen.

**i** Hin und wieder soll es vorgekommen sein, daß einzelne Krankenkassen trotzdem privat Versicherte als freiwillige Mitglieder aufgenommen haben. Es kann sich aber immer nur um ein Versehen gehandelt haben, denn eine gesetzliche Grundlage für die Aufnahme dieser Personengruppe ist nicht vorgesehen.

## Befreiungsmöglichkeiten von der GKV

Wir haben Ihnen dargestellt, wie Sie von der privaten Krankenversicherung wieder zurück in die gesetzliche Krankenversicherung kommen. Aufgrund Ihrer persönlichen Entscheidung wollen Sie vielleicht gar nicht zurück in die GKV. Da Sie mit Ihrer privaten Krankenversicherung zufrieden sind, möchten Sie auch dort versichert bleiben. Hierzu sind verschiedene Befreiungsmöglichkeiten gegeben.

Die Voraussetzungen für eine Befreiung von der Pflichtversicherung stellen wir wieder anhand eines Schemas dar. Wenn Sie **alle** Fragen der jeweiligen Personengruppe mit »Ja« beantworten, so können Sie von der Versicherungspflicht befreit werden.

**CHECK-LISTE** ✓

Personen mit unverändertem Einkommen

| Sind Sie von der Versicherungspflicht befreit? |
| --- |
| ⇨ Waren Sie bisher privat krankenversichert? |
| ⇨ Tritt die Versicherungspflicht ein, weil die maßgebliche Einkommensgrenze erhöht wird (dies ist immer zum 1. 1. möglich)? |
| ⇨ Haben Sie den Befreiungsantrag innerhalb von drei Monaten nach Eintritt in die Versicherungspflicht gestellt (ist gleich der 31. 3.)? |

## Personen mit verändertem Einkommen und Arbeitszeit

| Sind Sie von der Versicherungspflicht befreit? |
|---|
| ⇨ Waren Sie bisher privat krankenversichert? |
| ⇨ Tritt die Versicherungspflicht ein, weil Sie Ihre Arbeitszeit um die Hälfte oder weniger als die Hälfte reduzieren? |
| ⇨ Waren Sie in den vergangenen fünf Jahren ununterbrochen von der Krankenversicherung befreit? |
| ⇨ Haben Sie den Befreiungsantrag innerhalb von drei Monaten nach Eintritt in die Versicherungspflicht gestellt? |

## Rentner

| Sind Sie von der Versicherungspflicht befreit? |
|---|
| ⇨ Waren Sie bisher privat krankenversichert |
| ⇨ Tritt die Versicherungspflicht ein, weil Sie Rente beantragt haben oder weil Sie Rente beziehen? |
| ⇨ Haben Sie den Befreiungsantrag innerhalb von drei Monaten nach Eintritt in die Versicherungspflicht gestellt? |

## Studenten

| Sind Sie von der Versicherungspflicht befreit? |
|---|
| ⇨ Waren Sie bisher privat krankenversichert |
| ⇨ Tritt die Versicherungspflicht ein, weil Sie als Student die Voraussetzungen hierfür erfüllen (⇨ 6.5)? |
| ⇨ Haben Sie den Befreiungsantrag innerhalb von drei Monaten nach Eintritt in die Versicherungspflicht gestellt? |

## Behinderte

| Sind Sie von der Versicherungspflicht befreit? |
|---|
| ⇨ Waren Sie bisher privat krankenversichert, oder möchten Sie sich privat versichern? |
| ⇨ Tritt die Versicherungspflicht ein, weil Sie die Voraussetzungen als Behinderter(⇨ 6.5) erfüllen? |
| ⇨ Haben Sie den Befreiungsantrag innerhalb von drei Monaten nach Eintritt in die Versicherungspflicht gestellt? |

**i** Die Befreiung von der Versicherungspflicht beginnt von der Antragstellung an, es sei denn, Sie haben bereits Leistungen aus der GKV in Anspruch genommen. Sind Leistungen bereits gewährt worden, so beginnt die Befreiung von der Versicherungspflicht mit dem nächsten Monatsersten nach der Antragstellung.

**Tips und Tricks**

* Die Befreiung von der Versicherungspflicht kann nicht widerrufen werden. Überlegen Sie sich daher genau, ob Sie der GKV nicht wieder angehören wollen. Wir weisen nochmals auf ⇨ 8.3 hin.
* Treten nach der Befreiung andere Tatbestände auf, die zur Krankenversicherungspflicht führen, können Sie erneut über die Befreiung entscheiden. Es ist dann auch wieder ein neuer Antrag auf Befreiung von der Versicherungspflicht zu stellen.
* Sind die drei Monate der Antragsfrist abgelaufen, so haben Sie keine Möglichkeit mehr, sich von der GKV befreien zu lassen, es sei denn, es treten neue Befreiungsmöglichkeiten auf. Die Frist ist also unbedingt zu beachten.

# 9 Wahlrechte

## Allgemeines

**9.1** Die gesetzliche Krankenversicherung wird von verschiedenen Krankenkassen angeboten. Die Gliederung der Krankenkassen haben wir in ⇨ 4.3 dargestellt. Die nachstehende Übersicht gibt Ihnen einen Überblick über verschiedene Krankenkassenarten:

| | | |
|---|---|---|
| AOK | = | Allgemeine Ortskrankenkasse |
| IKK | = | Innungskrankenkasse |
| BKK | = | Betriebskrankenkasse |
| Seekasse | = | Seekrankenkasse |
| LKK | = | Landwirtschaftliche Krankenkasse |
| Bundeskn. | = | Bundesknappschaft |
| EK | = | Ersatzkasse, nachstehend folgen Beispiele der großen Ersatzkassen |
| BEK | = | Barmer Ersatzkasse |
| DAK | = | Deutsche Angestellten Krankenkasse |
| TK | = | Techniker Krankenkasse |
| KKH | = | Kaufmännische Krankenkasse |
| GEK | = | Schwäbisch Gmünder Ersatzkasse |
| GKK | = | Gärtner-Krankenkasse |
| HaMü | = | Hamburg-Münchner Ersatzkasse |
| HKK | = | Handelskrankenkasse Bremen |
| HEK | = | Hanseatische Ersatzkasse |
| HZK | = | Hamburgische Zimmererkrankenkasse |
| NEK | = | Neptun-Krankenkasse |

Diese Auflistung ist nicht abschließend, stellt aber die großen Krankenkassen mit deren Abkürzungsformel dar. Wenn Sie die unterschiedlichen Beitragssätze wissen wollen, so können Sie diese in ⇨ 15.4 nachlesen.

**i** Das Wahlrecht ist für verschiedene Personengruppen unterschiedlich geregelt. Diese Unterscheidungen verdeutlichen wir nachstehend. Es gilt der Grundsatz: Sind Sie einmal bei einer Krankenkasse versichert, so können Sie bei dieser Krankenkasse immer versichert bleiben.

### Welche Krankenkasse kann ich wählen?

Wir haben die verschiedenen Wahlrechte der versicherten 9.2
Personengruppen einzelnen aufgeführt. Analog der Kapitel
6 bis 8 werden nun die Wahlmöglichkeiten vorgestellt.

### Versicherungspflichtige Arbeitnehmer

Die in ⇨ 6.3 beschriebenen Personen können wie folgt wählen:
- die AOK des Beschäftigungs- oder Wohnorts,
- jede Ersatzkasse, wenn diese Ersatzkasse für den Wohn- oder Beschäftigungsort zuständig ist,
- jede geöffnete Betriebskrankenkasse,
- die Betriebskrankenkasse, wenn Sie in einem Betrieb beschäftigt sind, für den eine BKK besteht (geschlossene BKK),
- jede geöffnete Innungskrankenkasse,
- die Innungskrankenkasse, wenn Sie in einem Betrieb beschäftigt sind, für den eine IKK besteht (geschlossene IKK),
- die Krankenkasse, bei der Sie zuletzt versichert waren (auch familienversichert),
- die Krankenkasse, bei der Ihr Ehegatte versichert ist.

**Tips und Tricks** Schon aus der Fülle der Wahlmöglichkeiten ergibt sich, daß fast jede Krankenkasse für den versicherungspflichtigen Arbeitnehmer wählbar ist. Ob eine IKK oder BKK geöffnet ist, erfahren Sie jeweils von dieser Krankenkasse selbst.

## Arbeitslose

Die in ⇨ 6.4 beschriebenen Personen haben das gleiche Wahlrecht wie Arbeitnehmer (siehe ⇨ 9.2).

**Tips und Tricks** Geben Sie unbedingt im Antrag für das Arbeitslosengeld oder die Arbeitslosenhilfe Ihre gewählte Krankenkasse an. Wenn Sie keine Angaben machen, werden Sie bei Ihrer bisherigen Krankenkasse durch das Arbeitsamt angemeldet.

## Behinderte

Die in ⇨ 6.5 beschriebenen Personen können wie folgt wählen:
- die AOK des Beschäftigungs- oder Wohnorts,
- jede Ersatzkasse, wenn diese Ersatzkasse für den Wohn- oder Beschäftigungsort zuständig ist,
- jede geöffnete Betriebskrankenkasse,
- die Betriebskrankenkasse, wenn Sie in einem Betrieb beschäftigt sind, für den eine BKK besteht,
- jede geöffnete Innungskrankenkasse,
- die Innungskrankenkasse, wenn Sie in einem Betrieb beschäftigt sind, für den eine IKK besteht,
- die Krankenkasse, bei der Sie zuletzt versichert waren (auch familienversichert),
- die Krankenkasse, bei der Ihr Ehegatte versichert ist,
- die Krankenkasse, bei der ein Elternteil versichert ist.

**TIPS UND TRICKS**

* Der Behinderte kann die Krankenkasse wählen, bei der ein Elternteil versichert ist. So können die Eltern mit ihrem behinderten Kind gemeinsam einer Krankenkasse angehören.
* Die gewählte Krankenkasse darf den neu zu Versichernden nicht ablehnen. Die Krankenkassen sind also verpflichtet, bei Vorliegen der Voraussetzungen jede Person aufzunehmen. Bestehende Krankheiten können von der Krankenkasse nicht ausgeschlossen werden.

## Rentner

Die in ⇨ 6.6 beschriebenen Personen können wie folgt wählen:
- die AOK des Wohnorts,
- jede Ersatzkasse, wenn diese Ersatzkasse für den Wohnort zuständig ist,
- jede geöffnete Betriebskrankenkasse,
- die Betriebskrankenkasse, wenn Sie in einem Betrieb beschäftigt waren, für den eine BKK besteht,
- jede geöffnete Innungskrankenkasse,
- die Innungskrankenkasse, wenn Sie in einem Betrieb beschäftigt waren, für den eine IKK besteht,
- die Krankenkasse, bei der Sie zuletzt versichert waren (auch familienversichert),
- die Krankenkasse, bei der ein Elternteil versichert ist.

## Studenten

Die in ⇨ 6.7 beschriebenen Personen können wie folgt wählen:
- die AOK des Wohn- oder Studienorts,
- jede Ersatzkasse, wenn diese Ersatzkasse für den Wohn- oder Studienort zuständig ist,

- jede geöffnete Betriebskrankenkasse,
- jede geöffnete Innungskrankenkasse,
- die Krankenkasse, bei der Sie zuletzt versichert waren (auch familienversichert),
- die Krankenkasse, bei der Ihr Ehegatte versichert ist.

**TIPS UND TRICKS**

* Versicherungspflichtige Studenten haben auch die Möglichkeit, sich bei den Krankenkassen des Studienorts zu versichern. Als Studienort gilt jeweils der Ort, an dem die Hoch- oder Fachhochschule ihren Sitz hat. Damit kann jeder Student eine ortsnahe Krankenkasse wählen.
* Diese Wahlmöglichkeiten bestehen nur für den pflichtversicherten Studenten. Wenn Sie noch familienversichert sind, verweisen wir auf ⇨ 9.2.

## Familienversicherte

Für Familienversicherte gilt grundsätzlich die Wahlentscheidung des Versicherten (auch Hauptversicherter oder Mitglied genannt). Sind die Voraussetzungen für eine Familienversicherung mehrfach erfüllt (siehe Beispiel Eveline Gschwind in Kapitel 7), so besteht ein Wahlrecht zwischen den einzelnen Krankenkassen.

Grundsätzlich müssen sich die Hauptversicherten (und nicht der Familienversicherte) einigen, bei welcher Krankenkasse die Familienversicherung durchgeführt werden soll. Der Familienangehörige selbst hat »nach den Buchstaben des Gesetzes« keine Wahlmöglichkeit.

- Dem Mitglied entstehen durch die Familienversicherung keinerlei Nachteile. So verändert sich der Beitrag des Mitgliedes nicht, wenn Familienangehörige mitversichert sind.
- Von der Wahlmöglichkeit der Familienversicherung kann jederzeit Gebrauch gemacht werden. Leistungsausschlüsse für bestehende Krankheiten können die Krankenkassen nicht vornehmen. Während einer Leistungsgewährung für den Familienangehörigen sollte die Krankenkasse allerdings nicht gewechselt werden.

## Freiwillig Versicherte

Die in Kapitel 8 beschriebenen Personen, die einer Krankenkasse freiwillig beitreten, können wie folgt wählen:
- die AOK des Beschäftigungs- oder Wohnorts,
- jede Ersatzkasse, wenn diese Ersatzkasse für den Wohn- oder Beschäftigungsort zuständig ist,
- jede geöffnete Betriebskrankenkasse,
- die Betriebskrankenkasse, wenn Sie in einem Betrieb beschäftigt sind, für den eine BKK besteht,
- jede geöffnete Innungskrankenkasse,
- die Innungskrankenkasse, wenn Sie in einem Betrieb beschäftigt sind, für den eine IKK besteht,
- die Krankenkasse, bei der Sie zuletzt versichert waren (auch familienversichert),
- die Krankenkasse, bei der Ihr Ehegatte versichert ist.

## Zu welchem Zeitpunkt kann ich die Krankenkasse wählen?

Zunächst einmal müssen Sie sich entscheiden, welche Krankenkasse Sie wählen wollen. Dies ist nicht immer ganz einfach. Wir haben maßgebliche Unterschiede zwischen den einzelnen Krankenkasse in ⇨ 9.4 zusammengefaßt.

Wenn Sie nur **eine** der nachstehenden Fragen mit »Ja« beantworten können, so haben Sie ein erneutes Wahlrecht:

**CHECKLISTE ✓**

| **Können Sie erneut eine Krankenkasse wählen?** |
|---|
| ⇨ Nehmen Sie eine neue Beschäftigung bei einem neuen Arbeitgeber auf und sind Sie dadurch krankenversichert? |
| ⇨ Beginnen Sie ein Studium und sind Sie dadurch krankenversichert? |
| ⇨ Sind Sie arbeitslos und haben Arbeitslosengeld oder Arbeitslosenhilfe beantragt, aufgrund dessen Sie krankenversichert werden? |
| ⇨ Haben Sie Rente beantragt und werden aufgrund dieses Antrages krankenversichert? |
| ⇨ Nehmen Sie in einer Behindertenwerkstatt eine Beschäftigung auf und werden Sie daher krankenversichert? |

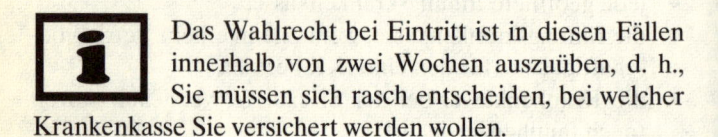

**i** Das Wahlrecht bei Eintritt ist in diesen Fällen innerhalb von zwei Wochen auszuüben, d. h., Sie müssen sich rasch entscheiden, bei welcher Krankenkasse Sie versichert werden wollen.

**TIPS UND TRICKS**

* Freiwillig Versicherte haben aufgrund des dreimonatigen Antragsrechts länger Zeit, zwischen den einzelnen Krankenkassen zu entscheiden. Beachten Sie aber, daß Sie die

Beiträge für die vergangenen Monate nachentrichten müssen.
* Haben Sie sich für eine Krankenkasse entschieden, so teilen Sie dies Ihrem Arbeitgeber unverzüglich mit, damit er die Anmeldung zur gewählten Krankenkasse vornehmen kann. Sie erhalten von Ihrem Arbeitgeber eine Durchschrift dieser Anmeldung.

Haben Sie vom Wahlrecht keinen Gebrauch gemacht, so werden Sie bei Ihrer bisherigen Krankenkasse angemeldet. Es handelt sich dabei um eine Pflichtaufgabe Ihres Arbeitgebers.

Sollten Sie die Frist von 14 Tagen zur Wahl einer anderen Krankenkasse versäumt haben, so besteht die Möglichkeit, zum Jahresende die Krankenkasse zu wechseln. Mehr darüber erfahren Sie im übernächsten Abschnitt.

Es gibt beim Wahlrecht nach den vorgenannten Tatbeständen Ausnahmen. In diesen Fällen kann das Wahlrecht *nicht* ausgeübt werden:

9.4

- Erfolgt beim selben Arbeitgeber ein Wechsel vom Arbeiter- ins Angestelltenverhältnis (oder umgekehrt), so handelt es sich nicht um ein neues Beschäftigungsverhältnis.
- Wenn innerhalb eines bestehenden Beschäftigungsverhältnisses eine Änderung im Arbeitsvertrag vorgenommen wird.
- Nach Beendigung des Ausbildungsverhältnisses mit anschließender Weiterbeschäftigung beim gleichen Arbeitgeber.
- Wenn Sie noch keine zwölf Monate bei Ihrer derzeitigen Krankenkasse versichert waren.

*Wahlrecht zum Ende des Kalenderjahres*

**9.5** Im vorherigen Abschnitt gingen wir davon aus, daß die Wahlmöglichkeit aufgrund einer neu entstehenden Krankenversicherung zustande kommt. Welche Möglichkeiten des Wahlrechts haben Sie aber, wenn ein solcher Tatbestand nicht eintritt? Wir unterscheiden zwischen der Pflichtversicherung (Kapitel 6) und der freiwilligen Versicherung (Kapitel 8).

*Wahlrecht der Pflichtversicherten*

**9.6** Haben Sie sich bei Beginn einer Versicherungspflicht für eine Krankenkasse entschieden, so sind Sie an diese Krankenkasse für mindestens zwölf Monate gebunden. Dies gilt übrigens auch, wenn Sie von Ihrem Wahlrecht keinen Gebrauch gemacht haben und daher bei Ihrer bisherigen Krankenkasse, von Ihrem Arbeitgeber oder dem Arbeitsamt angemeldet wurden.

Eine Kündigung der Mitgliedschaft bei Ihrer Krankenkasse ist mit einer Frist von drei Monaten zum Jahresende möglich.

Bis spätestens 30. 9. muß Ihre Kündigung bei Ihrer derzeitigen Krankenkasse erfolgt sein.

**TIPS UND TRICKS** Die Kündigung muß schriftlich erfolgen. Gründe für Ihren Wechsel der Krankenkasse brauchen Sie keine anzugeben. Auch auf telefonische Nachfrage der Krankenkasse brauchen Sie keine Angaben zur Kündigung zu machen. Ebenso ist es nicht notwendig, die neu gewählte Krankenkasse der bisherigen mitzuteilen. Nachstehend geben wir Ihnen eine Empfehlung für ein Kündigungsschreiben:

> *An die Krankenkasse ...*                *Datum des Briefes*
> *Postfach ...*
> *Ort ...*
>
> **Kündigung meiner Versicherung**
>
> *Sehr geehrte Damen und Herren,*
> *hiermit kündige ich meine bestehende Krankenversicherung fristgerecht zum 31. 12. 99.*
> *Sie erhalten hierfür folgende notwendige Angaben:*
>
> *Name, Vorname ...*
> *Geburtsdatum ...*
> *Anschrift ...*
> *Versicherungsnummer ...*
> *versicherte Familienangehörige ...*
>
> *Von Rückfragen zu meiner Kündigung bitte ich Abstand zu nehmen. Bestätigen Sie mir lediglich den Erhalt dieses Schreibens.*
>
> *Mit freundlichen Grüßen*
> *(Unterschrift, Vor- und Zuname)*

**TIPS UND TRICKS** Teilen Sie Ihre neu gewählte Krankenkasse unverzüglich Ihrem Arbeitgeber mit, damit er die entsprechenden Meldungen (Abmeldung bei der bisherigen Krankenkasse und Neuanmeldung bei der gewählten Krankenkasse) vornehmen kann. Ihrem Arbeitgeber muß auch bis spätestens 31. 12. eine Mitgliedschaftsbescheinigung der neu gewählten Krankenkasse vorliegen.

Sollte diese Mitgliedschaftsbescheinigung nicht am 31. 12. bei Ihrem Arbeitgeber sein, so kann er die entsprechenden

Meldungen nicht durchführen. Sie bleiben bei Ihrer bisherigen Krankenkasse versichert.
Servicestarke Krankenkassen werden die Mitgliedschaftsbescheinigung rechtzeitig Ihrem Arbeitgeber zukommen lassen.

## Freiwillig Versicherte

**9.8** Wenn Sie freiwillig krankenversichert sind, so gilt die dreimonatige Kündigungsfrist zum Jahresende nicht. Vielmehr haben Sie jederzeit die Möglichkeit, Ihre Krankenkasse zu wechseln. Zu beachten ist, daß Ihre Kündigung erst zum Ende des übernächsten Kalendermonats wirksam wird. Die Frist beginnt in dem Monat, in welchem die Kündigung bei Ihrer Krankenkasse eingeht.

**Beispiel Erhard König**
Herr Erhard König ist seit Jahren bei der Krankenkasse A freiwillig versichert. Er beschließt, am 16. 7. 1997 diese freiwillige Versicherung zu kündigen und sich bei der Krankenkasse B freiwillig zu versichern. Das Kündigungsschreiben von Herrn König geht am 18. 7. 1997 bei der Krankenkasse A ein.
Die Kündigung wird also zum 30. 9. 1997 wirksam. (Der August ist der nächste und der September der übernächste Kalendermonat.) Die Versicherung von Erhard König bei der Krankenkasse B beginnt also am 1. 10. 1997.

**TIPS UND TRICKS** Wir empfehlen Ihnen folgenden Wortlaut für Ihr Kündigungsschreiben:

> *An die Krankenkasse ...*            *Datum des Briefes*
> *Postfach ...*
> *Ort ...*
>
> **Kündigung meiner freiwilligen Versicherung**
>
> *Sehr geehrte Damen und Herren,*
> *hiermit kündige ich meine bestehende Krankenversicherung fristgerecht zum nächstmöglichen Zeitpunkt.*
> *Sie erhalten hierfür folgende notwendige Angaben:*
>
> *Name, Vorname ...*
> *Geburtsdatum ...*
> *Anschrift ...*
> *Versicherungsnummer ...*
> *Versicherte Familienangehörige ...*
>
> *Von Rückfragen zu meiner Kündigung bitte ich Abstand zu nehmen. Bestätigen Sie mir lediglich den Erhalt dieses Schreibens und den Zeitpunkt der Kündigung.*
>
> *Mit freundlichen Grüßen*

* Beachten Sie auch, daß einige Krankenkassen kürzere Kündigungsfristen vorsehen. Dies ist selbstverständlich erlaubt und regelt jede Krankenkasse für sich selbst. Längere Kündigungsfristen dürfen aber nicht vereinbart werden.
* Die Bestätigung der Kündigung Ihrer bisherigen Krankenkasse legen Sie der neu gewählten Krankenkasse vor.
* Sollte einer Ihrer Hauptgründe für den Wechsel zu einer anderen Krankenkasse in der Höhe des Beitrags liegen,

so beachten Sie, daß die Krankenkassen ihre Beiträge im Dezember für das gesamte kommende Jahr kalkulieren. Von diesem Grundsatz weichen viele Krankenkassen aus taktischen Überlegungen ab. Es kann also nicht vorhergesagt werden, wann die nächste Beitragserhöhung von den Krankenkassen vorgenommen wird.

### Sonderkündigungsrecht

9.10 Seit 1. 7. 1997 haben Sie nun auch die Möglichkeit, Ihre Krankenkasse neu zu wählen, wenn Ihre derzeitige Kasse die Beiträge erhöht oder das Leistungsspektrum verändert. Das bekannte Schema stellt die Voraussetzungen hierfür dar: Wenn Sie die nachstehenden beiden Fragen mit »Ja« beantworten, so haben Sie ein erneutes Wahlrecht:

**CHECKLISTE** ✓

| Können Sie erneut eine Krankenkasse wählen? |
|---|
| ⇨ Hat Ihre derzeitige Krankenkasse die Beiträge erhöht oder das Leistungsspektrum verändert? |
| ⇨ Haben Sie Ihre Krankenversicherung innerhalb eines Monats nach der Beitragserhöhung oder Leistungsveränderung gekündigt? |

**TIPS UND TRICKS**

* Mit diesem Sonderkündigungsrecht haben Sie die Möglichkeit auf Veränderungen, die Ihre Krankenkasse im laufenden Jahr beschließt, kurzfristig zu reagieren und eine neue Krankenkasse zu wählen. Den Krankenkassen wird es schwerfallen, die Beiträge zu erhöhen, denn es ist

damit zu rechnen, daß viele Versicherte von diesem Recht Gebrauch machen.

* Wie Sie Ihre Kündigung formulieren könnten:

---

*An die Krankenkasse ...*       *Datum des Briefes*
*Postfach ...*
*Ort ...*

**Kündigung meiner Versicherung**

*Sehr geehrte Damen und Herren,*
*hiermit kündige ich meine bestehende Krankenversicherung fristgerecht zum 3x. xx. 199x, weil Sie Ihre Beiträge erhöht haben. Sie erhalten hierfür folgende notwendige Angaben:*

*Name, Vorname ...*
*Geburtsdatum ...*
*Anschrift ...*
*Versicherungsnummer ...*
*versicherte Familienangehörige ...*

*Von Rückfragen zu meiner Kündigung bitte ich Abstand zu nehmen. Bestätigen Sie mir lediglich den Erhalt dieses Schreibens.*

*Mit freundlichen Grüßen*
*(Unterschrift, Vor- und Zuname)*

---

**TIPS UND TRICKS**   Teilen Sie Ihre neu gewählte Krankenkasse unverzüglich Ihrem Arbeitgeber mit, damit er die entsprechenden Meldungen (Abmeldung bei der bisherigen Krankenkasse und Neuanmeldung bei der gewählten Krankenkasse) vornehmen kann.

## Gibt es Unterschiede zwischen den Krankenkassen?

**9.12** Natürlich gibt es zwischen den einzelnen Krankenkassen Unterschiede.

Ein wesentlicher Unterschied ist die Höhe der Beiträge. Maßgeblich hierfür ist der sogenannte Beitragssatz. Mit diesem Satz werden die Beiträge berechnet. (Siehe auch ⇨ 15.4 und ⇨ 11.)

Ein weiterer Unterschied ist in der Gestaltung der Leistungsgewährung zu sehen. Einige Krankenkassen sind bei der Leistungsgewährung in besonderen Fällen schnell und unbürokratisch. Näheres hierzu erfahren Sie in Kapitel 5.

Verschiedene Krankenkassen haben sich auch besonders eifrig der Gesundheitsförderung verschrieben. Unter diesem Deckmantel wird aber auch Unsinniges finanziert. Erinnert sei hier an Bauchtanzkurse und Ähnliches. Die Unterstützung solcher angeblichen Gesundheitsmaßnahmen wird auch immer wieder in den Medien diskutiert. Sie können sich also selbst auf diese Weise ein Bild von der jeweiligen Krankenkasse machen.

Seit dem 1. 1. 1997 ist die Gesundheitsförderung stark eingeschränkt worden.

Im Service- und Kundenbereich haben die Krankenkassen Gestaltungsmöglichkeiten. Viel Werbung ist allerdings noch kein Garant für eine servicestarke Krankenkasse. Lassen Sie sich also von Werbespots nicht einfangen. Im übrigen wollen wir darauf hinweisen, daß Werbespots teuer sind und aus den Beiträgen der Versicherten finanziert werden.

## Entstehen mir Nachteile durch die Kündigung?

**9.13** Die neu gewählte Krankenkasse darf Krankheiten, die bei Ihnen selbst oder Ihren familienversicherten Angehörigen

zum Zeitpunkt der Versicherung schon bestanden haben, nicht von der Leistungsgewährung ausschließen.
Die gesetzliche Krankenversicherung kennt keine Wartezeiten für Leistungsansprüche. Sie können bereits am ersten Tag Ihrer Versicherung die Leistungen in Anspruch nehmen. Dies gilt in gleicher Weise für Mitversicherte Ihrer Familie.

**TIPS UND TRICKS** Es entstehen Ihnen durch die Kündigung keine Nachteile hinsichtlich des Leistungsanspruchs. Machen Sie sich diesbezüglich keine Gedanken. Nutzen Sie die für Sie erkennbaren Vorteile wie z. B. einen günstigen Beitrag.

# Teil IV:
# Nicht versicherter Personenkreis

## 10   Nicht versicherte Personen

### Allgemeines

In den vorherigen Kapiteln haben wir die Versicherungspflicht und die freiwillige Versicherung erläutert. 10.1

In diesem Abschnitt stellen wir Ihnen dar, in welchen besonderen Fällen die Versicherungspflicht nicht eintritt, obwohl die hierfür vorgesehenen Voraussetzungen (Kapitel 6) erfüllt sind.

In der Fachsprache wird übrigens zwischen den Begriffen »nicht versicherungspflichtig« und »versicherungsfrei« unterschieden. Solche Feinheiten sind für Sie jedoch nicht von Bedeutung, wir haben daher immer den Begriff versicherungsfrei gewählt.

### Student mit Nebenbeschäftigung

Für Studenten kann sowohl eine Familienversicherung (Kapitel 7) als auch die studentische Krankenversicherung (⇨ 6.7) möglich sein. Was passiert nun aber mit der Krankenversicherung, wenn neben dem Studium noch gearbeitet wird? Nun, grundsätzlich ist jeder Beschäftigte versicherungspflichtig. Die Voraussetzungen hierfür haben wir in ⇨ 6.3 dargestellt. Von dieser Versicherungspflicht ist der Student ausgenommen, wenn die Beschäftigung: 10.2

- an nicht mehr als 20 Stunden in der Woche ausgeübt wird,
- nicht länger als zwei Monate dauert,
- lediglich in den Semesterferien ausgeübt wird.

Voraussetzung hierfür ist, daß der Student auch an einer Fachhochschule (Hochschule oder Universität) eingeschrieben ist.

## Student mit einer Nebenbeschäftigung unter 20 Stunden

Wenn die Nebenbeschäftigung nicht mehr als 20 Stunden wöchentlich ausgeübt wird, ist diese Beschäftigung versicherungsfrei.

**TIPS UND TRICKS**

* Die Höhe des Lohnes oder Gehaltes (Fachsprache: Arbeitsentgelt) für diese Nebenbeschäftigung ist für die Versicherungsfreiheit nicht von Bedeutung. Beachten Sie aber, daß eine bestehende Familienversicherung nur gegeben ist, wenn der Familienangehörige monatlich nicht mehr als 620,00 DM (im Osten 520,00 DM) Einkommen erzielt. Ist die Familienversicherung nicht möglich, so tritt die Versicherungspflicht als Student zu einem sehr günstigen Beitrag ein (siehe auch Kapitel 11).
* Wird die Beschäftigung an mehr als 20 Stunden in der Woche ausgeübt, ist Versicherungsfreiheit gegeben, wenn sich die Nebenbeschäftigung dem Studium unterordnet, wenn z. B. die Beschäftigung nur an den Wochenenden sowie in den Abend- und Nachtstunden ausgeübt wird. Es sei hier ein Taxifahrer genannt, der an einem Wochenende 24 Stunden (Samstag und Sonntag je zwölf Stunden) arbeitet. Für diese Nebenbeschäftigung ist der Student von der Versicherungspflicht befreit.
* Prüfen Sie als Student jeweils vor Beginn der Beschäftigung, ob Versicherungsfreiheit besteht. Falls für die Beschäftigung tatsächlich Versicherungsfreiheit gegeben ist, so haben Sie aus dieser Beschäftigung auch keine Beiträge zur Krankenversicherung zu zahlen.

## Student mit einer Beschäftigung unter zwei Monaten

Eine Beschäftigung des Studenten ist versicherungsfrei, wenn diese Beschäftigung von vornherein auf längstens zwei Monate befristet ist. Zwei Monate entsprechen 60 Kalendertagen oder 50 Arbeitstagen. Dauert die Beschäftigung zwar länger als zwei Monate, beträgt die wöchentliche Arbeitszeit aber nicht mehr als 20 Stunden, so ist Versicherungsfreiheit nach den Grundsätzen des vorherigen Abschnittes gegeben.

**TIPS UND TRICKS**

* Steht schon zu Beginn der Beschäftigung fest, daß diese länger als zwei Monate dauert, so beginnt die Versicherungspflicht mit dem ersten Tage der Beschäftigung. Die Versicherungspflicht tritt also nicht erst nach Ablauf von zwei Monaten ein.
* Wird erst während der Nebenbeschäftigung entschieden, daß diese länger als zwei Monate dauert, so besteht keine Versicherungsfreiheit mehr, und zwar ab dem Tag, an dem die Verlängerung vereinbart wird. Dies kann selbstverständlich auch erst der letzte Tag der zweimonatigen Beschäftigung sein.

## Student mit einer Beschäftigung in den Semesterferien

Versicherungsfreiheit besteht für den beschäftigten Studenten auch, wenn die Beschäftigung zwar länger als zwei Monate dauert, aber ausschließlich in der vorlesungfreien Zeit, also in den Semesterferien, ausgeübt wird. Dabei wichtig ist die Ausschließlichkeit, d. h., fällt auch nur ein Tag dieser Beschäftigung nicht in die vorlesungsfreie Zeit, so kann nach dieser Vorschrift keine Versicherungsfreiheit bestehen.

**Tips und Tricks**

* Wird eine versicherungsfreie Beschäftigung, die wöchentlich nicht mehr als 20 Stunden ausgeübt wird, lediglich in den Semesterferien zur Vollzeitbeschäftigung ausgeweitet, so besteht die Versicherungsfreiheit weiterhin.
* Versicherungspflicht besteht, wenn die Beschäftigung im Laufe eines Jahres (nicht Kalenderjahr) in mehr als insgesamt 26 Wochen (182 Kalendertagen) ausgeübt wird. Der Jahreszeitraum wird dabei ermittelt, indem vom Ende der jeweils angestrebten oder vereinbarten Beschäftigung aus ein Jahr gerechnet wird. Ein Beispiel soll dies verdeutlichen:

**Beispiel Manuela Kräftig**
Die Studentin Manuela Kräftig möchte neben ihrem Studium in einer Imbißbude arbeiten. Sie vereinbart daher, vom 16. 5. 1997 bis 31. 6. 1997 diese Beschäftigung jeweils täglich von 14.30 bis 20.30 Uhr auszuüben, so daß die Tätigkeit insgesamt 30 Stunden je Woche umfaßt. Sie hat bereits eine ähnliche Tätigkeit vom 1. 10. 1996 bis 31. 10. 1996 ausgeübt.
Wir prüfen zunächst, ob Manuela Kräftig an weniger als 20 Stunden wöchentlich beschäftigt ist. Dies ist nicht der Fall, so daß aufgrund dieser Vorschrift keine Versicherungsfreiheit gegeben ist.
Versicherungsfreiheit könnte aber gegeben sein, da die Beschäftigung keine zwei Monate dauert, der Zeitraum vom 16. 5. 1997 bis 31. 6. 1997 umfaßt lediglich 47 Tage. Es gilt nun abschließend festzustellen, inwieweit Manuela Kräftig

im vergangenen Jahr beschäftigt war. Der Jahreszeitraum ist wie folgt zu bilden:

vom 31. 6. 1997 bis 1. 7. 1996

Innerhalb dieses Zeitraums hat Frau Kräftig lediglich eine Beschäftigung ausgeübt, und zwar vom 1. 10. 1996 bis 31. 10. 1996 (31 Kalendertage). Insgesamt hat Sie somit nur 78 Kalendertage an Beschäftigungszeiten nachzuweisen, Versicherungsfreiheit ist somit gegeben.

**Tips und Tricks**

* Steht bei Beginn der Beschäftigung schon fest, daß innerhalb dieser Beschäftigung die 182 Kalendertage überschritten werden, so besteht die Versicherungspflicht vom ersten Tag der Beschäftigung an und nicht erst ab dem 183. Tag.
* Geben Sie bei kurzfristigen Arbeitsverhältnissen immer Ihre bisherigen Beschäftigungen an. Sollte sich später herausstellen, daß Sie nicht alle Beschäftigungen des vergangenen Jahres angegeben haben, so entsteht rückwirkend Versicherungspflicht. Die Beiträge, die im Regelfall zur Hälfte von Ihnen und Ihrem Arbeitgeber getragen werden (siehe Kapitel 11), müssen dann von Ihnen allein gezahlt werden, wenn dies so mit Ihrem Arbeitgeber vereinbart wurde. Die Arbeitgeber fordern eine solche Vereinbarung in der Regel.
* Planen Sie Ihre Beschäftigungen falls möglich so, daß Sie den gewünschten Erfolg erzielen. D. h., wollen Sie versicherungsfrei oder versicherungspflichtig sein, so können Sie dies entsprechend über die Arbeitszeit bzw. Arbeitsdauer steuern.

## 620-DM-Kräfte

**10.3** Die Voraussetzungen für die Versicherungspflicht von Arbeitnehmern haben wir in ⇨ 6.3 ausführlich dargestellt. Personen mit geringem Einkommen sind von dieser Versicherungspflicht ausgenommen.
Wenn Sie im folgenden Schema **alle** Fragen mit »Ja« beantworten, so sind Sie versicherungsfrei.

**CHECK-LISTE** ✓

| Sind Sie versicherungsfrei? |
| --- |
| ⇨ Beträgt Ihre wöchentliche Arbeitszeit weniger als 15 Stunden? |
| ⇨ Beträgt Ihr Bruttolohn nicht mehr als 620,00 DM (West) bzw. 520,00 DM (Ost) im Monat? (Diese Grenze wird jährlich neu festgesetzt.) |

**TIPS UND TRICKS**

* Wenn Sie mehrere solcher gering entlohnten Beschäftigungen ausüben, so werden diese sowohl hinsichtlich der Arbeitszeit (weniger als 15 Stunden) als auch bezüglich des Lohnes (Arbeitsentgelt nicht mehr als 620,00 DM) zusammengezählt. Die Summe ist maßgebend für die Entscheidung, ob Versicherungsfreiheit vorliegt.
* Sie sind verpflichtet, jeden Arbeitgeber von Ihren anderen Beschäftigungen zu unterrichten. Seit einigen Jahren muß jeder Arbeitgeber auch diese gering entlohnten Beschäftigungen der gesetzlichen Krankenkasse melden, selbst wenn keine Versicherungspflicht besteht. Diese Daten werden durch die Rentenversicherung überprüft, so daß mehrfach Beschäftigte erkannt werden. Das Prüf-

verfahren dauert oft Monate. Immer wieder wird dadurch eine Pflichtversicherung festgestellt. Die daraus zu bezahlenden Beiträge sind dann nachzuentrichten. Wenn Sie eine entsprechende Erklärung unterschrieben haben, daß Sie alle Beschäftigungen Ihrem Arbeitgeber unverzüglich melden, so haben Sie in diesem Fall auch die Beiträge zur Krankenversicherung allein zu bezahlen und nicht nur zur Hälfte.

* Falls Sie gelegentlich, d. h. bis zu zwei Monaten innerhalb eines Jahres, die Grenzen von 15 Stunden/wöchentlich oder 620,00 DM/monatlich (bzw. 520,00 DM Ost) überschreiten, so bleibt die Versicherungsfreiheit bestehen.
* Für Auszubildende gelten diese Vorschriften nicht, d. h., für diese Personengruppe besteht immer Versicherungspflicht in der Krankenversicherung.
* Personen, die eine gering entlohnte Beschäftigung berufsmäßig ausüben, unterliegen immer der Versicherungspflicht. Eine berufsmäßige Beschäftigung liegt dann vor, wenn Sie nach Ihrer Lebensstellung üblicherweise berufstätig sind oder aber einen ständigen Arbeits- oder Ausbildungsplatz suchen. Sind Sie als Arbeitsloser beim Arbeitsamt gemeldet, so besteht immer Versicherungspflicht.

## Aushilfen (z. B. über Weihnachten)

Ist eine Beschäftigung nur von kurzer Dauer und ist dies 10.4
bereits zu Beginn der Beschäftigung so vereinbart, besteht Versicherungsfreiheit.
Wenn Sie im nachfolgenden Schema *alle* Fragen mit »Ja« beantworten, sind Sie versicherungsfrei.

# CHECK-LISTE ✓

| Sind Sie versicherungsfrei? |
|---|
| ⇨ Erhalten Sie Lohn oder Gehalt für die Beschäftigung? |
| ⇨ Ist die Arbeitszeit höher als 15 Stunden in der Woche oder beträgt Ihr Lohn mehr als 620,00 DM (520,00 DM im Osten) je Monat? |
| ⇨ Ist die Beschäftigung auf längstens zwei Monate (60 Kalendertage oder 50 Arbeitstage) von vornherein begrenzt? |
| ⇨ Waren Sie vor Aufnahme dieser Beschäftigung **nicht** als Arbeitsloser beim Arbeitsamt gemeldet? |

# TIPS UND TRICKS

Versicherungsfrei ist eine Beschäftigung, die entweder vertraglich auf zwei Monate beschränkt ist oder bei der sich dies aus der Eigenart der Beschäftigung ergibt (z. B. Erntehelfer oder Saisonarbeiter).

* Auch eine Dauerbeschäftigung, die ganzjährig dauert, ist versicherungsfrei, wenn sie lediglich an 50 Arbeitstagen im Jahr ausgeübt wird.
* Mehrere Beschäftigungen, die von vornherein befristet sind, werden zusammengezählt. Hierbei wird jeweils ein Jahr zurückgeschaut.

Wir verdeutlichen dies an einem Beispiel:

**Beispiel Hannelore Kippel**
Frau Hannelore Kippel hilft jedes Jahr mehrmals als Erntehelferin in einer Champignonzucht aus. Sie vereinbart eine Beschäftigung vom 1. 4. 1997 bis 15. 5. 1997 (45 Kalendertage). Im zurückliegenden Jahreszeitraum (15. 5. 1997 bis 16. 5. 1996) war sie bereits vom 1. 10. 1996 bis 31. 10. 1996 (31 Kalendertage) beschäftigt.

Mit der neuen Beschäftigung wird sie insgesamt mehr als 60 Kalendertage (45 + 31 = 76) beschäftigt sein. Daher kann keine Versicherungsfreiheit eintreten. Die Beschäftigung ist von Beginn an, also ab dem 1. 4. 1997, versicherungspflichtig.

### Arbeitnehmer mit hohem Einkommen

Wir verweisen zunächst auf ⇨ 6.3, wo wir die Voraussetzungen für die Versicherungspflicht dargestellt haben. Arbeiter, Angestellte und Auszubildende unterliegen der Versicherungspflicht, wenn sie für diese Arbeit Lohn erhalten. Bei Einführung der gesetzlichen Krankenversicherung war der Schutzgedanke das Leitbild. Schon damals gingen die Politiker davon aus, daß für Gutverdienende der Schutz in der GKV nicht notwendig ist. Diese Personengruppe kann sich selbst finanziell gegen Krankheit absichern.

Überschreitet Ihr Lohn oder Gehalt die sogenannte Jahresarbeitsentgeltgrenze, auch Versicherungspflichtgrenze genannt, so besteht Versicherungsfreiheit. Diese Grenze wird kalenderjährlich festgesetzt. Im Jahre 1997 beträgt sie z. B. 75 600,00 DM (monatlich 6300,00 DM) West und 63 000,00 DM (monatlich 5250,00 DM) Ost.

Wer die genannten Grenzen überschreitet, ist versicherungsfrei in der Krankenversicherung. Bei der Ermittlung des Einkommens werden alle Einkünfte berücksichtigt, die der Beschäftigte von seinem Arbeitgeber erhält. Nicht von Bedeutung ist die Bezeichnung oder die Form (Geld- oder Sachwerte) des Lohnes und ob die Beträge unmittelbar oder im Zusammenhang mit der Beschäftigung erzielt werden.

**TIPS UND TRICKS**

* Für die Berechnung des Jahreseinkommens werden nur regelmäßige Bezüge miteinbezogen. Regelmäßig bedeu-

tet: Einkünfte, die immer wiederkehren und bereits im voraus der Höhe nach bekannt sind. Vergütungen für Überstunden bleiben somit außer Betracht. Werden die Überstunden von vornherein mit einer Pauschale vergütet, so sind diese hinzuzählen.

* Familienzuschläge sind Vergütungen, die Arbeitgeber ihren Arbeitnehmern unter Berücksichtigung des Familienstandes gewähren. Solche Vergütungen sind bei der Ermittlung des jährlichen Einkommens nicht zu berücksichtigen.
* Schwankt das jährliche Einkommen, so ist dies im voraus zu schätzen. Erweist sich die vorgenommene Schätzung als falsch, so ist eine Korrektur für die Vergangenheit nicht möglich. Für die Zukunft wird allerdings eine Korrektur vorgenommen, das bedeutet, es wird erneut über die Versicherungspflicht bzw. -freiheit entschieden.
* Einmalig gezahlte Vergütungen wie Urlaubsgeld oder Weihnachtsgeld (13. Monatslohn) werden dem Einkommen hinzugezählt.

**Beispiel Marika Heiding**
Frau Heiding arbeitet als Chefsekretärin bereits seit vielen Jahren. 1998 erzielt sie folgende Vergütungen:

| | |
|---|---|
| a. Monatslohn | 5 300,00 DM |
| b. Familienzuschlag | 100,00 DM |
| c. tatsächliche Überstundenvergütung | 200,00 DM |
| d. Urlaubsgeld im Mai | 2 000,00 DM |
| e. Weihnachtsgeld im November | 5 300,00 DM |

| | |
|---|---|
| Berechnung des Jahresarbeitsengelts für Frau Heiding: Gesamt-Bruttolohn (12 x 5 300,00 DM) | 63 600,00 DM |
| + Urlaubsgeld | 2 000,00 DM |
| + Weihnachtsgeld | 5 300,00 DM |
| Summe: | 70 900,00 DM |

Im Jahre 1998 beträgt die Grenze des Jahresarbeitsentgelts für den Westen 75 600,00 DM. Marika Heiding überschreitet diese Grenze nicht, sie ist somit versicherungspflichtig. Die Familienzuschläge und die Überstundenvergütungen werden nicht berücksichtigt.

**Tips und Tricks**

* Werden mehrere Beschäftigungen nebeneinander ausgeübt, so wird der Lohn aus allen Beschäftigungen addiert. Es erfolgt also keine separate Betrachtung je Arbeitgeber.
* Übersteigen Sie die Versicherungspflichtgrenze erst im Laufe eines Jahres, so sind Sie nur dann versicherungsfrei, wenn Sie auch die Einkommensgrenze des nächsten Kalenderjahres überschreiten. Die Versicherungspflicht bleibt also in diesem Fall bis zum 31. 12. eines jeden Jahres bestehen.

**Beispiel Robin Siebenstein**
Robin Siebenstein ist seit Jahren als Werkstattmeister beschäftigt. Bis zum 30. 6. 1998 erhält Herr Siebenstein ein monatliches Gehalt von 5800,00 DM. Urlaubs- und Weihnachtsgeld wird nicht gezahlt. Ab 1. 7. 1998 wird die Abteilung des Herrn Siebenstein vergrößert und sein Gehalt auf 6400,00 DM erhöht.
Robin Siebenstein überschreitet also ab 1. 7. 1998 die Versicherungspflichtgrenze. Versicherungsfreiheit kann am 1. 1. 1999 eintreten, wenn auch die Einkommensgrenze für das Jahr 1999 überschritten wird.

**Tips und Tricks** Wechseln Sie Ihr Beschäftigungsverhältnis, so wird bei Aufnahme der neuen Arbeitsstelle die Versicherungspflicht geprüft. Sollten Sie bei Ihrem neuen Arbeitgeber die Versicherungspflichtgrenze überschreiten, so gilt **sofort** die Versicherungsfreiheit.

**Beispiel Robin Siebenstein (Abwandlung)**
Nehmen wir an, daß Herr Siebenstein am 1. 7. 1998 bei einem neuen Arbeitgeber tätig ist, so besteht aufgrund des jetzt höheren Einkommens Versicherungsfreiheit. Ab 1. 1. 1999 unterschreitet er wieder die neue Versicherungspflichtgrenze. Somit ist Herr Siebenstein ab 1. 1. 1999 wieder versicherungspflichtig. Er hat aber die Möglichkeit, sich von dieser Versicherungspflicht befreien zu lassen. Die Voraussetzungen hierfür lesen Sie bitte in ⇨ 8.6 (Befreiungsmöglichkeiten) nach.

**TIPS UND TRICKS** Was passiert nun, wenn das Einkommen unter die Versicherungspflichtgrenze fällt? Dann werden Sie sofort versicherungspflichtig. Es gilt also nicht der 1. 1. als Stichtag. Wir verweisen auf ⇨ 8.6 (Personen mit verändertem Einkommen und veränderter Arbeitszeit haben die Möglichkeit, sich von der Versicherungspflicht befreien zu lassen).

## Was kann ich tun, wenn ich nicht mehr versichert bin?

10.6 Sind Sie versicherungsfrei, so müssen Sie sich selbst um Ihre weitere Krankenversicherung kümmern. Unter Umständen ist eine Mitversicherung bei einem Angehörigen möglich (Kapitel 7).

**TIPS UND TRICKS** Wer versicherungsfrei ist, kann sich unter bestimmten Voraussetzungen freiwillig krankenversichern (siehe Ausführungen in Kapitel 8). Es ist auch die Möglichkeit einer privaten Versicherung gegeben. Zur Unterscheidung der PKV zur GKV lesen Sie bitte ⇨ 8.3.

# Teil V:
# Beiträge

# II  Beiträge

## Allgemeines

Zur Finanzierung der Leistungen benötigen die Krankenkas- II.1
sen entsprechende Mittel. Diese Geldmittel werden zum
großen Teil durch Beiträge aufgebracht. Die Krankenkassen
verwalten die Mitgliedsbeiträge treuhänderisch. Für Sie als
gesetzlich Krankenversicherter ist es wichtig zu wissen, welchen Beitrag sie für diesen Schutz aufbringen müssen und
daß es auch Möglichkeiten gibt, Beiträge zu sparen.
Wir haben die Beitragspflicht für jede Personengruppe, die
auf unterschiedliche Weise der GKV angehört, einzeln dargestellt. Beginnen wollen wir mit dem pflichtversicherten
Arbeitnehmer (⇨ 6.3). Der Arbeitgeber berechnet die Beiträge, dennoch ist es für Sie gut zu wissen, wie die Beiträge
berechnet werden. Auch dem bestgeführten Lohnbüro können Fehler unterlaufen.

## In welcher Höhe muß ich Beiträge zahlen?

Damit die Beiträge zur GKV des Arbeitnehmers berechnet II.2
werden können, sind drei Faktoren zu berücksichtigen:
a. der Beitragssatz der jeweiligen Krankenkasse,
b. die Zeitspanne, für die Beiträge zu zahlen sind,
c. Lohn oder das Gehalt (Fachsprache: Arbeitsentgelt), die
   beitragspflichtig sind.

Nachstehend wollen wir Ihnen verschiedene Informationen
zu diesen drei Ausgangssituationen geben.

## Beitragssatz

Jede Krankenkasse setzt jährlich ihren Beitragssatz neu fest. Dieser Satz sollte im laufenden Kalenderjahr nicht mehr verändert werden. Ausnahmen hiervon sind durchaus zulässig. Die unterschiedlichen Höhen der Beitragssätze sind auf eine Vielzahl von Gründen zurückzuführen. Diese hier darzustellen würde den Rahmen dieses Buches sprengen.

**Tips und Tricks**

* Für Sie ist es wichtig, daß es Unterschiede bei der Höhe der Beitragssätze gibt. Diese stellen wir ausführlich in ⇨ 15.4 dar.
* Aufgrund des gegebenen Wahlrechts können Sie immer eine günstige Krankenversicherung wählen. Lesen Sie hierzu Kapitel 9.

## Die Beitragszeit

Jede Zeit der versicherungspflichtigen Beschäftigung ist auch eine Beitragszeit. Können Sie Ihre Beschäftigung nicht ausüben, weil Sie z. B. krank sind, so gilt es zu unterscheiden. Während der Lohn- oder Gehaltsfortzahlung durch den Arbeitgeber bleibt die Zeit beitragspflichtig. Wird aber Krankengeld von der Krankenkasse gezahlt, so ist diese Zeit beitragsfrei.
Auch die Zeiten, während denen Mutterschaftsgeld oder Erziehungsgeld bezogen wird, sind beitragsfreie Zeiten, d. h., Beiträge sind nicht zu entrichten.

## Das Arbeitsentgelt (Lohn oder Gehalt)

Grundsätzlich sind alle Einkünfte, die im Zusammenhang mit einer Beschäftigung erzielt werden, beitragspflichtig. Wie die Einkünfte genannt werden, ist dabei vollkommen egal. Ferner ist es auch nicht von Bedeutung, ob es sich um laufende Einnahmen oder um einmalig gezahltes Arbeitsentgelt handelt. Für Einmalzahlungen gibt es noch eine Sondervorschrift. Näheres hierzu können Sie in ➪ 11.4 nachlesen.

Zulagen, Zuschläge, Zuschüsse oder ähnliche Einnahmen, die zusätzlich zu den Löhnen oder Gehältern gezahlt werden, sind ganz oder teilweise beitragsfrei. Das Krankenversicherungsrecht lehnt sich dabei an die Steuervorschriften an. Welche Einnahmen beitragsfrei sind, können Sie ➪ 11.9 entnehmen.

**Beispiel Gabriela Neuhauser**
Gabriela Neuhauser beginnt am 1. 8. 1997 eine Beschäftigung als Verkäuferin. Bisher war Frau Neuhauser mit ihrem Ehemann familienversichert, aufgrund der jetzt aufgenommenen Beschäftigung wird sie versicherungspflichtig. Ihr Arbeitgeber zahlt einen Monatslohn von 2600,00 DM brutto. Gabriela Neuhauser erkundigt sich bei drei Krankenkassen nach der Höhe des Beitrages. Es ergibt sich folgendes Bild:

| Krankenkasse | Beitragssatz | Monatsbeitrag für Gabriela Neuhauser |
|---|---|---|
| A | 11,8% | 306,80 DM |
| B | 12,9% | 335,40 DM |
| C | 13,5% | 351,00 DM |

Die Beiträge von beschäftigten Arbeitnehmern werden jeweils zur Hälfte vom Arbeitgeber und vom Beschäftigten getragen. Im Beispiel von Frau Neuhauser hat sie die Möglichkeit, bis zu 265,20 DM im Jahr einzusparen. (351,00 DM − 306,80 DM = 44,20 DM geteilt durch 2 = 22,10 mal 12 Monate = 265,20 DM).

**TIPS UND TRICKS** Sie sehen also, ein Vergleich der einzelnen Krankenkassen lohnt sich allemal. Wir möchten nochmals auf Kapitel 9 hinweisen. Dort sind für Sie die Wahlmöglichkeiten erläutert.

## Laufendes Arbeitsentgelt (Lohn oder Gehalt)

11.3 Laufendes Arbeitsentgelt kennzeichnet sich durch eine Gegenleistung für verrichtete Arbeit. Diese Art von Entgelt fließt dem Beschäftigten in regelmäßiger Wiederkehr, z. B. Monat für Monat, zu. Als Beispiele hierfür seien Lohn, Gehalt, Bezüge oder auch wiederkehrende Zulagen genannt.
Laufendes Arbeitsentgelt unterliegt immer der Beitragspflicht, d. h., aus der Summe des Arbeitslohnes sind Beiträge zur Krankenversicherung zu bezahlen. Die steuerliche Behandlung des Arbeitslohnes wird bei laufendem Arbeitsentgelt im Krankenversicherungsbereich nicht berücksichtigt.

**Fortsetzung Beispiel Gabriela Neuhauser**
Frau Neuhauser hat einen behinderten Sohn. Aufgrund dieser Behinderung wurde ihr durch das Finanzamt ein Steuerfreibetrag von 12 000,00 DM jährlich auf die Lohnsteuerkarte eingetragen. Die Lohnsteuerkarte legt Frau Neuhauser bei Beginn ihrer Beschäftigung (1. 8. 1997) ihrem Arbeitgeber vor.
An der Berechnung des Krankenversicherungsbeitrages ändert sich für Gabriela Neuhauser nichts, da diese steuerliche Vergünstigung nicht berücksichtigt wird.

**TIPS UND TRICKS** Laufendes Arbeitsentgelt unterliegt bis zu bestimmten Höchstgrenzen der Beitragspflicht. Lesen Sie hierzu ⇨ 11.14.

## Einmalzahlungen

Einmalig gezahltes Arbeitsentgelt, auch Sonderzuwendung  II.4
genannt, sind Einkünfte, die nicht monatlich, sondern in größeren Zeitabständen gewährt werden. Ferner sind diese Zuwendungen nicht unmittelbar aus der geleisteten Arbeit als Gegenleistung erzielt worden. Wir nennen Ihnen einige Beispiele für Sonderzuwendungen:
- Weihnachtsgeld (z. B. 13. Monatslohn)
- Urlaubsgeld
- Jubiläumszuwendungen
- Gratifikationen
- Tantiemen
- Urlaubsabgeltungen (also Geld anstatt Freizeit)

Wieso erfolgt eine Unterscheidung zwischen laufendem und einmalig gezahltem Arbeitsentgelt? Diese Unterscheidung benötigen wir, um die Beitragspflicht zu klären. Wie oben angeführt, sind laufende Einnahmen immer beitragspflichtig bis zur Höchstgrenze (1998 = 6300,00 DM im Westen und 5250,00 DM im Osten). Einmalig gezahlte Bezüge sind auch darüber hinaus beitragspflichtig, jedoch nur bis zur gesamten Höchstgrenze des laufenden Kalenderjahres. Wir verdeutlichen dies mit einem Beispiel.

### Beispiel Wolfgang Kneifer

Herr Wolfgang Kneifer ist seit 1. 1. 1998 als Lagerist beschäftigt. Für diese Tätigkeit erhält Herr Kneifer einen Monatslohn von 5200,00 DM. Herr Kneifer ist bei der Krankenkasse A versichert, diese Krankenkasse hat einen Beitragssatz von 12,5%.

Der Monatsbeitrag zur Krankenkasse beträgt also 650,00 DM, wovon die Hälfte der Arbeitgeber trägt (5200 x 12,5%). Im Mai erhält Wolfgang Kneifer ein zusätzliches Urlaubsgeld von 1500,00 DM. Urlaubsgeld ist einmalig gezahltes Arbeitsentgelt. Die Beitragspflicht wird nun wie folgt ermittelt:

a. das laufende Arbeitsentgelt und die Sonderzuwendung werden addiert, hier also 5200,00 DM + 1500,00 DM = 6700,00 DM;
b. der ermittelte Betrag wird mit der monatlichen Höchstgrenze verglichen, hier 1998 im Westen = 6300,00 DM;
c. ist nun der unter a. ermittelte Betrag niedriger als die Höchstgrenze, so besteht für die gesamte Summe Beitragspflicht, hier ist der Betrag aber höher (6700,00 DM > 6300,00 DM);
d. ist der unter a. ermittelte Betrag höher als die monatliche Höchstgrenze, so ist der Zeitraum von Beginn des Kalenderjahres bis zur Einmalzahlung zu ermitteln, hier ist dies der Fall.
e. Vom 1. 1. 1998 bis 31. 5. 1998 hat Herr Kneifer 27 500,00 DM erzielt (5200,00 DM x 5 = 26 000,00 DM + Urlaubsgeld 1500,00 DM = 27 500,00 DM).
f. Für den gleichen Zeitraum beträgt die Höchstgrenze 31 500,00 DM (6300,00 x 5).
g. Der Verdienst von Wolfgang Kneifer liegt also im gesamten Zeitraum unter der Höchstgrenze und ist somit voll beitragspflichtig. D. h., im Monat Mai 1998 sind insgesamt 6700,00 DM bei der Beitragsberechnung zugrunde zu legen.
h. Dies ergibt einen Beitrag von 6700,00 DM x 12,5% = 837,50 DM, wovon wieder der Arbeitgeber die Hälfte übernimmt.

**TIPS UND TRICKS**

* Einmalig gezahlte Zuwendungen können auch in beitragsfreie Bezüge umgewandelt werden. Lesen Sie hierzu ⇨ 11.16.
* Grundsätzlich ermittelt Ihr Arbeitgeber die Beitragspflicht Ihres Einkommens. Im Zeitalter der EDV übernimmt dies heute meist der Computer. Es ist immer wieder vorgekommen, daß gerade bei Einmalzahlungen hinsichtlich der Beitragspflicht fehlerhafte Berechnungen durchgeführt wurden. Überprüfen Sie also Ihre Lohnabrechnungen.
* Bei genauer Betrachtungsweise des oben angeführten Beispiels kann man leicht zu dem Schluß kommen, daß es von Vorteil ist, die Einmalzahlungen alle im Januar eines jeden Jahres auszubezahlen. Denn dann ist die Höchstgrenze immer nur für einen Monat gegeben. Genau dies hat dazu geführt, daß Einmalzahlungen, die in den Monaten Januar bis März ausbezahlt werden, dem Vorjahr zuzuordnen sind, wenn die Höchstgrenze in diesen drei Monaten voll ausgeschöpft wird.

### Familienversicherte

Die Voraussetzungen für die Familienversicherung haben wir ausführlich in Kapitel 7 dargestellt. Familienversicherte haben keine Beiträge zur GKV zu bezahlen. Auch erhöht sich der Beitrag des Mitgliedes durch Mitversicherung eines Angehörigen nicht. Es spielt keine Rolle, wie viele Angehörige in den Genuß der Familienversicherung kommen. **II.5**

### Arbeitslose

Bezieher von Arbeitslosengeld oder Arbeitslosenhilfe haben selber keine Beiträge zur Krankenversicherung zu bezahlen. Die Beiträge für diese Personengruppe werden vom Arbeits- **II.6** amt ermittelt und der jeweiligen Krankenkasse erstattet. Insofern gibt es für Arbeitslose auch keine Einsparmöglichkeiten.

## Behinderte

**11.7** In ⇨ 6.5 haben wir die Voraussetzungen für die Pflichtversicherung der Behinderten zusammengefaßt. Die Beitragsberechnung mit der entsprechenden Meldung veranlaßt jeweils das Behindertenheim oder die Behindertenwerkstatt.
Behinderte in anerkannten Behindertenwerkstätten erhalten oft einen geringen Lohn. Liegt dieser Lohn monatlich unter 868,00 DM (Grenze West im Jahr 1998) bzw. unter 728,00 DM (Grenze Ost im Jahr 1998), so ist für die Beitragsberechnung mindestens dieses Arbeitsentgelt heranzuziehen.
Grundsätzlich gilt auch für den beschäftigten Behinderten, daß die Beiträge jeweils zur Hälfte von ihm und seinem Arbeitgeber getragen werden. Ist der Lohn jedoch geringer als die vorgenannten Grenzen, so trägt der Arbeitgeber, also die Behindertenwerkstatt, den Krankenversicherungsbeitrag ganz allein.

**TIPS UND TRICKS** Wenn die Behindertenwerkstatt den Beitrag zur Krankenversicherung also allein zu bezahlen hat, so kann sie durchaus ein Interesse haben, die Versicherung bei einer möglichst günstigen Krankenkasse durchzuführen. Lassen Sie sich aber von Ihrem Wahlrecht nicht abhalten (siehe Kapitel 9).

## Freiwillig Versicherte

**11.8** Die Zugangsvoraussetzungen zur freiwilligen Versicherung haben wir ausführlich in Kapitel 8 erklärt. Die jeweils verschiedenen Personengruppen sind bezüglich der Beitragspflicht in zwei große Gruppen zu unterscheiden:

a. Arbeitnehmer, die nur wegen Überschreitens der Versicherungspflichtgrenze freiwillig versichert sind (⇨ 11.9) und
b. alle übrigen freiwillig Versicherten, wie z. B. Selbständige, Arbeitslose, aus der Familienversicherung Ausgeschiedene (⇨ 11.10).

Wir möchten nachstehend auf diese beiden Gruppen eingehen und zum Schluß noch die Zuschußregelung für privat krankenversicherte Arbeitnehmer erläutern (⇨ 11.11).

### Freiwillig versicherte Arbeitnehmer

Arbeitnehmer, für die bereits bei Beginn des Kalenderjahres **11.9** feststeht, daß sie die Versicherungspflichtgrenze überschreiten, sind versicherungsfrei. Diese Personengruppe hat das Recht, durch eine freiwillige Versicherung der GKV beizutreten (⇨ 8.2). Der Beitrag zur freiwilligen Versicherung richtet sich nach dem Einkommen. Da angenommen wird, daß die Versicherungspflichtgrenze überschritten wird, ist der jeweilige Höchstbeitrag zu entrichten.

Die Versicherungspflichtgrenze und die Einkommensgrenze für den Höchstbeitrag sind vollkommen identisch. Nachstehend eine kleine Auswahl von Höchstbeiträgen im Jahr 1998:

| Krankenkasse | Bemessungs-grenze | Beitragssatz | Höchstbeitrag |
|---|---|---|---|
| AOK Berlin | 6 300,00 DM | 14,9% | 938,70 DM |
| AOK Brandenburg | 5 250,00 DM | 14,5% | 761,26 DM |
| IKK Baden-Württemberg | 6 300,00 DM | 12,9% | 812,70 DM |
| TK (West) | 6 300,00 DM | 13,6% | 856,80 DM |
| TK (Ost) | 5 250,00 DM | 13,9% | 729,76 DM |
| Schwenninger BKK | 6 300,00 DM | 11,2% | **706,60 DM** |

Weitere Höchstbeiträge können Sie ⇨ 11.14 entnehmen. Sie sehen die Unterschiede zwischen den einzelnen Krankenkassen auf den Beitrag bezogen sehr deutlich.
Die Beiträge zur freiwilligen Krankenversicherung muß der Versicherte selbst an die Krankenkasse bezahlen. Das Mitglied ist also der sogenannte Beitragsschuldner. Bei den Pflichtversicherten ist dies der Arbeitgeber, das Arbeitsamt oder die Rentenversicherung.

**TIPS UND TRICKS**

* Die Hälfte des Beitrages trägt bei den freiwillig versicherten Beschäftigten der Arbeitgeber.
* Der Arbeitgeber zahlt seinen Anteil am Beitrag als steuerfreien Zuschuß an den Versicherten aus. Der Versicherte muß den Gesamtbetrag an die Krankenkasse bezahlen.
* Viele Arbeitgeber sind auch bereit, den Beitrag einzubehalten und direkt an die Krankenkasse zu bezahlen. Sprechen Sie mit Ihrem Arbeitgeber, ob er dazu bereit ist.
* Liegt Ihr Monatslohn gering unter der Einkommensgrenze, so haben Sie dennoch den Beitrag als Höchstbeitrag zu entrichten. Beispiel:

| | |
|---|---:|
| Monatslohn ab 1. 1. 1998 | 6 200,00 DM |
| Urlaubsgeld garantiert | 3 000,00 DM |
| Aufgrund der Prüfung der Versicherungs- pflicht ergibt sich   6 200,00 DM x 12 = | 74 400,00 DM |
| + 3 000,00 DM = | 3 000,00 DM |
| Summe = | 77 400,00 DM |

Die Versicherungspflichtgrenze beträgt 1998 DM 75 600,00 DM (6 300,00 x 12), somit besteht in diesem Fall Versicherungsfreiheit. Vergleiche auch ⇨ 10.5.

Während nun beim Pflichtversicherten jeden Monat Beiträge nur aus 6200,00 DM zu entrichten wären, hat der freiwillig Versicherte aus 6300,00 DM den Höchstbeitrag zu bezahlen.

**Vergleichendes Beispiel:**

|  | Anton Liebling | Annemarie Wohlauf |
|---|---|---|
| Monatseinkommen 1998 | 6 200,00 DM | 6 200,00 DM |
| Urlaubsgeld garantiert | 3 000,00 DM | nicht festgeschrieben |
| Versicherungsfrei | ja (siehe oben) | nein |
| Versicherungspflichtig | nein | ja |
| Beitragssatz | 13,0% | 13,0%, |
| maßgebliches Einkommen | 6 300,00 DM (Höchstgrenze) | 6 200,00 DM |
| monatlicher Beitrag | 819,00 DM | 806,00 DM |
| Aufgrund der guten Lage wird Frau Wohlauf auch im Mai ein Urlaubsgeld von 3000,00 DM gezahlt. Die Beiträge im Mai gestalten sich somit: | | |
| Beitragssatz | 13,0% | 13,0% |
| maßgebliches Einkommen | 6 300,00 DM (Höchstgrenze) | 6 700,00 DM (siehe unten) |
| Beitrag im Mai | 819,00 DM | 871,00 DM |
| Es ergibt sich bei gleichem Jahreseinkommen folgender Jahresbeitrag: | | |
| | 12 x 819,00 DM = **9 828,00 DM** | 11 x 806,00 DM = 8 866,00 DM + 871,00 DM = **9 737,00 DM** |

Zur Ermittlung des beitragspflichtigen Einkommens für die Einmalzahlung wollen wir auf ⇨ 11.4 verweisen. Hier sei nochmals der Berechnungsvorgang dargestellt.

Annemarie Wohlauf erzielt im Mai folgendes Einkommen:

$$6\,200{,}00 \text{ DM} + 3\,000{,}00 \text{ DM} = 9\,200{,}00 \text{ DM}$$

Die Einkommensgrenze von 6300,00 DM wird überschritten, also ist das gesamte angelaufene Kalenderjahr zu berücksichtigen:

```
                    6 300,00 DM x 5 =    31 500,00 DM
                       (Höchstgrenze für 5 Monate)
erzieltes Einkommen:  6 200,00 DM x 5 =    31 000,00 DM
Differenz:                            =       500,00 DM,
```
dieser Betrag kann bei der Einmalzahlung
noch berücksichtigt werden
daher:      6 200,00 DM + 500,00 DM =      6 700,00 DM
beitragspflichtiges Einkommen

**TIPS UND TRICKS**

* Das Beispiel verdeutlicht, daß Sie von einer freiwilligen Versicherung nicht in jedem Fall Vorteile haben. Die Regelung für die Beitragspflicht des Pflichtversicherten kann also auch zum Vorteil werden. Es gilt aber zu beachten, daß für die Einmalzahlung immer der Beitragssatz des aktuellen Monats gilt. Dies kann wiederum zu unterschiedlichen Jahresbeiträgen führen.
* Hinzu kommt noch, daß der Pflichtversicherte durch Umwandlung von Einmalzahlungen Beiträge einsparen kann. Der freiwillig Versicherte, der bereits den Höchstbeitrag bezahlt, hat diese Möglichkeit nicht. Näheres hierzu erfahren Sie in ⇨ 11.16.
* Wie sich die Beitragshöhe auf die Leistungen auswirkt, insbesondere auf die Krankengeldzahlung, entnehmen Sie bitte ⇨ 11.15.

## Sonstige freiwillig Versicherte

**11.10** Grundsätzlich gilt: Der Beitrag zur freiwilligen Versicherung richtet sich nach dem Einkommen, das erzielt wird. Ferner ist der Beitragssatz von Bedeutung. Für viele freiwillig Versicherte besteht kein Anspruch auf Krankengeld. Daher ist für

diese Personengruppe ein anderer Beitragssatz maßgebend. In der Fachsprache wird dann vom ermäßigten Beitragssatz gesprochen.
Wir möchten auf die ermäßigten Beitragssätze nicht näher eingehen. Diese können Sie bei den Krankenkassen immer direkt erfragen. Wichtig für Sie ist vielmehr, welches Einkommen der Beitragsberechnung zugrunde liegt.

## Personen ohne Einkünfte

Personen, die keine Einkünfte erzielen, wie z. B. freiwillig versicherte Kinder, für die keine Familienversicherung besteht, bezahlen den Mindestbeitrag. Hierfür wird ein fiktives Einkommen zugrunde gelegt, im Jahr 1998 von

| | | |
|---|---|---|
| täglich | 48,22 DM | (im Westen) |
| | 40,44 DM | (im Osten) |
| monatlich | 1 446,67 DM | (im Westen) |
| | 1 213,33 DM | (im Osten) |

## Personen mit Einkünften

Personen, die Einkünfte erzielen, die höher sind als die vorgenannten Grenzen, zahlen ihre Beiträge aus dem gesamten Jahreseinkommen. Es kann sich z. B. um einen Rentner handeln, der die Voraussetzungen für die Pflichtversicherung als Rentner nicht erfüllt (siehe ⇨ 8.5 Beispiel Emma Kluge).

| | |
|---|---|
| Beispiel: Rente, monatlich | 2 000,00 DM |
| Zinserträge, monatlich | 350,00 DM |
| Betriebsrente, monatlich | 600,00 DM |
| | 2 950,00 DM |

Für die Berechnung des freiwilligen Beitrages sind 2950,00 DM heranzuziehen.

## Selbständig Tätige

Bei Personen, die hauptberuflich selbständig tätig sind, werden die Einkünfte zur Berechnung des Beitrages ermittelt. Für diese Personen gilt allerdings ein anderes Mindesteinkommen, es beträgt im Jahr 1998

| | | |
|---|---|---|
| täglich | 210,00 DM | (im Westen) |
| | 175,00 DM | (im Osten) |
| monatlich | 6 300,00 DM | (im Westen) |
| | 5 250,00 DM | (im Osten) |

Nur wenn der Selbständige nachweist, daß er dieses Einkommen nicht erreicht, gelten als Mindesteinkommen im Jahre 1998

| | | |
|---|---|---|
| täglich | 108,50 DM | (im Westen) |
| | 91,00 DM | (im Osten) |
| monatlich | 3 255,00 DM | (im Westen) |
| | 2 730,00 DM | (im Osten) |

**TIPS UND TRICKS**

* Den Nachweis über Ihr Einkommen können Sie z. B. durch Vorlage des Einkommensteuerbescheides erreichen. Die Krankenkasse kann ohne Nachweis die Beiträge für Selbständige nicht auf die genannten Mindestgrenzen herabsetzen.
* Für Personen, die ihre selbständige Tätigkeit erst neu beginnen, kann auch eine Schätzung erfolgen. Bei Selbständigen sind die Vorlaufkosten in den ersten zwei Jahren in aller Regel sehr hoch. Somit kann durchaus von sehr geringem Einkommen ausgegangen werden.
* Sind Sie mit der Beitragsfestsetzung Ihrer Krankenkasse nicht einverstanden, so legen Sie gegen den Beitragsbescheid Widerspruch ein. Mehr hierzu erfahren Sie in Kapitel 13. Gerade in Zeiten des Wettbewerbs empfehlen

wir Ihnen, sich bei allen Krankenkassen nach der Beitragshöhe zu erkundigen.
* Als freiwillig Versicherter können Sie auch die private Krankenversicherung wählen. Wir verweisen hierzu auf ⇨ 8.3, wo wir die wesentlichen Unterschiede aufzeigen.
* Der Beitrag zur freiwilligen Krankenversicherung wird grundsätzlich für die Zukunft festgesetzt. Sie sind allerdings verpflichtet, wesentliche Einkommensänderungen Ihrer Krankenkasse mitzuteilen. Nur wenn Sie dies unterlassen, kann für die Vergangenheit eine Beitragsnachberechnung erfolgen.

### Zuschuß des Arbeitgebers zur PKV

Beschäftigte, die nicht der GKV angehören, sondern privat krankenversichert sind, erhalten von ihrem Arbeitgeber einen Zuschuß zur Versicherungsprämie. Diese Zuschußregelung ist an bestimmte Voraussetzungen geknüpft:

11.11

- die Vertragsleistungen der privaten Versicherung müssen für den Beschäftigten und seine Angehörigen den Leistungen der GKV entsprechen,
- das Versicherungsunternehmen muß die Versicherung nach Art einer Lebensversicherung anbieten, d. h., eine Versicherung, die nicht von vornherein begrenzt ist,
- für Versicherte, die älter als 65 Jahre sind, muß das Versicherungsunternehmen einen Standardtarif anbieten,
- Überschüsse des Versicherungsunternehmens müssen zugunsten der Versicherten verwendet werden.

**TIPS UND TRICKS**

* Die genannten Voraussetzungen für den Zuschuß des Arbeitgebers bestätigt das Versicherungsunternehmen. In der Regel geschieht dies durch einen entsprechenden Be-

scheid. Wenn sich die Voraussetzungen auch recht kompliziert anhören, so werden diese Voraussetzungen von den privaten Krankenversicherungen meistens erfüllt.

* Die Bescheinigung über das Erfüllen der Zuschuß-Voraussetzungen muß Ihr Arbeitgeber zu den Lohnunterlagen nehmen, damit die Krankenkasse dies bei Gelegenheit überprüfen kann.
* Ohne diese Bescheinigung kann Ihr Arbeitgeber keinen Zuschuß gewähren.

**TIPS UND TRICKS** Der Zuschuß zur privaten Krankenversicherung beträgt die Hälfte der zu zahlenden Krankenversicherungsprämie. Hierbei sind aber Höchstbeträge zu beachten. Seit 1. 7. 1997 beträgt dieser Höchstbetrag

    im Westen        408,98 DM
    im Osten         364,76 DM.

**Beispiele**
1. Der Beitrag zur PKV beträgt 370,00 DM (Beschäftigter mit Einkommen über 6300,00 DM)
Folge: Der Arbeitgeber gewährt einen Zuschuß von 185,00 DM (370 : 2)
2. Der Beitrag zur PKV beträgt 852,00 DM (Beschäftigter mit Angehörigen, Einkommen über 6300,00 DM)
Folge: Der Arbeitgeber zahlt lediglich einen Zuschuß von 408,98 DM (852,00 : 2 = 426,00 DM), also den Höchstbetrag.

**TIPS UND TRICKS**

* Zahlt der Arbeitgeber freiwillig einen höheren Zuschuß, so ist dieser Zuschuß sowohl steuerpflichtig als auch beitragspflichtig zur Renten- und Arbeitslosenversicherung.
* Zur Unterscheidung zwischen PKV und GKV verweisen wir auf ⇨ 8.3.

## Rentner

Rentner, die der gesetzlichen Krankenversicherung als
Pflichtmitglied angehören, zahlen aus ihrer Rente und den
zusätzlichen Einkommen neben der Rente Beiträge zur
Krankenversicherung. Die Voraussetzungen für die Pflichtversicherung der Rentner haben wir in ⇨ 6.6 beschrieben. Im
nun folgenden Teil stellen wir die Beitragspflicht der Rentner
dar. Für freiwillig versicherte Rentner lesen Sie bitte ⇨ 11.10.

11.12

### Beiträge aus der gesetzlichen Rente

Für die Berechnung der Beiträge aus der Rente wurde bis
30. 6. 1997 für die pflichtversicherten Rentner nicht der individuelle Beitragssatz der jeweiligen Krankenkasse, sondern
ein Durchschnittsbeitrag aller Krankenkassen herangezogen.
Bis zu diesem Tag zahlte also der Rentner, gleichgültig, bei
welcher Krankenkasse er versichert ist, seinen Beitrag nach
einem einheitlichen Beitragssatz. Seit 1. 7. 1995 beträgt dieser 13,2% (West) bzw. 12,8% (Ost).
Der Rentenversicherungsträger zahlt die Hälfte dieses Beitrages, der Rentner die andere Hälfte. Die Beiträge werden
insgesamt vom Rentenversicherungsträger (LVA, BfA, Bundesknappschaft) an die Krankenkassen abgeführt.

**TIPS UND TRICKS**

* Bis zum 30. 6. 1997 war es völlig gleichgültig, bei welcher
  Krankenkasse Sie versichert sind, was die Höhe des Beitrages zur Krankenversicherung angeht. Allerdings gab es
  schon immer Beitragssatzunterschiede bezüglich der sonstigen Einkünfte der Rentner. Siehe auch nachstehendes
  Kapitel.

* Ab 1. 7. 1997 ist nun auch für Rentner der allgemeine Beitragssatz der jeweiligen Krankenkasse für die Berechnung der Beiträge maßgebend. Die Zugehörigkeit zur Krankenkasse hat also jetzt unmittelbar Auswirkungen auf den zu zahlenden Beitrag.

## Beiträge aus Zusatzeinkommen

Rentner zahlen auch Beiträge zur Krankenversicherung aus
- rentenähnlichen Einnahmen (Versorgungsbezüge),
- Einkommen aus gewerblicher oder freiberuflicher Tätigkeit,
- Einkommen, das durch eine Beschäftigung erzielt wird.

Nachstehend geben wir hierzu Erläuterungen:

## Rentenähnliche Einnahmen (Versorgungsbezüge)

Mit rentenähnlichen Einnahmen sind Einkommensarten gemeint, die wie eine Altersversorgung wirken. Hierzu gehören insbesondere die Betriebsrenten (betriebliche Altersversorgung), aber auch Zusatzversorgungen im öffentlichen Dienst, Pensionen, Alterssicherung der Landwirte.

**TIPS UND TRICKS**

* Sobald Sie die Rente aus der gesetzlichen Krankenversicherung beantragt haben, prüft Ihre letzte Krankenkasse die Versicherungspflicht (⇨ 6.6). Kommt diese als Rentner zustande und wird Ihnen Rente bewilligt, so erhält auch Ihre Krankenkasse hiervon Bescheid. Ihre Krankenkasse wird Ihnen dann alsbald einen Fragebogen über

Ihre zusätzlichen Einnahmen zusenden. Füllen Sie diesen korrekt aus, da es sonst zu Nacherhebungen kommen kann.

* Die zusätzlichen Einnahmen sind beitragsfrei, wenn diese nicht höher sind als 213,50 DM (Grenze im Jahr 1997 für den Westen) bzw. 182,00 DM (Grenze im Jahr 1997 für den Osten). Übersteigt Ihr zusätzliches Einkommen diese Grenze auch nur um 0,01 DM, so unterliegt der Gesamtbetrag der Beitragspflicht.

**Vergleichendes Beispiel:**

|  | Fall 1 | Fall 2 |
|---|---|---|
| Betriebsrente monatlich | 213,00 DM | 214,00 DM |
| beitragspflichtig | nein | ja |
| Monatsbeitrag (bei 5,4% Beitragssatz) | 0 | 11,56 DM |
| verbleiben netto | 213,00 DM | 202,44 DM |

**TIPS UND TRICKS** Der Rentner im Fall 2 sollte auf 0,50 DM Betriebsrente verzichten. Er hat dann einen Vorteil von jährlich 132,72 DM (11,56 DM x 12 abzüglich 6,00 DM für Verzicht der Betriebsrente).

**i** Bestimmte Alterssicherungen sehen Sonderzuwendungen vor, z. B. Weihnachtsgeld. Dies kann auch dazu führen, daß die Beitragspflicht für die Zusatzrente gegeben ist.

**TIPS UND TRICKS** Wenn Sie die Sonderzuwendung zwölfteln, also diese anteilig pro Monat ausbezahlt wird und Sie mit dieser Sonderzuwendung immer noch unter der Freigrenze mit Ihrem Einkommen liegen, so ist die Sonderzuwendung beitragsfrei. Nachfolgendes Beispiel soll dies verdeutlichen:

**Vergleichendes Beispiel:**

|  | Fall 1 | Fall 2 |
|---|---|---|
| Betriebsrente monatlich | 189,00 DM | 189,00 DM |
| Zusätzlich Weihnachtsgeld im November | – | 189,00 DM |
| anteiliges Weihnachtsgeld je Monat (189 : 12 = 15,75) | 15,75 DM | – |
| Summe im November | 204,75 DM | 378,00 DM |
| Vergleich mit Höchstgrenze 1998 | 217,00 DM | 217,00 DM |
| beitragspflichtig | nein | ja |
| Beitrag im November (5,8%) | 0 | **21,92 DM** |

**TIPS UND TRICKS** Durch eine Umwandlung von Einmalzahlungen in monatliche Zahlungen können Sie also tatsächlich Beiträge zur Krankenversicherung sparen.

## Einkommen aus gewerblicher oder freiberuflicher Tätigkeit

Rentner, die neben ihrer Rente noch selbständig tätig sind oder als Freiberufler Einkommen erzielen, müssen auch aus diesen Einkommensarten Beiträge zur Krankenversicherung entrichten. Hierbei gelten die gleichen Einkommensgrenzen wie bei den Zusatzrenten. Lesen Sie also bitte das vorstehende Kapitel.
Der Beitragssatz entspricht dem der rentenähnlichen Einnahmen. Dieser Beitragssatz ist im übrigen von Krankenkasse zu Krankenkasse verschieden. Krankenkassen mit niedrigen allgemeinen Beitragssätzen (siehe ⇨ 15.4) haben auch für ihre Rentner einen günstigen Beitrag anzubieten.

**TIPS UND TRICKS** Auch für Rentner gilt die Einkommensgrenze zur Beitragsberechnung von 6300,00 DM (Westbereich) bzw. 5250,00 DM (Ostbereich). Übersteigt Ihr Einkommen (Rente plus Zusatzrente plus Einkommen aus gewerblicher oder freiberuflicher Tätigkeit) die genannten Grenzen, so haben Sie lediglich Beiträge aus dem Höchstbetrag der Einkommensgrenze zu entrichten.

### Einkommen aus einer Beschäftigung

Sind Rentner noch neben dem Rentenbezug beschäftigt, so sind auch Beiträge zur Krankenversicherung aus dem Lohn oder Gehalt zu zahlen. Wird die Beschäftigung allerdings nur in geringem Umfang ausgeübt, so kann Lohn oder Gehalt beitragsfrei zur Krankenversicherung sein. Es gelten hierbei die in ⇨ 10.3 und 10.4 gemachten Aussagen.
Übersteigt der beschäftigte Rentner diese Grenzen, so besteht die Versicherungspflicht als Arbeitnehmer (⇨ 6.3) und somit auch die Beitragspflicht wie für einen Arbeitnehmer.

### Studenten

Studenten, die aufgrund ihres Studiums versicherungspflichtig sind, haben auch Beiträge zur Krankenversicherung zu bezahlen. Die Voraussetzungen für die studentische Krankenversicherung haben wir in ⇨ 6.7 beschrieben. Ferner haben wir auch die Möglichkeit einer Familienversicherung für den Studenten dargestellt.
Die Beitragsfestsetzung für den pflichtversicherten Studenten erfolgt per Gesetz einheitlich für alle Krankenkassen, d. h., es gibt keinen Beitragsunterschied zwischen den einzelnen Krankenkassen. Ab dem Wintersemester 1997/1998 (Beginn 1. 9. oder 1. 10. 1997) beträgt dieser Beitrag monatlich 77,19 DM (West) und 65,28 DM (Ost).

## Höchstbeiträge

**11.14** Der Beitrag zur gesetzlichen Krankenversicherung richtet sich immer nach den Einnahmen des Versicherten. Hierfür wurde allerdings eine Höchstgrenze festgesetzt.
Diese beträgt 1998
für den Westen  6300,00 DM
für den Osten    5250,00 DM
Die unterschiedlichen Beitragssätze haben wir in ⇨ 15.4 aufgelistet. Wir haben nun, um die Beitragsunterschiede nochmals zu verdeutlichen, einige Höchstbeiträge für die Krankenversicherung der Arbeitnehmer zusammengestellt. Diese gelten am Stichtag 1. 1. 1998 (ohne Gewähr).

|  | **West** | **Ost** |
|---|---|---|
| AOK Berlin | 938,70 DM | |
| AOK Hamburg | 888,30 DM | |
| AOK Niedersachsen | 888,30 DM | |
| AOK Bayern | 863,10 DM | |
| AOK Baden-Württemberg | 819,00 DM | |
| AOK Hessen | 869,40 DM | |
| AOK Brandenburg | | 761,26 DM |
| AOK Mecklenburg-Vorpommern | | 761,26 DM |
| AOK Sachsen | | 729,76 DM |
| AOK Magdeburg | | 740,26 DM |
| IKK Ostfalen | 812,70 DM | |
| BKK Junghans | 737,10 DM | |
| BKK PWA | 756,00 DM | |
| BKK Unterweser | 762,30 DM | |
| BKK AKS | 693,00 DM | |
| BKK Schwarzwald-Baar-Henberg | 730,80 DM | |

|  | West | Ost |
|---|---|---|
| BKK Hochrhein-Wiesental | 724,50 DM |  |
| BKK Bosch Stuttgart | 762,30 DM |  |
| Schwenninger BKK | **705,60 DM** |  |
| Barmer Ersatzkasse | 875,70 DM | 729,76 DM |
| DAK | 882,00 DM | 735,00 DM |
| TK | 856,80 DM | 729,76 DM |
| KKH | 882,00 DM | 745,50 DM |
| Schwäbisch-Gmünder Ersatzkasse | 812,70 DM | 677,26 DM |
| Gärtner-Krankenkasse | 856,80 DM | 761,26 DM |

Sie können selbstverständlich auch den Höchstbeitrag jeweils selbst ausrechnen. Nehmen Sie dazu ⇨ 15.4 zu Hilfe. Insbesondere die Betriebskrankenkassen weisen sehr günstige Höchstbeiträge aus.

## Wie wirkt sich die Beitragshöhe auf die Leistungen aus?

Der zu entrichtende Beitrag ist für den Anspruch auf Lei- **II.15** stungen nicht von Bedeutung. Da die meisten Leistungen als Sache (Sachleistungen) angeboten werden, ist der Beitrag hierfür unwichtig. Alle Versicherten der gesetzlichen Krankenkassen erhalten also dieselben Leistungen.

Auch das Krankengeld richtet sich nicht nach dem gezahlten Beitrag, sondern nach dem letzten abgerechneten Lohn vor der Krankheit (Näheres hierzu ⇨ 5.8).

Wer also hohe Beiträge bezahlt, hat keinen höheren Leistungsanspruch. Dies ist genau das, was eine Sozialversicherung ausmacht. Jeder zahlt nach seiner Einkommensstärke Beiträge, und die Leistungen werden für alle in gleichem Maße angeboten.

## Wie können Beträge minimiert werden? – oder wie Sie durch Umwandlung Ihres Gehaltes Beiträge sparen können

11.16 Bei allen vorgenannten Vorschriften bleibt kein sehr großer Spielraum, Beiträge zur Krankenversicherung zu sparen. Für den beschäftigten Arbeitnehmer gibt es jedoch eine Möglichkeit, die Beiträge zu verringern.

Wir unterscheiden dabei zwischen zusätzlichem Arbeitsentgelt des Arbeitgebers oder Umwandlung einer Einmalzahlung in pauschal versteuerte Versicherungsprämien.

### Zusätzlicher Lohn des Arbeitgebers

11.17 In der Krankenversicherung sind Lohneinkünfte beitragsfrei, wenn der Arbeitgeber zusätzlich zum Lohn oder Gehalt

- Beiträge zur Direktversicherung
- Beiträge zur Gruppenunfallversicherung
- Zuwendungen an Pensionskassen

zahlt. Voraussetzung hierfür ist, daß diese Versicherungsprämien pauschal versteuert werden und *zusätzlich* zum Lohn gewährt werden. Verzichtet der Arbeitnehmer auf einen Teil seines Lohnes, damit der Arbeitgeber solche Versicherungsprämien entrichtet, so besteht Beitragspflicht in vollem Umfange, weil diese Prämie dann nicht *zusätzlich* gezahlt wird.

Für die Pauschalversteuerung gelten bestimmte Höchstgrenzen. Werden diese überschritten, so ist der darüberliegende Betrag beitragspflichtig.

Seit 1. 1. 1996 beträgt der Höchstbetrag, der pauschal versteuert werden kann, monatlich 284,00 DM bzw. jährlich 3408,00 DM.

**Beispiel:**
Ein Arbeitgeber zahlt neben dem Lohn für seine Arbeitnehmer noch eine Prämie zur Direktversicherung von monatlich 250,00 DM.
Dieser Betrag wird vom Arbeitgeber pauschal versteuert. Er ist somit zur Krankenversicherung beitragsfrei. Die beschäftigten Arbeitnehmer haben also aus diesem Betrag keine Beiträge zu entrichten.
Der Vorteil der Direktversicherung liegt darin, daß der Arbeitnehmer z. B. bei Rentenbezug eine Zusatzrente erhält.

### Einmalzahlungen und Prämien zu Zukunftssicherungsleistungen

Der Arbeitgeber kann die Zukunftssicherungsleistung entweder monatlich oder jährlich bezahlen. Solange dies zusätzlich zum Lohn geschieht, entsteht keinerlei Unterschied bei der Beitragspflicht.
Dennoch kann ein Arbeitnehmer eine Direktversicherung abschließen, um somit Steuern zu sparen. Die Beitragspflicht bleibt in diesen Fällen unberührt. Wir möchten dies mit einem Beispiel verdeutlichen:

| | |
|---|---:|
| Ein Arbeitnehmer erhält monatlich (brutto) | 7 500,00 DM |
| hiervon zahlt er | |
| Lohnsteuer (angenommen gerundete Beträge) | 1 970,00 DM |
| Solidaritätszuschlag (7,5% aus der Steuer) | 147,75 DM |
| Kirchensteuer (z. B. 8% aus der Steuer) | 157,60 DM |
| Steuerabzug insgesamt | 2 275,35 DM |
| verbleiben | **5 224,65 DM** |

Beiträge zur Krankenversicherung sind aus 6300,00 DM zu entrichten.

Dieser Arbeitnehmer schließt nun eine Direktversicherung mit einem Monatsbeitrag von 284,00 DM ab. Genau dieser

Betrag kann pauschal versteuert werden. Der Pauschalsteuersatz beträgt 20%, wobei auch der Solidaritätszuschlag und die Kirchensteuer zu entrichten sind.

| | |
|---|---:|
| Bruttolohn | 7 500,00 DM |
| abzüglich | |
| Versicherungsprämie | 284,00 DM |
| hierauf entfallende Pauschalsteuer (20%) | 56,80 DM |
| hierauf entfallender Solidaritätszuschlag (7,5%) | 4,26 DM |
| hierauf entfallende Kirchensteuer (8%) | 4,54 DM |
| ergibt einen steuerpflichtigen Monatslohn von | 7 150,40 DM |

Aus diesem Lohn werden nun die Steuerabzüge ermittelt:

| | |
|---|---:|
| Lohnsteuer (angenommen gerundete Beträge) | 1 820,00 DM |
| Solidaritätszuschlag (7,5%) | 136,50 DM |
| Kirchensteuer (8%) | 145,60 DM |
| ergibt Steuerabzüge insgesamt | 2 102,10 DM |

Was bleibt nun übrig? Wir stellen die Steuerlast ohne Direktversicherung der Steuerlast mit Gehaltsumwandlung gegenüber:

| | |
|---|---:|
| Steuerlast ohne Direktversicherung | 2 275,35 DM |
| Steuerlast mit Direktversicherung | 2 102,10 DM |
| ergibt eine vorläufige Ersparnis von | 173,25 DM |
| abzüglich der Pauschalsteuern | |
| (56,80 + 4,26 + 4,54) | 65,60 DM |
| ergibt eine endgültige Steuerersparnis von | 107,65 DM |
| oder jährlich (107,65 x 12) | **1 291,00 DM** |

Auch in diesem Beispiel bleibt der Krankenversicherungsbeitrag, errechnet aus 6300,00 DM, unverändert. So kann der Arbeitnehmer zwar Steuern sparen, aber bezüglich des Krankenversicherungsbeitrages ändert sich nichts.

**TIPS UND TRICKS** Wird nun aber der Beitrag zur Direktversicherung durch eine Einmalzahlung finanziert, so hat dies auch beitragsrechtliche Auswirkungen, d. h., die pauschal versteuerte Versicherungsprämie bleibt in diesem Fall beitragsfrei. Wir möchten dies wieder anhand eines Beispiels aufzeigen:

| | |
|---|---:|
| Der Arbeitnehmer erhält einen Monatslohn von brutto | 5 000,00 DM |
| hierauf entfallen | |
| Lohnsteuer (angenommen gerundete Beträge) | 1 032,00 DM |
| Solidaritätszuschlag (7,5%) | 77,40 DM |
| Kirchensteuer (8%) | 82,56 DM |
| Steuerabzug insgesamt | 1 191,96 DM |
| die jeweiligen Arbeitnehmeranteile zur Sozialversicherung | |
| Krankenversicherung (12,8%) | 320,00 DM |
| Rentenversicherung (20,3%) | 507,50 DM |
| Arbeitslosenversicherung (6,5%) | 162,50 DM |
| Pflegeversicherung (1,7%) | 42,50 DM |
| Sozialversicherung insgesamt | 1 032,50 DM |
| **Nettolohn somit** | **2 775,54 DM** |

Damit sowohl Steuern als auch Beiträge zur Sozialversicherung gespart werden können, schließt dieser Arbeitnehmer eine Direktversicherung ab. Die Versicherungsprämie wird einmal im Jahr fällig. Sie wird mit dem 13. Monatslohn im November eines jeden Jahres verrechnet und vom Arbeitgeber abgeführt. Der jährliche Höchstbetrag, der pauschal versteuert werden kann, wird voll ausgeschöpft, so daß die Versicherungsprämie genau 3408.00 DM beträgt.

Die Einmalzahlung von 5000,00 DM im November unterliegt grundsätzlich in voller Höhe der Beitragspflicht (siehe ⇨ 11.4). Durch die Umwandlung in eine Direktversicherung ergibt sich nun folgende Ersparnis:

Berechnung der Abzüge im November:
(laufender Lohn siehe oben)
Einmalzahlung brutto 5 000,00 DM
abzüglich:
Direktversicherungsbeitrag 3 408,00 DM
hierauf entfallende pauschale Lohnsteuer (20%) 681,60 DM
Solidaritätszuschlag (7,5%) 51,12 DM
Kirchensteuer (8%) 54,53 DM
Abzüge insgesamt **4 195,25 DM**
zu versteuerndes Einkommen
aus der Einmalzahlung 804,75 DM
(anstatt 5 000,00 DM)

Grundsätzlich ist die gesamte Einmalzahlung beitragspflichtig. Wird diese Einmalzahlung aber umgewandelt, so ist der Betrag frei, der pauschal versteuert werden kann. In unserem Beispiel sind dies 3408,00 DM. Der beitragspflichtige Lohn wird wie folgt ermittelt:

Einmalzahlung 5 000,00 DM
abzüglich Direktversicherungsprämie 3 408,00 DM
(höchstens 3 408,00 DM)
verbleiben beitragspflichtig **1 592,00 DM**

Es ergibt sich folgende Vergleichsberechnung:

| | Beiträge der Einmalzahlung | |
|---|---|---|
| | ohne | mit |
| | Umwandlung | |
| Krankenversicherung (12,8%) | 320,00 DM | 101,88 DM |
| Rentenversicherung (20,3%) | 507,50 DM | 161,59 DM |
| Arbeitslosenversicherung (6,5%) | 162,50 DM | 51,74 DM |
| Pflegeversicherung (1,7%) | 42,50 DM | 13,53 DM |
| Sozialversicherung insgesamt | **1 032,50 DM** | **334,74 DM** |

Neben der Steuerersparnis ist somit auch eine Beitragsersparnis von 697,76 DM erzielt worden.

**Tips und Tricks**

* Werden zweimal im Jahr Sonderzahlungen (Einmalzahlungen) durch Ihren Arbeitgeber gewährt, so können Sie auch die Beiträge zur Direktversicherung auf diese beiden Sonderzahlungen beliebig verteilen.
* Bei allen Vorteilen, die Sie durch die Steuer- und Beitragsersparnis haben, sollten Sie bedenken, daß Sie durch den Abschluß einer Direktversicherung auch längere Zeit gebunden sind. Ihre Sonderzuwendungen sind somit schon um Jahre voraus verplant. Natürlich ist es möglich, eine Direktversicherung wieder zu kündigen. Dies bringt jedoch in aller Regel eher finanzielle Nachteile mit sich.
* Wichtig ist, daß bei der Steuerersparnis auch die pauschalen Steuern vom Bruttolohn abgezogen werden können. Bei der Beitragspflicht zur Sozialversicherung ist dies **nicht** möglich. Hier kann nur der pauschal zu versteuernde Betrag berücksichtigt werden.

## Auswahl von Einnahmen, die beitragsfrei sind

Zum Schluß dieses Kapitel wollen wir noch einige Einnahmen darstellen, für die Sie keine Beiträge zur Krankenversicherung zu zahlen haben.

Kein Arbeitsentgelt im Sinne der Sozialversicherung und damit beitragsfrei sind die folgenden Bezüge:

- Erholungsbeihilfen, soweit sie pauschal versteuert werden,
- Fahrtkostenerstattung für Fahrten zwischen Wohnung und Arbeitsplatz mit öffentlichen Verkehrsmitteln,

- Fahrtkostenerstattung für Fahrten zwischen Wohnung und Arbeitsplatz, wenn diese pauschal versteuert werden (Steuersatz 15%),
- Freiflüge, verbilligte Flugreisen, die Fluggesellschaften ihren Arbeitnehmern gewähren, bis zu einem Jahresbetrag von 2400,00 DM. Der darüber hinausgehende Betrag ist beitragspflichtig,
- Geburtsbeihilfen bis 700,00 DM, wenn diese Beihilfe innerhalb von drei Monaten nach der Geburt gezahlt werden,
- Gelegenheitsgeschenke im Wert bis 60,00 DM (z. B. ein Buch, Pralinen, Blumen),
- Heiratsbeihilfen bis zu 700,00 DM, wenn diese Beihilfe innerhalb von drei Monaten vor oder nach der Heirat gezahlt wird,
- Jubiläumszuwendungen, wenn diese im Zusammenhang mit einem Arbeitsjubiläum gezahlt werden. Es gelten dabei folgende Höchstgrenzen: für 10 Jahre bis zu 600,00 DM, für 25 Jahre bis zu 1200,00 DM, für 35, 40, 45 und/oder 50 Jahre bis zu 2400,00 DM,
- Jubiläumszuwendungen anläßlich eines Firmenjubiläums je Arbeitnehmer bis zu 1200,00 DM,
- Zuschüsse zu einem Kindergartenplatz (Betriebskindergarten).

## Sachbezüge gelten als Arbeitsentgelt

**11.20** Wird durch den Arbeitgeber Unterkunft und Verpflegung gestellt, also zusätzlich zum Arbeitslohn gewährt, so ist diese Unterkunft und Verpflegung wie Lohn oder Gehalt zu sehen. Die Unterkunft und Verpflegung muß daher auch bei der Beitragsberechnung berücksichtigt werden. Hierzu werden alljährlich Pauschbeträge festgesetzt. Diese können Sie den nachstehenden Tabellen entnehmen.

## Tabelle über die Sachbezugswerte für freie Verpflegung 1997

| Personenkreis | Verpflegung insgesamt | Frühstück | Mittagessen | Abendessen |
|---|---|---|---|---|
| volljährige Arbeitnehmer | 351,00 DM | 77,00 DM | 137,00 DM | 137,00 DM |
| Jugendliche und Azubi | 337,00 DM | 74,00 DM | 131,60 DM | 131,60 DM |
| volljährige Familienangehörige | 280,80 DM | 61,60 DM | 109,60 DM | 109,60 DM |
| Familienangehörige bis 18 Jahre | 210,60 DM | 46,20 DM | 82,20 DM | 82,20 DM |
| Familienangehörige bis 14 Jahre | 140,40 DM | 30,80 DM | 54,80 DM | 54,80 DM |
| Familienangehörige bis 7 Jahre | 105,30 DM | 23,10 DM | 41,10 DM | 41,10 DM |

**Tabelle über die Sachbezugswerte für freie Unterkunft 1997** (alte Bundesländer einschließlich West-Berlin). Diese Tabelle gilt nur für volljährige Arbeitnehmer.

| Belegung | allgemeine Unterkunft | | Uk. im Arbeitgeberhaushalt | |
|---|---|---|---|---|
| | beheizte Unterkunft | unbeheizte Unterkunft | beheizte Unterkunft | unbeheizte Unterkunft |
| mit 1 Beschäftigten | 337,00 DM | 313,00 DM | 286,50 DM | 266,10 DM |
| mit 2 Beschäftigten | 202,20 DM | 187,80 DM | 151,70 DM | 140,90 DM |
| mit 3 Beschäftigten | 168,50 DM | 156,50 DM | 118,00 DM | 109,60 DM |
| mit mehr als 3 | 134,80 DM | 125,20 DM | 84,30 DM | 78,30 DM |

**Tabelle über die Sachbezugswerte für freie Unterkunft 1997** (alte Bundesländer einschließlich West-Berlin). Diese Tabelle gilt nur für Jugendliche und Auszubildende.

| Belegung | allgemeine Unterkunft | | Uk. im Arbeitgeberhaushalt | |
|---|---|---|---|---|
| | beheizte Unterkunft | unbeheizte Unterkunft | beheizte Unterkunft | unbeheizte Unterkunft |
| mit 1 Beschäftigten | 252,80 DM | 234,80 DM | 235,90 DM | 219,10 DM |
| mit 2 Beschäftigten | 118,00 DM | 109,60 DM | 101,10 DM | 93,90 DM |
| mit 3 Beschäftigten | 84,30 DM | 78,30 DM | 67,40 DM | 62,60 DM |
| mit mehr als 3 | 50,60 DM | 47,00 DM | 33,70 DM | 31,30 DM |

**Tabelle über die Sachbezugswerte für freie Unterkunft 1997** (neue Bundesländer einschließlich Ost-Berlin). Diese Tabelle gilt nur für volljährige Arbeitnehmer.

| Belegung | allgemeine Unterkunft | | Uk. im Arbeitgeberhaushalt | |
|---|---|---|---|---|
| | beheizte Unterkunft | unbeheizte Unterkunft | beheizte Unterkunft | unbeheizte Unterkunft |
| mit 1 Beschäftigten | 220,00 DM | 196,00 DM | 187,00 DM | 166,60 DM |
| mit 2 Beschäftigten | 132,00 DM | 117,60 DM | 99,00 DM | 88,20 DM |
| mit 3 Beschäftigten | 110,00 DM | 98,00 DM | 77,00 DM | 68,60 DM |
| mit mehr als 3 | 88,00 DM | 78,40 DM | 55,00 DM | 49,00 DM |

**Tabelle über die Sachbezugswerte für freie Unterkunft 1997** (neue Bundesländer einschließlich Ost-Berlin). Diese Tabelle gilt nur für Jugendliche und Auszubildende.

| Belegung | allgemeine Unterkunft | | Unterkunft im Arbeitgeberhaushalt | |
|---|---|---|---|---|
| | beheizte Unterkunft | unbeheizte Unterkunft | beheizte Unterkunft | unbeheizte Unterkunft |
| mit 1 Beschäftigten | 165,00 DM | 147,00 DM | 154,00 DM | 137,20 DM |
| mit 2 Beschäftigten | 77,00 DM | 68,60 DM | 66,00 DM | 58,80 DM |
| mit 3 Beschäftigten | 55,00 DM | 49,00 DM | 44,00 DM | 39,20 DM |
| mit mehr als 3 | 33,00 DM | 29,40 DM | 22,00 DM | 19,60 DM |

# Teil VI:
# Antragstellung

# 12  Antragstellung

## Allgemeines

Vielleicht kennen Sie den alten Beamtenwitz: Der Lehrling 12.1
wird am ersten Tag seiner Beamtenlaufbahn in die Grundzüge des Verwaltungswesens eingeführt. Der Vorgesetzte erklärt ihm die drei Grundregeln, falls wider Erwarten Besuch in die Amtsstube kommt. Erstens: Was brauchen wir? Einen Antrag. Zweitens: Was sind wir? Nicht zuständig. Drittens: Was tun Sie mir? Leid.
So soll es heute nicht mehr sein. Um die Versicherungsangelegenheiten recht rasch bearbeiten zu können, benötigen die Krankenkassen immer wieder Angaben von Ihnen. Hierzu werden oft formelle Antragsformulare ausgegeben. Es kann bei den Krankenkassen aber auch unbürokratischer zugehen. Ein Antrag, egal für welche Leistung, ist grundsätzlich nie an eine bestimmte Schriftform gebunden. Auch ein Telefonanruf kann bereits ein Antrag sein.
In diesem Kapitel machen wir Sie mit dem Antrag als solchem vertraut. Fühlen Sie sich keineswegs als Bittsteller. Die Krankenkasse verwaltet lediglich das Geld, das den Versicherten und Beitragszahlern gehört. Die Finanzmittel sind also nicht Eigentum der Krankenkasse, sie verfügt nur treuhänderisch über die Geldmittel.

## Wie stelle ich einen Antrag?

Die meisten Leistungen der gesetzlichen Krankenversiche- 12.2
rung werden heute maschinell abgerechnet. Einen entsprechenden Antrag hierfür zu stellen ist also nicht notwendig. Suchen Sie z. B. einen Arzt auf, so gehen Sie mit Ihrer KV-Karte zu diesem Vertragspartner der Krankenkasse. Der

Arzt rechnet dann mit seiner Kassenärztlichen Vereinigung ab, die die Rechnung an die Krankenkasse stellt. Sie erhalten die Leistung, ohne einen eigentlichen Antrag gestellt zu haben.

Sind die Leistungen, die Sie beanspruchen möchten, außergewöhnlicher Natur (siehe Kapitel 5), so erfolgt eine solche automatische Abwicklung nicht. In diesen Fällen müssen Sie z. B. einen Kostenersatz durch Ihre Krankenkasse beantragen.

**TIPS UND TRICKS** Senden Sie alle Belege und Unterlagen, die Ihnen vorliegen, an Ihre Krankenkasse und bitten Sie in einem kurzen Begleitschreiben um Überweisung der Ihnen entstandenen Kosten.

Das Schreiben könnte etwa so lauten:

---

*An die*
*Krankenkasse ...*                                           *Datum*

**Betr. Erstattung von Kosten für meine Behandlung**

*Sehr geehrte Damen und Herren,*
*anbei erhalten Sie Rechnungen für eine Behandlung, die mir sehr geholfen hat. Bitte überweisen Sie den Gesamtbetrag von xxx DM auf mein Konto bei der Bank Sowieso, Konto-Nummer 9999.*

*Name, Vorname: ...*
*Geburtsdatum: ...*
*Versicherungsnummer: ...*

*Für Ihre Mühen besten Dank.*

*Mit freundlichen Grüßen*

**TIPS UND TRICKS**

* Eine nähere Begründung empfehlen wir erst bei Ablehnung Ihres Antrages. Siehe hierzu ⇨ 12.4.
* Die Krankenkasse kann Ihnen aufgrund Ihres Schreibens nochmals ein Antragsformular zusenden. Dieses benötigt die Krankenkasse, um möglichst rasch alle notwendigen Angaben für die Entscheidung über die Leistung fällen zu können. Füllen Sie also den Fragebogen ruhig aus.
* Sollten Sie Schwierigkeiten haben, das Antragsformular auszufüllen, so teilen Sie dies Ihrer Krankenkasse mit. Schreiben Sie z. B. auf das Formular, daß Sie nicht wußten, was Sie genau angeben sollten. Natürlich können Sie auch bei Ihrer Krankenkasse vorbeigehen und sagen, daß der Antrag von einem Sachbearbeiter ausgefüllt werden soll. Lesen Sie hierzu auch ⇨ 13.3.

## Welche Angaben muß ich bei der Antragstellung machen?

Damit Ihr Anliegen bearbeitet werden kann, sollten Sie Ihre persönlichen Angaben, wie Name, Vorname und Geburtsdatum, auf jedem Schreiben machen. Noch besser ist es, die Versicherungsnummer jeweils anzugeben.

Schützenswerte persönliche Daten oder Angaben brauchen Sie grundsätzlich gegenüber Ihrer Krankenkasse nicht bekanntzugeben. Diese Daten unterliegen einem besonderen Schutz. Es genügt vollkommen, wenn Ihr Arzt Ihr Krankheitsbild genau kennt.

12.3

**TIPS UND TRICKS**

* Die Krankenkasse benötigt manchmal Rat von medizinischen Sachverständigen. Dieser wird durch den Medizinischen Dienst der Krankenversicherung (MDK) eingebracht. Ihre persönliche Krankengeschichte wird von Ihrem Arzt an den MDK übermittelt. Ihre Krankenkasse hat keinen Einblick in diese Unterlagen. Der MDK erstellt entweder nach Aktenlage (sämtliche Befunde, Röntgenbilder etc.) oder aufgrund einer persönlichen Begutachtung eine Entscheidungshilfe für die Krankenkasse (siehe ⇨ 5.53).
* Die Krankenkasse ist an die Empfehlung des MDK nicht gebunden. Sie kann auch, wenn der MDK keine Kostenübernahme empfiehlt, eine andere Entscheidung treffen (siehe auch ⇨ 12.4).
* Beantragen Familienversicherte, die älter als fünfzehn Jahre sind, eine Leistung, so muß die Krankenkasse diese Angehörigen immer direkt anschreiben und ansprechen. Der Hauptversicherte (Vater, Mutter, Ehegatte) darf über die Leistungen des Angehörigen nicht informiert werden. Die Schutzwürdigkeit jeder Person ist durch Ihre Krankenkasse zu beachten.
* Sind Sie nicht sicher, ob Ihre Krankenkasse Angaben haben möchte, die Sie ihr lieber nicht mitteilen wollen, so erkundigen Sie sich z. B. bei den Verbraucherzentralen oder bei Ihrem Arzt, ob die gewünschten Daten tatsächlich für Ihren Antrag erforderlich sind. In ganz schwierigen Fällen können Sie sich auch an den Datenschutzbeauftragten des Landes oder des Bundes wenden. Alljährlich werden in einem umfassenden Bericht durch die Datenschutzbeauftragten Mängel bei der Datenerhebung bekanntgegeben und deren Beseitigung gefordert und überwacht. Eine Liste der Datenschutzbeauftragten finden Sie unter ⇨ 15.5.

## Was ist, wenn der Antrag abgelehnt wird?

Wer kennt sie nicht: Schreiben, die mit »Wir bedauern, Ihnen  12.4
mitteilen zu müssen, daß ...« oder »Aufgrund der eindeutigen Rechtslage ist es uns nicht möglich, Ihnen ...« beginnen.
Die Krankenkassen müssen unter den vorgegeben Zwängen Sparmöglichkeiten suchen. Bei den größten Beträgen der Leistungen ist dies bis heute nicht so recht gelungen. Ein Drittel der Ausgaben wird für die stationäre Behandlung (Krankenhäuser) verwandt. Der Spielraum, bei dieser Leistung zu sparen, ist gering, da die Notwendigkeit eines Krankenhausaufenthaltes gegeben ist.
Bei den vielen kleinen Beträgen, die direkt vom Versicherten beantragt werden, ist schon eher die Möglichkeit gegeben, tatsächlich zu sparen.
Gehen Sie also der Sache auf den Grund, weswegen Ihre Leistung nicht von der Krankenkasse bezahlt wird.
Zunächst einmal ist es wichtig, nach welcher Rechtsgrundlage Ihr Antrag abgelehnt wurde. Hierzu gibt es verschiedene Möglichkeiten. Der Antrag wurde abgelehnt, weil

- es die Satzung der Krankenkasse so vorsieht (⇨ 12.5),
- es einen Gesetzestext gibt, der dies so vorsieht (⇨ 12.6),
- es *keine* gesetzliche Regelung gibt, die diese Leistung erlaubt,
- in einem Urteil vom höchsten Gericht der Sozialversicherung (BSG) in einem ähnlichen Fall ablehnend entschieden wurde (⇨ 12.8),
- die Spitzenverbände der Krankenkasse eine ablehnende Haltung für diesen Fall eingenommen haben (⇨ 12.9),
- die Krankenkasse keine Möglichkeit sieht, die Leistung zu bezahlen (⇨ 12.10).

## ... weil es die Satzung der Krankenkasse so vorsieht

**12.5 TIPS UND TRICKS**

* Erkundigen Sie sich bei anderen Krankenkassen, wie deren Satzung in Ihrem Fall eine Leistungsgewährung regelt. Alle Krankenkassen sind verpflichtet, Ihnen hierüber Auskunft zu geben. Wir möchten an dieser Stelle auf das Wahlrecht hinweisen (Kapitel 9).
* Sie haben die Möglichkeit, gegen die ablehnende Haltung der Krankenkasse rechtliche Schritte einzuleiten. Lesen Sie hierzu Kapitel 14.

## ... weil es einen Gesetzestext gibt, der dies so vorsieht

**12.6 TIPS UND TRICKS**

* Lassen Sie sich diesen Gesetzestext genau erläutern. Fragen Sie bei der Krankenkasse nach, ob gegen die Regelung bereits ein Verfahren bei Gericht anhängig ist oder war. Ist dies der Fall, so erklären Sie gegenüber der Krankenkasse, daß Sie sich dem laufenden Verfahren anhängen wollen bzw. daß Sie das Urteil des abgeschlossenen Verfahrens im Wortlaut kennen wollen. Die Krankenkasse ist verpflichtet, Ihnen hierüber Informationen zu geben.
* Sie haben die Möglichkeit, gegen die ablehnende Haltung der Krankenkasse rechtliche Schritte einzuleiten. Lesen Sie hierzu Kapitel 14.

### ... weil es keine gesetzliche Regelung gibt, die diese Leistung erlaubt

**TIPS UND TRICKS**

12.7

* Fragen Sie nach dem umgekehrten Fall. Muß denn jede Leistung der gesetzlichen Krankenkasse eindeutig geregelt sein, bevor über den Sinn dieser Leistung entschieden werden kann? Machen Sie der Krankenkasse nochmals deutlich, wie wichtig diese Leistung für Sie persönlich war und – vor allem – wie sehr Ihnen die medizinische Maßnahme geholfen hat.

*Anmerkung:*
*An dieser Stelle sei auch erwähnt, daß die Krankenkassen nicht jeden Modetrend oder gar jede neu erfundene Therapie bezahlen können. Seien Sie also objektiv, nicht alles, was auf dem Gesundheitsmarkt angeboten wird, hilft auch tatsächlich. Bedenken Sie, es sind Ihre Beiträge, die ausgegeben werden.*

* Auch hier haben Sie die Möglichkeit, rechtliche Schritte gegen die ablehnende Haltung der Krankenkasse einzuleiten. Näheres in Kapitel 14.

### ... weil in einem Urteil des höchsten Gerichts der Sozialversicherung (BSG) in einem ähnlichen Fall bereits ablehnend entschieden wurde

**TIPS UND TRICKS**

12.8

* Die Krankenkassen halten sich in aller Regel an die höchstrichterlichen Entscheidungen, da man davon ausgehen kann, daß bei einem erneuten Verfahren wieder

gleich entschieden wird. Doch gerade, wenn ein solcher Richterspruch schon viele Jahre, unter Umständen schon Jahrzehnte zurückliegt, kann dies so nicht mehr angenommen werden. Gerade bei umstrittenen Behandlungsmethoden hat das BSG in den letzten Jahren sehr unterschiedlich entschieden. Gingen vor Jahren noch viele Entscheidungen zugunsten der Versicherten aus, so sind in den jüngsten Entscheidungen hierzu die Krankenkassen begünstigt worden.

* Auch wenn schon einmal in ähnlicher Sachlage entschieden wurde, haben Sie die Möglichkeit, rechtliche Schritte einzugehen. Lesen Sie hierzu Kapitel 14.
* Ähnliche Kriterien bedeuten eben noch nicht, daß es sich um genau Ihren Fall handelt. Vielleicht ist es hilfreich, sich bei anderen Krankenkassen zu erkundigen, ob diese noch an dieser Rechtsprechung festhalten oder schon andere Wege beschreiten.

## ... weil die Spitzenverbände der Krankenkassen eine ablehnende Haltung gegenüber diesem Fall eingenommen haben

**12.9** **TIPS UND TRICKS**

Spitzenverbände der Krankenkasse sind die Dachorganisationen der einzelnen Krankenkassenarten, hierzu zählen u. a. der AOK-Bundesverband, der VdAK/AEV (Verband der Ersatzkassen), der IKK-Bundesverband und der BKK-Bundesverband. Diese Verbände treffen sich regelmäßig, um gemeinsame Absprachen zu allen Bereichen der Krankenversicherung zu treffen. Die Ergebnisse solcher Besprechungen haben keinen Gesetzescharakter. Zum Teil wurden aber bei Gerichtsentscheidungen schon Besprechungsergebnisse der Spitzenverbände mit einbezogen. Lassen Sie sich also mit einer solchen Begründung nicht zurückweisen. Wir empfehlen Ihnen auch hier, Widerspruch einzulegen. Siehe ⇨ 14.1.

## ... weil die Krankenkasse keine Möglichkeit sieht, die Leistung zu bezahlen

**TIPS UND TRICKS**

12.10

Es gibt eine Fülle von Vorschriften, die genau regeln, wann die Krankenkasse eine Leistung für ihre Versicherten zu erbringen hat. Ist nun Ihre Leistung nicht genau definiert worden, so heißt das nicht, daß diese Leistung automatisch nicht erbracht werden kann. Die Krankenkasse hat genügend Spielraum, auch dann eine Leistung zu bewilligen, wenn dies nicht ausdrücklich geregelt ist. Es muß aber auf jeden Fall ein Zusammenhang zwischen der Leistung und einer bestehenden Krankheit bestehen. Sind Sie der Meinung, daß Ihnen die Leistung zustehen sollte, so empfehlen wir Ihnen, Widerspruch einzulegen. Siehe hierzu ⇨ 14.1.

# 13 Taktisches Verhalten beim Umgang mit der Krankenkasse

## Wie verhalte ich mich bei der Antragstellung?

13.1 Zunächst genügt es, wenn Sie Ihr Anliegen schriftlich bei der Krankenkasse einreichen. Fügen Sie diesem Schreiben alle notwendigen Unterlagen bei und geben Sie immer Ihren Namen, Vornamen, Geburtsdatum und Ihre Versicherungsnummer an (vergl. ⇨ 12.3).

**TIPS UND TRICKS**

* Für verschiedene Leistungsansprüche halten die Krankenkassen vorgefertigte Formulare bereit. Sie können diese z. B. telefonisch anfordern und anschließend ausgefüllt zurücksenden. Sollte Ihnen die Fragestellung nicht eindeutig genug sein, so hinterfragen Sie doch einfach den Sinn dieser Frage.
* Selbstverständlich können Sie auch persönlich bei der Krankenkasse vorsprechen. Mit Sicherheit wird man Ihnen behilflich sein, denn ein guter Service sollte heute für jede Krankenkasse selbstverständlich sein. Der persönliche Besuch ist jedoch nicht notwendig.

## Wie verhalte ich mich bei einer Ablehnung?

13.2 Wird Ihr Antrag, aus welchen Gründen auch immer, durch die Krankenkasse abgelehnt, so ist dies grundsätzlich mit Ruhe zu betrachten.

## TIPS UND TRICKS

* Ablehnungen sollten Sie nur dann anerkennen, wenn Ihnen diese schriftlich vorliegen. Lehnt eine Krankenkasse auf telefonische Anfrage hin eine Leistung für Sie ab, so lassen Sie sich dies schriftlich bestätigen.
* In der schriftlichen Begründung muß die Krankenkasse den Grund der Ablehnung darstellen. Wir verweisen auf ⇨ 12.4 und ⇨ 14.1. Entscheiden Sie in Ruhe, welche nächsten Schritte Sie gegen die Ablehnung einleiten wollen.

## Über den Umgang mit dem Krankenkassen-Sachbearbeiter

Krankenkassen-Mitarbeiter sind auch nur Menschen. Auch ihnen unterlaufen Fehler, und so kann eine Fehlentscheidung auf menschliches Versagen zurückzuführen sein.

13.3

## TIPS UND TRICKS

* Sollten Sie in dem ablehnenden Bescheid der Krankenkasse einen sachlichen und offensichtlichen Fehler entdecken, teilen Sie dies Ihrer Krankenkasse mit. Der Fehler wird mit Sicherheit korrigiert werden.
* Durch den Wettbewerb unter den gesetzlichen Krankenkassen sind auch die Mitarbeiter der Krankenkassen für den Umgang mit den Versicherten besser geschult worden. Auch eine Ablehnung der Krankenkasse ist bestimmt höflich formuliert. Lassen Sie sich aber davon nicht »blenden« und von weiteren rechtlichen Schritten abhalten. Schließlich möchten Sie nur eine Leistung, die Ihnen Ihrer Meinung nach auch zusteht. Wir verweisen auf ⇨ 12.4 und ⇨ 14.1.

* Der Krankenkassen-Sachbearbeiter hat oft exakte Richtlinien für die Leistungsgewährung und Leistungsablehnung zur Hand. An diese Richtlinien ist er gebunden und kann daher auch in besonderen Fällen nicht abweichend entscheiden, zumal seine Arbeit ständig überprüft wird. Lesen Sie hierzu bitte ⇨ 13.4.

## Der Vorgesetzte des Krankenkassen-Sachbearbeiters

**13.4** Der oder die Vorgesetzte des Mitarbeiters einer Krankenkasse erstellt in aller Regel die notwendigen Entscheidungskriterien für die Leistungsgewährung bzw. Leistungsablehnung. Ferner überprüft er die Entscheidungen seiner Mitarbeiter ständig.

**Tips und Tricks**

* Sollte bei Ihnen also der Eindruck entstehen, daß der Sachbearbeiter seine Entscheidung aufgrund vorgegebener Richtlinien gefällt hat, aber trotzdem der Entscheidungsspielraum der Krankenkasse Ihrer Meinung nach nicht ganz ausgenutzt wurde, so fragen Sie doch einfach den Vorgesetzten.
* Wenn Sie sich für die Einlegung eines Widerspruches (⇨ 14.1) entscheiden sollten, so wird immer der Vorgesetzte zu diesem Sachverhalt hinzugezogen. Eine nochmalige Überprüfung Ihres Antrages ist somit auf jeden Fall gewährleistet.

# 14  Weitere Möglichkeiten, wie Sie zu Ihrem Recht kommen

## Der Widerspruch

Der Widerspruch ist noch kein gerichtliches Verfahren, er muß aber vor Beginn eines Gerichtsverfahrens immer eingelegt werden. Dieses Verfahren wird daher Vorverfahren genannt. Wir stellen die Grundzüge kurz dar: 14.1
a. Der Versicherte stellt einen Antrag bei der Krankenkasse.
b. Die Krankenkasse will diesen Antrag ablehnen.
c. Vor der Ablehnung muß die Krankenkasse den Sachverhalt dem Versicherten schriftlich erläutern und ihm Gelegenheit geben, Stellung zu nehmen (Fachsprache: Anhörung).
d. Die Krankenkasse lehnt den Antrag ab und verweist auf die Möglichkeit des Widerspruches.
e. Der Versicherte prüft diese Entscheidung und legt Widerspruch gegen die Ablehnung ein. Der Widerspruchausschuß faßt einen Beschluß über den Antrag.
f. Erst wenn der Widerspruch abgelehnt wurde, kann Klage erhoben werden (siehe ⇨ 14.2).

**TIPS UND TRICKS**

\* Der Widerspruchausschuß ist ein Gremium, das sowohl mit Arbeitgeber-Vertretern als auch mit Versicherten-Vertretern besetzt ist. Die Krankenkasse erläutert diesem Ausschuß die Gesetzeslage im jeweiligen Fall und erklärt auch die Gründe für die Ablehnung. Gleichwohl handelt es sich bei den Personen, die über Ihre Angelegenheit

entscheiden, nicht um Juristen, sondern um Bürger, die auch nach ihrem Menschenempfinden und Gewissen entscheiden.
* Wird direkt Klage beim Sozialgericht eingereicht, ohne daß ein Widerspruch erhoben wurde, lehnt das Gericht die Klage ab, bis das Widerspruchsverfahren nachgeholt ist.
* Der Versicherte hat ein Jahr lang Zeit, Widerspruch gegen einen Bescheid der Krankenkasse einzulegen. Diese Zeit wird verkürzt, wenn die Krankenkasse auf die Möglichkeit des Widerspruchs hinweist. Dies geschieht mit der Formulierung: »Gegen diesen Bescheid können Sie innerhalb eines Monats nach Zustellung Widerspruch einlegen.« Beachten Sie die gültige Frist!
* Wir schlagen Ihnen folgenden Muster-Widerspruch vor:

---

*An die*
*Krankenkasse...*                                            *Datum*


**Betr.: Bescheid vom ...**

*Sehr geehrte Damen und Herren,*
*hiermit lege ich gegen den Bescheid vom ... Widerspruch ein.*

*Begründung: ..........*


*Bitte bestätigen Sie mir den Eingang des Widerspruchs.*

*Mit freundlichen Grüßen*

---

**TIPS UND TRICKS**

* Der Widerspruch muß nicht von Ihnen selbst formuliert werden. Sie haben auch die Möglichkeit, Ihren Widerspruch zur Niederschrift der Krankenkasse mitzuteilen. Suchen Sie Ihre Krankenkasse auf und diktieren Sie dem Sachbearbeiter Ihren Widerspruch. Dieser ist verpflichtet, den Widerspruch so entgegenzunehmen.
* Das Vorverfahren ist kostenfrei. Die Krankenkasse darf Ihnen keine Gebühr oder Ähnliches in Rechnung stellen. Hat Ihr Widerspruch Erfolg, so muß die Krankenkasse die Ihnen durch den Widerspruch entstandenen Aufwendungen erstatten, z. B. Fahrt zur Krankenkasse. Die Auslagen und Gebühren für einen Rechtsanwalt sind von der Krankenkasse zu erstatten, wenn die Hinzuziehung eines Rechtsanwaltes tatsächlich notwendig war.
* Wird Ihr Widerspruch abgelehnt, so bleibt Ihnen die Möglichkeit der Klage beim Sozialgericht. Auch hier ist die Frist von einem Monat zu beachten. Im Bescheid über die Ablehnung des Widerspruches finden Sie die Formulierung: »Gegen diesen Bescheid ist die Klage beim Sozialgericht in ... innerhalb eines Monats zulässig.« Das jeweils zuständige Sozialgericht muß Ihnen dabei ausdrücklich genannt werden.

### Die Klage

Wie im vorherigen Kapitel ausgeführt, besteht die Möglichkeit, gegen einen abgelehnten Widerspruch Klage einzureichen. Hierbei gelten folgende Instanzen:

14.2

- zunächst ist das Sozialgericht anzurufen (diese bestehen in der Regel für jeden Regierungsbezirk),
- als zweite Instanz gilt das Landessozialgericht (also für jedes Bundesland)

- und als höchste Instanz das Bundessozialgericht (Abkürzung BSG).

Hat Ihr Widerspruch keinen Erfolg und Sie sind dennoch der Meinung, daß Ihrem Antrag entsprochen werden sollte, so können Sie zunächst beim Sozialgericht Klage einreichen.

Die Klage muß folgendes beinhalten:
a. den Streitgegenstand
b. Ihren Antrag
c. den abgelehnten Widerspruch
d. alle notwendigen Beweismittel und Tatsachen.

Das Sozialgericht wird entweder eine Verhandlung anberaumen oder aber nach Aktenlage entscheiden und ein entsprechendes Urteil fällen.

**TIPS UND TRICKS**

* Die Kosten für ein Gerichtsverfahren sind sehr gering, sie belaufen sich nur auf eine geringe Gebühr. Das Risiko, eine Klage zu verlieren, ist also nicht mit großen finanziellen Einbußen behaftet.
* Vor einer Klage sollten Sie sich genau erkundigen, ob in ähnlichen Fällen schon einmal gerichtlich entschieden wurde. Dies können Sie bei Ihrer Krankenkasse erfragen. Die Krankenkasse ist verpflichtet, Ihnen hierüber Auskunft zu geben (siehe auch ⇨ 12.8).

## Beschwerde beim Vorstand

14.3 Bevor Sie den Klageweg beschreiten, können Sie sich erst an den Vorstand der jeweiligen Krankenkasse wenden. Teilen Sie diesem Ihr Anliegen mit und fragen Sie konkret, ob in Ihrem besonderen Fall nicht doch eine Möglichkeit gesehen

wird, Ihrem Leistungsantrag zu entsprechen. Dieses Schreiben kann auch als Widerspruch verstanden bzw. mit einem Widerspruch kombiniert werden.
Gerade in Zeiten eines starken Wettbewerbs wird es sich der Vorstand nicht nehmen lassen, sich Ihrer Angelegenheit anzunehmen. Gleichwohl kann auch er nicht gegen bestehende Regelungen verstoßen. Siehe auch ⇨ 4.5.

## Beschwerde bei der Aufsichtsbehörde

Sind Sie der Meinung, daß die Krankenkasse Ihrem Leistungsantrag nicht entspricht, obwohl andere Krankenkassen dies in Ihrem Falle tun würden, so können Sie sich auch bei der Aufsichtsbehörde der Krankenkassen beschweren bzw. sich nach der Richtigkeit der Entscheidung erkundigen.

Die Anschrift lautet:
        Bundesversicherungsamt
        Reich-Pietsch-Ufer 74–76
        10785 Berlin

# Teil VII:
# Kurzübersichten

# 15   Kurzübersichten

Die nachstehende Übersicht soll Ihnen helfen, möglichst rasch wichtige Eckdaten herauszufinden. Zunächst haben wir die Beitragssätze dargestellt.
Auch die Leistungs- und Beitragsgrenzen sind in tabellarischer Form dargestellt. Ferner finden Sie unter ⇨ 15.5 die Datenschutzbeauftragten der Bundesländer.

## Beitragssätze (GKV, RV, BA, Pflegeversicherung)

Die Beitragssätze zur Rentenversicherung (RV), zur Arbeitslosenversicherung (BA) und zur Pflegeversicherung (PV) sind für alle Arbeitnehmer in Deutschland gleich. Ab 1. 1. 1997 betragen diese in der

| | |
|---|---|
| Rentenversicherung | 21,0% |
| Arbeitslosenversicherung | 6,5% |
| Pflegeversicherung | 1,7% |

Die Beitragssätze der gesetzlichen Krankenversicherung sind recht unterschiedlich (vergleiche ⇨ 15.4).

## Welche Beträge sind beitragspflichtig?

Wenn Sie mehr zur Beitragspflicht wissen wollen, so lesen Sie bitte Kapitel 11. Dort ist die Beitragspflicht ausführlich erklärt. In der nachstehenden Tabelle können Sie die Bezüge ablesen, aus denen Beiträge zur Krankenversicherung zu zahlen sind.

- Lohn oder Gehalt, Bezüge oder sonstiges bezeichnetes Entgelt
- Erfolgsbeteiligungen
- Lohnfortzahlung
- Verbesserungsvorschlags-Prämien
- Erfindervergütungen für Erfindungen im Zusammenhang mit der betrieblichen Arbeit
- Erschwerniszuschläge
- Familienzuschläge
- Firmenwagen zum privaten Gebrauch
- Gewinnbeteiligungen, Tantiemen
- Gratifikationen
- Kinderzuschläge
- Leistungsprämien
- Überstundenvergütungen
- Neujahrszuwendungen
- Provisionen oder Vermittlungsprovisionen
- Sachbezüge
- Staubzulage
- Umsatzbeteiligungen
- Urlaubsgeld oder Urlaubsabgeltung
- Weihnachtsgeld oder dreizehnter Monatslohn
- kostenfreie Werkswohnung oder verbilligte Werkswohnung
- Trinkgelder, soweit sie den Betrag von 2400,00 DM im Jahr überschreiten

Diese Auflistung ist nicht abschließend. Bei Fragen wenden Sie sich an Ihre Krankenkasse. Lassen Sie sich aber dabei immer bestätigen, nach welcher Vorschrift die Beitragspflicht gegeben ist. Eine Auflistung, welche Bezüge beitragsfrei sind, finden Sie in Kapitel 11.

# Grenzen

Im Jahre 1997 gelten folgende Grenzbeträge:

| Art/Anwendung | Betrag | |
|---|---|---|
| | West | Ost |
| Einkommen für familienversicherte Angehörige, monatlich | 610,00 DM | 520,00 DM |
| Beitragshöchstgrenze zur Kranken- und Pflegeversicherung, monatlich | 6 150,00 DM | 5 325,00 DM |
| dito, jährlich | 73 800,00 DM | 63 900,00 DM |
| Beitragshöchstgrenze zur Arbeitslosen- und Rentenversicherung, monatlich | 8 200,00 DM | 7 100,00 DM |
| dito, jährlich | 98 400,00 DM | 85 200,00 DM |
| (die Versicherungspflichtgrenzen entsprechen der Beitragshöchstgrenze der Krankenversicherung) | | |
| gering entlohnte Beschäftigung liegt vor bis zu einem Einkommen von monatlich | 610,00 DM | 520,00 DM |
| Rentenähnliche Einnahmen und Arbeitseinkommen neben der Rente sind beitragspflichtig, wenn diese Grenze überschritten wird, monatlich | 213,50 DM | 182,00 DM |

Im Jahre 1998 gelten folgende Grenzbeträge:

| Art/Anwendung | Betrag | |
|---|---|---|
| | West | Ost |
| Einkommen für familienversicherte Angehörige, monatlich | 620,00 DM | 520,00 DM |
| Beitragshöchstgrenze zur Kranken- und Pflegeversicherung, monatlich | 6 300,00 DM | 5 250,00 DM |
| dito, jährlich | 75 600,00 DM | 63 000,00 DM |
| Beitragshöchstgrenze zur Arbeitslosen- und Rentenversicherung, monatlich | 8 400,00 DM | 7 000,00 DM |
| dito, jährlich | 100 800,00 DM | 84 000,00 DM |
| (die Versicherungspflichtgrenzen entsprechen der Beitragshöchstgrenze der Krankenversicherung) | | |
| gering entlohnte Beschäftigung liegt vor bis zu einem Einkommen von monatlich | 620,00 DM | 520,00 DM |
| Rentenähnliche Einnahmen und Arbeitseinkommen neben der Rente sind beitragspflichtig, wenn diese Grenze überschritten wird, monatlich | 217,00 DM | 182,00 DM |

## Beitragssätze einiger Krankenkassen zum Stichtag 1. 9. 1997

**15.4** Die nachfolgenden Beitragssätze unterliegen immer wieder Neuerungen. Wir geben eine Auswahl der Beitragssätze zum 1. 9. 1997 bekannt. Die aktuellen Beitragssätze werden laufend in verschiedenen Zeitschriften und anderen Medien veröffentlicht. Es handelt sich dabei immer um den allgemeinen Beitragssatz, dieser beinhaltet die Krankengeldzahlung ab der 7. Krankheitswoche.

| Alte Bundesländer | | |
|---|---|---|
| Tel. | | |
| 0 30/25 31 20 00 | AOK Berlin | 14,9% |
| 04 21/1 76 13 96 | AOK Bremen | 13,5% |
| 0 40/20 23 01 12 | AOK Hamburg | 14,1% |
| 01 80/3 23 23 26 | AOK Schleswig-Holstein | 14,1% |
| 05 11/2 85 21 70 | AOK Niedersachsen | 14,1% |
| 01 80/2 24 64 65 | AOK Westfalen-Lippe | 14,1% |
| 01 80/2 32 63 26 | AOK Rheinland | 13,4% |
| 01 80/2 25 43 54 | AOK Saarland | 13,7% |
| 01 80/2 24 24 32 | AOK Rheinland-Pfalz | 13,7% |
| 01 30/37 38 | AOK Hessen | 13,8% |
| 07 11/2 06 90 | AOK Baden-Württemberg | 13,0% |
| 0 89/54 44 22 76 | AOK Bayern | 13,7% |
| 0 53 51/52 60 | IKK Ostfalen | 13,9% |
| 01 30/86 09 01 | IKK Hamburg | 13,4% |
| 01 30/11 95 44 | IKK Braunschweig | 12,8% |
| 01 30/85 79 84 | IKK Sachsen-Anhalt | 13,2% |
| 0 40/29 80 81 74 | BKK Stadt Hamburg | 14,5% |
| 02 01/18 81 | BKK Krupp | 13,4% |
| 0 64 41/9 29 70 | BKK Mittelhessen | 13,9% |
| 0 74 33/9 99 60 | BKK Zollern-Alb | 11,4% |
| 0 74 25/31280 | BKK Schwarzwald-Baar-Henberg | 11,6% |
| 0 74 22/95 32 20 | BKK Junghans + Partner | 11,6% |
| 0 61 31/60 25 56 52 | BKK Schott-Zeiss | 12,9% |

| | | |
|---|---|---|
| 01 80/2 25 49 82 | BKK Neun Plus | 13,7% |
| 01 30/11 24 25 | BKK ConPart | 12,0% |
| 0 76 23/72 34 00 | BKK Hochrhein/Wiesental | 11,5% |
| 0 73 21/37 25 00 | BKK Voith + Partner | 12,4% |
| 01 30/86 51 98 | BKK Bosch | 12,6% |
| 01 30/11 09 45 | BKK Rieter | 12,8% |
| 0 71 81/60 74 10 | BKK Bauknecht | 11,2% |
| 0 77 20/9 72 70 | Schwenninger BKK | 11,2% |
| 01 80/3 67 12 58 | BKK Die Persönliche | 11,7% |
| 02 02/56 80 | Barmer Ersatzkrankenkasse | 13,9% |
| 0 40/2 39 60 | Deutsche Angestellten Krankenkasse | 14,0% |
| 01 80/2 30 18 18 | Techniker Krankenkasse | 13,6% |
| 05 11/2 80 20 | Kaufmännische Krankenkasse | 14,0%, |
| 01 30/12 31 77 | Schwäbisch Gmünder Ersatzkasse | 12,9% |
| 0 40/24 82 60 | Gärtner Krankenkasse | 13,6% |

### Neue Bundesländer

| | | |
|---|---|---|
| 03 81/7 78 16 11 | AOK Mecklenburg-Vorpommern | 14,5% |
| 01 80/2 34 35 66 | AOK Brandenburg | 14,5% |
| 01 30/86 39 25 | AOK Thüringen | 14,5% |
| 03 45/21 43 | AOK Halle | 13,9% |
| 0 18 02/32 32 88 | AOK Magdeburg | 14,1% |
| 03 51/4 94 60 | AOK Sachsen | 14,2% |
| 01 30/11 09 45 | BKK Rieter | 12,8% |
| 03 91/7 25 18 65 | BKK Sachsen-Anhalt | 14,0% |
| 0 21 61/81 65 30 | Die Gemeinsame BKK | 13,5% |
| 02 01/8 49 32 90 | BKK Döllken | 11,4% |
| 0 33 32/46 11 39 | BKK Uckermark | 13,2% |
| 02 61/1 39 71 57 | BKK Rhein-Lahn | 11,9% |
| 02 02/56 80 | Barmer Ersatzkasse | 13,9% |
| 0 40/2 39 60 | Deutsche Angestellten Krankenkasse | 14,0% |
| 01 80/2 30 18 18 | Techniker Krankenkasse | 13,9% |
| 05 11/2 80 20 | Kaufmännische Krankenkasse | 14,2% |
| 01 30/12 31 77 | Schwäbisch Gmünder Ersatzkasse | 12,9% |
| 0 40/24 82 60 | Gärtner Krankenkasse | 14,5% |

(die Angaben der Beitragssätze erfolgen ohne Gewähr)

**TIPS UND TRICKS**

* Es wurden nur geöffnete Betriebskrankenkassen mit ihrem jeweiligen Beitragssatz genannt.
* Einige Krankenkassen haben sich nur für bestimmte Länder (z. B. Bayern) geöffnet. Diese Kassen dürfen dann Personen, die ihren Wohnsitz oder ihren Arbeitgeber in (z. B. Bayern) haben, aufnehmen. Bitte fragen Sie diesbezüglich bei Ihrer Wunschkasse nach.

## Datenschutzbeauftragte

15.5 Nachstehendem Verzeichnis können Sie die Datenschutzbeauftragten des Bundes und der Länder entnehmen:

| | |
|---|---|
| Bund | Der Bundesbeauftragte für den Datenschutz<br>Dr. Joachim Jacob<br>Postfach 20 01 12<br>53131 Bonn |
| Baden-Württemberg | Der Landesbeauftragte für den Datenschutz<br>Postfach 10 29 32<br>70025 Stuttgart |
| Bayern | Der Landesbeauftragte für den Datenschutz<br>Reinhard Vetter<br>Postfach 22 12 19<br>80502 München |
| Berlin | Der Berliner Datenschutzbeauftragte<br>Dr. Hansjürgen Garstka<br>Pallastr. 25/26<br>10791 Berlin |
| Brandenburg | Der Landesbeauftragte für den Datenschutz<br>Dr. sc. Dietmar Bleyl<br>Stahnsdorfer Damm 77<br>14532 Kleinmachnow |
| Bremen | Der Landesbeauftragte für den Datenschutz<br>Dr. Stefan Walz<br>Postfach 10 03 80<br>27503 Bremerhaven |

| | |
|---|---|
| Hamburg | Der Hamburgische Datenschutzbeauftragte<br>Dr. Hans-Hermann Schrader<br>Baumwall 7<br>20459 Hamburg |
| Hessen | Der Hessische Datenschutzbeauftragte<br>Prof. Dr. Rainer Hamm<br>Postfach 31 63<br>65021 Wiesbaden |
| Mecklenburg-Vorpommern | Der Landesbeauftragte für den Datenschutz<br>Dr. Werner Kessel<br>Schloß Schwerin, Lennestr. 1<br>19053 Schwerin |
| Niedersachsen | Der Landesbeauftragte für den Datenschutz<br>Dr. Gerhard Dronsch<br>Postfach 221<br>30002 Hannover |
| Nordrhein-Westfalen | Die Landesbeauftragte für den Datenschutz<br>Bettina Sokol<br>Postfach 20 04 44<br>40102 Düsseldorf |
| Rheinland-Pfalz | Der Landesbeauftragte für den Datenschutz<br>Prof. Dr. Walter Rudolf<br>Postfach 30 40<br>55020 Mainz |
| Saarland | Der Landesbeauftragte für den Datenschutz<br>Bernd Dannemann<br>Postfach 10 26 31<br>66026 Saarbrücken |
| Sachsen | Der Sächsische Datenschutzbeauftragte<br>Dr. Thomas Giesen<br>Postfach 12 09 05<br>01008 Dresden |
| Sachsen-Anhalt | Landesbeauftragter für den Datenschutz<br>Klaus-Rainer Kalk<br>Postfach 19 47<br>39009 Magdeburg |
| Schleswig-Holstein | Der Landesbeauftragte für den Datenschutz<br>Dr. Helmut Bäumler<br>Postfach 36 07<br>24100 Kiel |
| Thüringen | Die Landesbeauftragte für den Datenschutz<br>Sylvia Liebaug<br>Postfach 9 41<br>99019 Erfurt |

# Stichwortverzeichnis

Die Ziffern beziehen sich auf die Randziffern

**A**

Abduktions-Lagerungskeil 5.31.1
Abfallbeutel/Entsorgungsbeutel 5.31.1
Absatzerhöhung 5.31.1
Adoptionspflegekinder *siehe* Kinder
Aerosol/-Geräte 5.31.1
Afterschließ-Bandage 5.31.1
Akupunktur-Behandlung 5.10.1
Alarmgerät für Epileptiker 5.31.1
Alkoholtupfer 5.31.1
Allergostop (Gegensensibilisierung nach Prof. Theurer) 5.10.2
Anal-Tampon 5.31.1
Angestellter *siehe* Arbeitnehmer
Angorawäsche 5.31.1
Anhörung 14.1
Anti-Varus-Schuh 5.31.1
Antragstellung – Ablehnung 12.4, 13.2
Antragstellung – Allgemeines 12.1
Antragstellung – Angaben 12.3j
Antragsstellung – Verhalten bei 13.1
Anzieh-/Ausziehhilfen 5.31.1
Applikationshilfen 5.31.1
Aqua-Water-Pik-Gerät 5.31.1
Arbeiter *siehe* Arbeitnehmer
Arbeitnehmer – Allgemeines 4.2
Arbeitnehmer – Befreiung von GKV 8.6
Arbeitnehmer – Beiträge 11.9
Arbeitnehmer – Beitragsverteilung 10.3
Arbeitnehmer – freiwillig versichert 8.2
Arbeitnehmer – Versicherungspflicht 6.3
Arbeitnehmer – Wahlrecht 9.2

Arbeitsentgelt 11.2
Arbeitsentgelt – einmaliges 11.4
Arbeitsentgelt – laufendes 11.3
Arbeitslose – Beiträge 11.6
Arbeitslose – Versicherungspflicht 6.4
Arbeitslose – Wahlrecht 9.2
Arbeitslosengeld 6.4
Arbeitslosenhilfe 6.4
Arbeitstherapie 5.16, 5.29.1
Armmanschette 5.31.1
Armtragegurt/-tuch 5.31.1
Arthrodesensitzkissen 5.31.1
Arthrodesensitzkoffer 5.31.1
Arthrodesenstuhl 5.31.1
Arzneimittel *siehe* Medikamente
Arzneimittel bei Mutterschaft 5.56
Ärztliche Behandlung 5.12
Atemgymnastik 5.29.1
Atemmonitore 5.31.1
Atlastherapie nach Arlen 5.10.3
Aufsichtsbehörde 4.5, 14.4
Auftriebshilfe 5.31.1
Augenbadewanne/-dusche 5.31.1
Augenklappe 5.31.1
Augenpinsel 5.31.1
Augenpipette 5.31.1
Augenspülglas/-flasche 5.31.1
Augenstäbchen 5.31.1
Ausbildung im Gebrauch 5.31.1
Aushilfen 10.4
Aushilfen (520-DM-Kräfte Ost) 10.3
Aushilfen (610-DM-Kräfte West) 10.3
Ausland, Leistungserbringung im 5.52
Ausschluß von Leistungen 9.5
Außenseitermedizin 5.8

Autofahrerrückenstütze 5.31.1
Autofilter 5.31.1
Autohomologe Immuntherapie (AHIT) 5.10.4
Autohomologe Immuntherapie nach Kief 5.8.1
Autokindersitz 5.31.1
Autologe Target-Cytokine-Behandlung nach Klehr (ATC) 5.8.1
Autologe Target-Cytokine (ATC) 5.10.5
Azubi *siehe* Arbeitnehmer

**B**

Baby-Rufanlage für Hörgeschädigte 5.31.1
Bach-Blüten-Therapie 5.10.6
Badeanzug (für Brustprothesenträger) 5.31.1
Badekragen 5.31.1
Baden (im Schwimmbad) 5.29.1
Bäder mit Badezusätzen 5.29.1
Bäder mit Peloiden (Fango, Schlick oder Moor) 5.29.1
Bäder, medizinische 5.29.1
Bäder, russisch-römische 5.29.1
Badestrümpfe 5.31.1
Badewannen-Einsatz 5.31.1
Badewannenhocker, -sitz 5.31.1
Bagetellarzneimittel 5.7.2
Ballenlos 5.31.1
Ballonkatheter 5.31.1
Ballspritze 5.31.1
Balneo-Phototherapie (ambulante) 5.10.7
Bandagen 5.31.1
Bandscheibenmatratze 5.31.1
Batterie-Ladegerät (Betriebskosten) 5.31.1
Batterien 5.31.1
Batterien für Hörgeräte (Ausnahme unter 18jährige) 5.31.1
Bauchgurt 5.31.1
Beatmungsgerät 5.31.1
Befreiung von der GKV 8.6
Befreiung von Eigenanteilen 5.13

Behandlung mit niederenergetischem Laser 5.8.1
Behandlungsmethoden, unkonventionelle 5.8
Behinderte – Beiträge 11.7
Behinderte – Versicherungspflicht 6.5
Behinderte – Wahlrecht 9.2
Behinderte in Heimen 6.5
Behinderte mit Jugendhilfe 6.5
Beinverkürzungsausgleich 5.31.1
Beiträge – Allgemeines 11.1
Beiträge – Rückstand 8.2
Beiträge – Selbständige 11.10
Beiträge – Umwandlung 11.4, 11.12, 11.16
Beiträge – Zuschuß zur PKV 11.11
Beitragspflicht 11.2
Beitragssatz 11.2, 15.1, 15.4
Beitragszeit 11.2
Belastungserprobung 5.16
Belastungsgrenze – Eigenanteile 5.15
Beschäftigung 6.3, 8.5
Beschäftigung – berufsmäßige 10.3
Beschäftigungstherapie 5.29.1
Beschwerde bei Aufsichtsbehörde 14.4
Beschwerde beim Vorstand 14.3
Betriebskosten 5.31.1
Betriebsrente *siehe* Versorgungsbezüge
Bett (normales) 5.31.1
Bettausstattung (normale) 5.31.1
Bettausstattung (spezielle) (Allergie) 5.31.1
Bettausstattung (antirheumatische) 5.31.1
Betten, behindertengerechte 5.31.1
Bettgalgen 5.31.1
Bettlifter 5.31.1
Bettnässer-Weckgerät 5.31.1
Bettschüssel 5.31.1
Beugebandage 5.31.1
Bewegungsschienen, motorische 5.31.1

Bewegungsübungen 5.29.1
Bezüge *siehe* Arbeitsentgelt
BIBIC-Therapie 5.10.8
Bidet 5.31.1
Bildschirmlesegerät 5.31.1
Bildschirmlesegerät (bei Sehbehinderung und Blindheit) 5.31.1
Bildschirmtext (BTX) 5.31.1
Bindegewebsmassage 5.29.1
Biofeedback-Behandlung 5.10.9
Bio-Resonanz-Therapie (auch Bio-Resonanz-Diagnostik) 5.10.10
Bio-Resonanz-Diagnostik 5.8.1
Blasenfistelbandage 5.31.1
Blasenspritze 5.31.1
Blattwendegerät 5.31.1
Bleiweste 5.31.1
Blinde, Hilfe für 5.17
Blindenführhund 5.31.1
Blindenhund 5.17
Blindenlangstock 5.31.1
Blindenleitgerät 5.31.1
Blindenschreibmaschine 5.31.1
Blindenstock 5.31.1
Blitzgüsse, -wechselgüsse 5.29.1
Blutdruckmeßgerät 5.31.1
Blutgerinnungs-Meßgerät (Quickwert-Meßgerät) 5.31.1
Blutlanzette 5.31.1
Blutzucker-Meßgerät 5.31.1
Bobath-Behandlung 5.10.11
Bodybuilding 5.29.1
Bougie 5.31.1
Bracelet 5.31.1
Braun'sche Schiene 5.31.1
Brillen 5.18, 5.31.1
Brillenetui 5.31.1
Bruchband 5.31.1
Brusthütchen 5.31.1
Brusthütchen mit Sauger 5.31.1
Brustnarbenschützer 5.31.1
Brustprothese 5.31.1
Brustprothesenhalter 5.31.1
Bundessozialgericht 12.4, 12.8, 14.2

C.R.O.S-Geräte (für Hörgeschädigte) 5.31.1
Check-up-Untersuchungen 5.24
Chirotherapie 5.10.12
$CO_2$-Gasbäder 5.29.1
Colon-Hydro-Therapie 5.10.13
Colonmassage 5.29.1
CPAP-Therapie-Gerät 5.31.1
Cystische Fibrose – Behandlungsliege 5.31.1
Cystische Fibrose – Mini-Trampolin 5.31.1.
Cystische Fibrose – Pep-Maske 5.31.1

**D**

Dampfbäder 5.29.1
Dampfduschen 5.29.1
Darmrohr 5.31.1
Darmverschlußkapsel oder -bandage 5.31.1
Daten – geschützte 12.3
Datenschutzbeauftragter 12.3
Decubitus-Schutz 5.31.1
Decubitus-Auflegematratze 5.31.1
Decubitus-Fußschützer 5.31.1
Decubitus-Keile/-Kissen 5.31.1
Decubitus-Schutzauflagen/-unterlagen 5.31.1
Delta-Gehrad 5.31.1
Diphtherie 5.32.1
Direktversicherung 11.17
Doman-Delacato- bzw. BIBIC-Therapie 5.8.1
Dr.-Debus-Kaltkompresse 5.31.1
Drehscheibe 5.31.1
Dreirad (für Spastiker) 5.31.1
Druckbeatmungsgerät 5.31.1
Druckschutzpolster (Ausnahme Decubitusschutz) 5.31.1
Dusche 5.31.1

**E**

Ehegatte 7.1
Eigenanteile 5.80
Eigenanteile, Befreiung von 5.13

Eingangsstufe (Behinderte)  6.5
Einkommen – regelmäßiges  10.5
Einlagen nach Maß  5.31.1
Einlegesohlen  5.31.1
Einmalhandschuhe  5.31.1
Einmalzahlungen  11.4
Einmalzahlungen – Umwandlung  11.18
Einzel- und Rauminhalation  5.29.1
Eisbeutel  5.31.1
Elektro-Akupunktur nach Voll  5.8.1, 5.10.14
Elektrobehandlung  5.29.1
Elektrogymnastik  5.29.1
Elektrotherapie  5.29.1
Empfängnisregelung/-verhütung  5.19
Empfängnisverhütung, Mittel zur  5.20
Enkel *siehe* Kinder
Entbindungsgeld  5.57
Enuresis-Gerät (Enurex)  5.31.1
Epicondylitis-Bandage  5.31.1
Epicondylitis-Spange  5.31.1
Ergotherapie  5.29.1
Eß- und Trinkhilfen  5.31.1
Estensionslaschen  5.31.1
Euro-Signal-Gerät  5.31.1
Extensionsgerät  5.31.1
Extensionslaschen  5.31.1
Exkorporale Stoßwellentherapie  (ESW-Therapie)  5.10.15

### F
Fahrkosten  5.21
Fahrrad, behindertengerechtes  5.31.1
Familienversicherte  7.1, 12.3
Familienversicherte – Altersgrenzen  7.2
Familienversicherte – Beiträge  11.5
Familienversicherte – Wahlrecht  9.2
Familienversicherung  7.1
Familienzuschläge  10.5
Fango-Bäder  5.29.1
Fersenkissen  5.31.1

Fieberthermometer  5.31.1
Fingerlinge  5.31.1
Fingerschiene  5.31.1
Fitness-Training  5.29.1
Fixationshilfen  5.31.1
Freiwillige Krankenversicherung  8.1
Freiwillige KV-Antragsfrist  8.2
Friedenswahl  4.5
Frostig-Therapie  5.10.16
Frühsommermeningo-Enzephalitis  (FSME)  5.32.1
Fußpflege, medizinische  5.29.1

### G
Ganzkörper-Massagen  5.29.1
Gehalt *siehe* Arbeitsentgelt
Gehbock  5.31.1
Gehgestell  5.31.1
Gehgipsgalosche  5.31.1
Gehhilfe, wasserfeste  5.31.1
Gehhilfen  5.31.1
Gehrad  5.31.1
Gehstock  5.31.1
Gehstützen  5.31.1
Geradehalter  5.31.1
Geringes Einkommen  10.3
Geschichte der GKV  4.2.
Gesetzliche Krankenversicherung  4.1, 8.3, 8.5
Gesundheitsuntersuchungen  5.22
Glasstäbchen  5.31.1
Glenn-Doman-Therapie  5.10.17
Gliederung der Krankenversicherung  4.4, 4.7
Gummihandschuhe  5.31.1

### H
Haartransplantation  5.31.1
Haemonetic-Therapie  5.10.18
Haemophilus influenzae b-Infektion  (Hib)  5.32.1
Haifa-Therapie  5.8.1, 5.10.19
Hals- und Kopfstütze/Halskrawatte  5.31.1
Haltegriffe/-hilfen  5.31.1

Handgelenksriemen/-manschetten 5.31.1
Hanteln 5.31.1
Haushaltshilfe 5.26
Haushaltshilfe bei Mutterschaft 5.59
Häusliche Krankenpflege 5.27
Häusliche Pflege bei Mutterschaft 5.58
Hebammenhilfe 5.60, 5.28
Hebekissen 5.31.1
Heidelberger Kapsel 5.10.20
Heidelberger Kapsel (Säurewertmessung) 5.8.1
Heidelberger Winkel 5.31.1
Heilmittel 5.29
Heilmittel bei Mutterschaft 5.61
Heilpraktiker 5.30
Heiße Rolle (Warmkompresse) 5.29.1
Heißluftbehandlung 5.29.1
Heizdecke/-kissen 5.31.1
Hepatitis A 5.32.1
Hepatitis B 5.32.1
Herzschrittmacher-Schutz-Bandage 5.31.1
Herzschrittmacher-Überwachungsgerät 5.31.1
Heublumenauflage (Warmkompresse) 5.29.1
Hilfe für Blinde 5.17
Hilfsmittel 5.31
Hilfsmittel bei Mutterschaft 5.62
Hippotherapie 5.29.1
Höchstbeitrag 11.9, 11.14
hohes Einkommen 10.5
Höhlentherapie 5.29.1
Hohlmann-Bandage 5.31.1
Homöopathie 5.10.21
Hörbrille (für Hörgeschädigte) 5.31.1
Hörkragen 5.31.1
Hörstab 5.31.1
Hüftbandage 5.31.1
Hydrotherapie 5.29.1

Hyperbare Sauerstoff-Behandlung 5.10.22
Hyperbare Sauerstofftherapie 5.8.1
Hyperthermiebehandlung 5.10.23
Hyperthermiebehandlung der Prostata 5.8.1
Hysterophore (Ausnahme: inoperaler Gebärmuttervorfall) 5.31.1

## I
Im-Ohr-Geräte 5.31.1
Immuno-augmentative Therapie 5.8, 5.10.24
Impfungen 5.32
Impulsvibrator 5.31.1
Inanspruchnahme – Leistungen 5.5
Individualprophylaxe für den Zahnbereich 5.33
Influenza (Virusgrippe) 5.32.1
Inhalationsgerät und Zubehör 5.31.1
Inhalationstherapie 5.29.1
Insulin-Applikationshilfen und Zubehör 5.31.1
Intravasale Insufflation 5.8.1
Intravasale Insufflation von Sauerstoff (und/oder anderen Gasen) 5.10.25
Intraxytoplasmatische Spermieninjektion (ISCI) 5.10.26
Isokinetische Muskelrehabilitation 5.29.1

## K
Kältetherapie 5.29.1
Kaltpackungen 5.29.1
Kassenwechsel 9.2
Katheter aller Art und Zubehör 5.31.1
Katzenfell 5.31.1
Keuchhusten (Pertussis) 5.32.1
Kieferorthopädische Behandlung 5.34
Kinder 7.1, 7.2
Kinderlähmung (Poliomyelitis) 5.32.1

Kinderpflege-Krankengeld 5.35
Kinderuntersuchung 5.25
Klage 14.2
Klappenocclusiv 5.31.1
Kleidung 5.31.1
Klingelleuchte (für Hörgeschädigte) 5.31.1
Klumpfußschiene 5.31.1
Klumphandschiene 5.31.1
Knappschaft 4.2
Kneipp-Therapie 5.10.27
Kneippsche Güsse 5.29.1
Kniebandage/Kniekappe 5.31.1
Kniepolster/Knierutscher 5.31.1
Kompressions-Strumpfhose 5.31.1
Kompressionsärmel 5.31.1
Kompressionsbandagen bei Verbrennungsverletzungen 5.31.1
Kompressionsstrümpfe 5.31.1
Kompressionsstücke für Waden und Oberschenkel, Knie- und Knöchelkompressionsstücke 5.31.1
Kontaktlinsen 5.31.1, 5.36
Koordinator 5.31.1
Kopf-Kinn-Kappe 5.31.1
Kopfhörer (für Gehörgeschädigte) 5.31.1
Kopfring mit Stab/Kopfschreiber 5.31.1
Kopfschutzkappe 5.31.1
Korsett 5.31.1
Kostenerstattung 5.37
Krabbler 5.31.1
Krankenfahrzeuge 5.3.1.I
Krankengeld 5.38
Krankengeld – Arbeitnehmer 5.41
Krankengeld – Arbeitslose 5.42
Krankengeld – Dauer 5.46
Krankengeld – freiwillig Versicherte 5.43
Krankengeld – Höhe 5.40
Krankengeld – Tabellen 5.44
Krankengymnastik 5.29.1
Krankenhausbehandlung 5.48
Krankenkasse – geöffnet 8.4
Krankenkassen 8.4, 9.1
Krankenkassen-Sachbearbeiter 13.3
Krankenpflegebett 5.31.1
Krankenunterlagen 5.31.1
Krebsvorsorgeuntersuchung 5.23
Kreuzstützbandage 5.31.1
Krücke 5.31.1
Kryo-Therapie 5.29.1
Küchengeräte 5.31.1
Kündigung der GKV 8.2, 9.3
Kündigung der PKV 7.2
Kunstarm, -hand 5.31.1
Kunstauge 5.31.1
Kunstbein 5.31.1
Künstliche Befruchtung 5.50
Kuren 5.49

**L**

Lagerungsschale 5.31.1
Landessozialgericht 14.2
Laser-Behandlung mit Soft- und Mid-Power-Laser 5.10.28
Lehrling *siehe* Arbeitnehmer
Leibbinde/Leibgurt 5.31.1
Leistungen – Einfluß der Kasse 5.2
Leistungen – Einführung 5.1
Leistungen bei Mutterschaft 5.55
Leistungen zur Rehabilitation 5.51
Leistungen – Zusammentreffen von 5.79
Leistungserbringung im Ausland 5.52
Lenox-Hill-Schiene 5.31.1
Lichttherapie 5.29.1
Liegeschale 5.31.1
Lifter 5.31.1
Lispelsonde 5.31.1
Lochbrille 5.31.1
Lohn *siehe* Arbeitsentgelt
Luftpolsterschuhe 5.31.1
Luxations-Spreizapparatschiene 5.31.1
Lymphdrainage 5.29.1
Lymphozytäre Autovaccine-Therapie 5.8.1, 5.10.29

## M

Magnetfeldtherapie 5.29.1, 5.8.1
Magnetfeldtherapie (ohne implantierte Spulen) 5.10.30
Mangoldsche Schnürbandage 5.31.1
Masern 5.32.1
Massagegeräte 5.31.1
Massagen 5.29.1
Maßnahmen zur Anreizung des Sexualtriebes 5.29.1
Matratze 5.31.1
MDK 5.53
Medikamente 5.7
Medikamente bei Mutterschaft 5.56
Medizinischer Dienst 5.53, 12.3
Milchpumpen 5.31.1
Mindestbeitrag 11.10
Mini-Fonator (Miniphonator) 5.31.1
Mitversicherte *siehe* Familienversicherung
Mitwirkungspflichten 5.54
Mora-Therapie 5.10.31, 5.8.1
Multi-Lifter 5.31.1
Mumps 5.32.1
Mundsperren 5.31.1
Mundstab/Mundgreifstab 5.31.1
Musiktherapie 5.10.32, 5.29.1
Mutter-Kind-Kuren 5.68
Mütterkuren 5.68
Mutterschaft, Leistungen bei 5.55
Mutterschaftsgeld 5.63
Mutterschaftsgeld – Dauer 5.65
Mutterschaftsgeld – Höhe 5.64
Mutterschaftsgeld, Zuschuß zum 5.64.1
Myofunktionelle Therapie 5.10.33

## N

Neurodermitis-Overall (je nach Kasse) 5.31.1
Nicht versicherte Personen 10.1
Nicht versicherungspflichtig 10.1

## O

Ohrenklappen 5.31.1
Orthonyxie-Nagelkorrektur-Spangen 5.31.1
Orthopädische Schuhe (Eigenanteil Erwachsene 140,–, Kinder 60,–) 5.31.1
Oxyfit-Sauerstoffgerät 5.31.1
Oxyontherapie 5.10.34, 5.8.1
Ozon-Eigenbluttherapie 5.10.35

## P

Parenterale Infiltration von Sauerstoff 5.8.1
Pavlik-Bandage 5.31.1
Peak-Flow-Meter 5.31.1
Penisklemmen 5.31.1
Penisprothese 5.31.1
Pensionen *siehe* Versorgungsbezüge
PEP-Maske 5.31.1
Personal Computer (bei Sehbehinderung, Blindheit sowie bei Behinderten mit Bewegungseinschränkung) 5.31.1
Perücke 5.31.1
Pflegekinder *siehe* Kinder
Pflichtversicherung – Allgemeines 6.1
Pflichtversicherung – Vorteile 6.2
Pneumokokken-Infektionen 5.32.1
Private Krankenversicherung 4.6, 8.3
Prostata-Spirale 5.31.1
Pulmonary Monitor 5.31.1

## Q

Quengelschiene 5.31.1

## R

Rasierapparat 5.31.1
Raumluftbefeuchter 5.31.1
Rechtsschutz 5.69
Reflexzonenmassage 5.29.1
Rehabilitation, Leistungen zur 5.51
Rehabilitationsleistungen, ergänzende 5.70

Rektophore 5.31.1
Rentenähnliche Einnahmen 11.12
Rentenantragsteller *siehe* Rentner
Rentner 6.6
Rentner – Befreiung von der GKV 9.2
Rentner – Vorversicherung 6.6
Rentner – Wahlrecht 9.2
Rezeptgebühr 5.7.1
Rollator 5.31.1
Rollbrett 5.31.1
Röteln 5.32.1
Rotlichtlampe 5.31.1
Rutschbett 5.31.1

**S**
Sachbezüge 11.20
Sachleistungsprinzip 5.5
Sandsack 5.31.1
sanfte Medizin 5.8
Satzung 4.5, 12.5
Satzungsleistungen 5.71
Sauerstoff 5.31.1
Sauerstoff-Mehrschritt-Therapie nach Ardenne 5.10.36, 5.8.1.
Sauerstoffinhalationsgeräte 5.31.1
Sauerstoffkonzentrator 5.31.1
Sauna 5.29.1
Scherenzange 5.31.1
Schielkapsel 5.31.1
Schielpelotte 5.31.1
Schnarcherschiene 5.31.1
Schreibhilfe 5.31.1
Schreibmaschinenhämmerchen 5.31.1
Schreibtelefon (bei Hörbehinderung und Taubheit) 5.31.1
Schutzhelm 5.31.1
Schwangerschaftsabbruch 5.72
Schwerbehinderte 8.2
Schwerbehinderte – Beiträge 11.8, 11.10
Schwerbehinderte – Wahlrecht 9.2
Schwimmen 5.29.1
Segmentmassage 5.29.1
Selbständige 6.1

Selbstverwaltung 4.2, 4.5
Semesterferien und Beschäftigung 10.2
Sicherheitsleibgurt 5.31.1
Signalgerät, Signalhose 5.31.1
Sitzschale 5.31.1
Sonnenbrille 5.31.1
Sozialgericht 14.2
Sozialgerichtsbarkeit 4.2
Sozialklausel 5.14
Sozialversicherungswahlen 4.5
Spastikerkarre 5.31.1
Spastikerbank 5.31.1
Spastikerstuhl 5.31.1
Spirometer 5.31.1
Spitzenverbände 12.4, 12.9
Sprach-Farbbild-Transformationsgerät (SFT) 5.31.1
Sprachstörung, Therapie von 5.29.1
Sprachtherapie 5.29.1
Sprechstörungen, Therapie von 5.29.
Spreizhose 5.31.1
Spreizwagen-Aufsatz 5.31.1
Sprossenwand 5.31.1
Stabilisatoren 5.31.1
Stationäre Entbindung bei Mutterschaft 5.66
Sterbegeld 5.73
Stereoskop 5.31.1
Sterilisation 5.74
Sterilisator 5.31.1
Stiefkinder *siehe* Kinder
Stimmstörungen, Therapie von 5.29.1
Stoma-Versorgungsartikel 5.31.1
Stubbies 5.31.1
Studenten 6.7
Studenten – Befreiung von der GKV 8.6
Studenten – befristete Beschäftigung 10.2
Studenten – Beiträge 11.13
Studenten – Beitragsverteilung 10.2
Studenten – Nebenbeschäftigung 10.2

Studenten – Wahlrecht 9.2
Stützstrümpfe 5.31.1
Sucht 5.75
Symphysen-Gürtel 5.31.1

**T**
T-Binden 5.31.1
Tamponapplikator 5.31.1
Tanztherapie 5.10.37, 5.29.1
Teil- oder Vollbäder, hydroelektrische 5.29.1
Teil- und Wannenbäder 5.29.1
Telefaxgerät (bei Hörbehinderung und Taubheit) 5.31.1
Telefonverstärker (bei Hörbehinderung und Taubheit) 5.31.1
Testikuläre sperm extraction (TESE) 5.10.38
Tetanus (Wundstarrkrampf) 5.32.1
Therapeut 5.9
Tollwut 5.32.1
Tracheostoma-Versorgungsartikel 5.31.1
Tragegurtsitz 5.31.1
Trainingsphase (Behinderte) 6.5
Transurethale Laseranwendung 5.8.1
Tuberkulose 5.32.1
Turnmatte 5.31.1

**U**
Überforderungsklausel 5.15
Überwachungsgeräte für Neugeborene 5.31.1
Übungsmatte 5.31.1
Übungsschiene 5.31.1
Ultraschallinhalationsgeräte/-vernebler 5.31.1
Universalhalter 5.31.1
Unterschenkel-Manschette 5.31.1
Unterschied GKV – PKV 8.3
Unterwasserdruckstrahlmassage 5.29.1
Urinal 5.31.1
Urinflasche 5.31.1
Urlaubsgeld 10.5

Uromat 5.31.1
UVASUN-Therapie 5.10.39

**V**
Verbandsmittel 5.76
Verbandsmittel bei Mutterschaft 5.67
Verfahren der refraktiven Augenchirurgie 5.8.1
Versichertenvertreter 4.5, 14.1
versicherungsfrei 10.1, 10.6
Versorgungsbezüge 11.12
Verwaltungsrat 4.5
Vojta-Behandlungsliege 5.31.1
Vorstand 4.5
Vorverfahren 14.1

**W**
Wahlmöglichkeit 4.2, 7.2, 9.1
Wärmepackungen 5.29.1
Wärmetherapie 5.29.1
Warmkompressen (z. B. Heiße Rolle, Heublumenauflage) 5.29.1
Warngerät 5.31.1
Wartezeiten 8.3, 9.5
Wasserbett (Decubitus-Schutz) 5.31.1
Wechsel-Druckgerät 5.31.1
Weihnachtsgeld 10.5
Weisungsgebundenheit 6.3
Widerspruch 14.1
Widerspruchsausschuß 14.1
WR-Sitz 5.31.1

**Z**
zahnärztliche Behandlung 5.77
Zahnersatz 5.78
Zahnspangen 5.34
Zehenpolster, Zehenspreizer 5.31.1
Zervidtherapie 5.10.40
Zusammentreffen von Leistungen 5.79
Zuzahlungen 5.80, *siehe auch* Eigenanteile
Zyklomat-Hormon-Pumpen-Set 5.31.1